El adverbio: aproximaciones sincrónicas, diacrónicas y variacionales

STUDIEN ZUR ROMANISCHEN SPRACHWISSENSCHAFT UND INTERKULTURELLEN KOMMUNIKATION

Herausgegeben von
Gerd Wotjak, José Juan Batista Rodríguez und Dolores García-Padrón

BAND 200

Berlin - Bruxelles - Chennai - Lausanne - New York - Oxford

Rafael García Pérez
Ariana Suárez Hernández (eds.)

El adverbio: aproximaciones sincrónicas, diacrónicas y variacionales

Berlin - Bruxelles - Chennai - Lausanne - New York - Oxford

Bibliografische Information der Deutschen Nationalbibliothek
Die Deutsche Nationalbibliothek verzeichnet diese Publikation
in der Deutschen Nationalbibliografie; detaillierte bibliografische
Daten sind im Internet über http://dnb.d-nb.de abrufbar.

Acción financiada por la Comunidad de Madrid a través de la línea de
"Excelencia del Profesorado Universitario" del convenio plurianual con la
Universidad Carlos III de Madrid (EPUC3M15) en el marco del V PRICIT

ISSN 1436-1914
ISBN 978-3-631-89680-8 (Print)
E-ISBN 978-3-631-89681-5 (E-PDF)
E-ISBN 978-3-631-89682-2 (EPUB)
DOI 10.3726/b20547

© 2023 Peter Lang Group AG, Lausanne
Verlegt durch:
Peter Lang GmbH, Berlin, Deutschland

info@peterlang.com - www.peterlang.com

Todos los derechos reservados.

Esta publicación ha sido revisada por pares.
Esta publicación no puede ser reproducida, ni en todo ni en parte, niregis-
trada o transmitida por un sistema de recuperación de información,
en ninguna forma ni por ningún medio, sea mecánico, fotoquímico,
electrónico, magnético, electroóptico, por fotocopia, o cualquier otro, sin el
permiso previo por escrito de la editorial.

ÍNDICE

PRESENTACIÓN 7

María Pilar Garcés Gómez
Variación diacrónica y diatópica en las locuciones adverbiales *a la verdad*
y *a decir verdad* 15

Rafael García Pérez
El tamaño importa: evolución de los adverbios intensificadores en *-mente*
desde la magnitud a la intensidad 37

Yuko Morimoto y M.ª Victoria Pavón Lucero
Valores desplazados de los adverbios locativos delimitados: los casos de
encima y *fuera* 63

Laura Nadal y Eugenia Sainz
Ordenadores de serie enumerativa y costes de procesamiento: un estudio
experimental 85

María Soledad Padilla Herrada
Las interferencias entre el adjetivo y el adverbio: el caso de *total* y
totalmente 109

Ariana Suárez Hernández
Modalidad deóntica: un acercamiento a los adverbios con terminación
en *-mente* desde una perspectiva diacrónica 127

María Belén Villar Díaz
De lo cualitativo a lo cuantitativo: acerca de la plasticidad semántico-
pragmática del adverbio *bien* 151

PRESENTACIÓN

No es de extrañar que en los últimos tiempos el estudio de los adverbios haya recibido una atención particular, pues tan solo hace dos décadas aún podía afirmarse que estos elementos constituían una de las categorías gramaticales más desatendidas por los investigadores. Afortunadamente, las cosas han cambiado mucho y desde distintas áreas de la Lingüística se ha buscado con mayor ahínco comprender en qué consiste la verdadera naturaleza de estas unidades léxicas –ya sean univerbales o pluriverbales–, cómo han evolucionado, qué función desempeñan en la comunicación y qué relación mantienen con otras categorías gramaticales y elementos discursivos.

El libro que el lector tiene entre sus manos es el fruto de un trabajo desarrollado en la Universidad Carlos III de Madrid y financiado por el Programa de Excelencia para el Profesorado de la Comunidad de Madrid, que ha reunido a varios profesores investigadores del área de Lengua Española del *Departamento de Humanidades: Filosofía, Lenguaje y Literatura* y a otros miembros de universidades europeas, en muchos casos integrados, además, en proyectos de investigación compartidos con otros centros universitarios. Se trata, precisamente, de una obra en colaboración y de marcado carácter multidisciplinar, en la que se han tenido en cuenta, de manera deliberada, algunos de los más importantes niveles del análisis lingüístico. En efecto, en ella se tratan cuestiones gramaticales y semánticas, como no podía ser de otra manera, pero también pragmáticas, tomando en consideración, además, que el español, como todas las lenguas, está sometido a la variación y que, en muchos casos, los usos y funciones de las unidades léxicas que conforman en la actualidad esta categoría gramatical son el resultado de transformaciones importantes a lo largo de la historia.

Las aportaciones de los investigadores participantes en este volumen se han centrado, por un lado, en el análisis de ciertas unidades adverbiales no tratadas con anterioridad, profundizando así en líneas de investigación existentes o abriendo otras a ellas vinculadas y, por otro lado, en una reflexión profunda acerca de ciertos problemas concretos y candentes sobre los que, a su entender, las bases conceptuales y metodologías específicas de su área de especialización permiten arrojar nueva luz.

El capítulo de María Pilar Garcés Gómez hace un recorrido por la evolución histórica de las locuciones adverbiales *a la verdad* y *a decir verdad*, que han experimentado cambios relevantes en su uso y significado. Si surgieron inicialmente como sintagmas preposicionales con un sentido claro y

8 PRESENTACIÓN

concreto, relacionado con la veracidad de la información o los hechos presentados, se han transformado estructural y funcionalmente, de modo que han acabado por convertirse en operadores discursivos que guían la manera en que se expresa el discurso y muestran la perspectiva subjetiva del hablante. La autora defiende, a este respecto, y desde un punto de vista teórico, que nos hallamos ante procesos de gramaticalización por expansión y construccionalización, pues estas expresiones se han convertido en sintagmas fijos e independientes, situados al margen de la predicación oracional, con capacidad para ampliar su alcance y abarcar todo el enunciado. En ese sentido, conviene también tener en cuenta procesos de subjetivización en la medida en que estas expresiones no solo se utilizan para expresar la verdad de lo dicho, sino también para calificar el acto de habla o evaluar el contenido de la información transmitida.

Garcés Gómez destaca en qué medida, y a pesar de su parecido, las dos expresiones muestran algunas divergencias semánticas y pragmáticas dignas de tomarse en consideración. *A la verdad* tiene su origen en el sustantivo *verdad*, y su pragmaticalización pasa, a partir de procesos inferenciales, por el objetivo del hablante de insistir en la veracidad de una determinada realidad; de ahí que un contenido transmitido como cierto, pueda reflejarse, por metonimia, en la actitud del emisor ante su enunciación, de modo que la expresión adquiere un valor de atribución de sinceridad. La última transformación implica un salto al nivel oracional, que permite una incidencia sobre el sintagma adjetival capaz de otorgarle un valor intensificador. La autora presenta la locución adverbial *a decir verdad*, por su parte, como resultado de una elipsis desde la construcción condicional *si va a decir verdad*, ya rastreable desde finales del siglo XVI, aunque consolidada en el siglo XIX. Su valor es el de contraposición o corrección para marcar la veracidad de lo dicho frente a las inferencias derivadas de lo expresado previamente; ello conduce a la adquisición de valores de reformulación que permiten modificar o corregir lo expresado. En último término, refuerza la aserción del emisor y, de nuevo, como consecuencia de un proceso metonímico, marca su actitud sincera ante la enunciación.

El texto aporta también interesantes datos sobre las diferencias en la cronología de los cambios estudiados y en su extensión geográfica. Mientras la expresión *a decir verdad* ha mantenido su función como operador discursivo desde principios del siglo XIX hasta la actualidad, tanto en el español europeo como en el americano, *a la verdad*, sin embargo, que también desempeñó esa función en el español europeo desde finales del siglo XV hasta el siglo XIX, ha perdido vigencia en esa misma variedad, hasta tal punto que hoy en día solo parece conservarse en el español americano.

PRESENTACIÓN 9

El capítulo de Rafael García Pérez, coeditor de este volumen, adopta también una perspectiva histórica. En este caso, se centra en un grupo de adverbios intensificadores en *-mente* originados a partir de un significado inicial de '+ tamaño' transmitido por sus bases adjetivas. Como señala el propio autor, se trata de un trabajo que forma parte de un proyecto más amplio dedicado a la descripción de los procesos de formación y evolución de los adverbios en *-mente* con valor de intensificación. El interés de recurrir a esta subclase léxica es su evidente homogeneidad semántica y, en ese sentido, se muestra bien el enriquecimiento paulatino del paradigma, lo que está en consonancia con la necesidad de renovación expresiva característica de este tipo de unidades. Si la más antigua (*grandemente*) se remonta al siglo XV, una centuria más tarde (siglo XVI) encontramos *enormemente* e *inmensamente*; más adelante aparecerán *colosalmente* (siglo XVIII), *monumentalmente* (siglo XIX) y *gigantescamente* (siglo XX).

Desde una perspectiva teórica, el carácter intensificador de estos adverbios se explica por medio de un proceso de gramaticalización que no siempre sigue el mismo patrón. De hecho, y teniendo en cuenta que la conexión entre el significado básico primario y la idea de intensificación es especialmente estrecha, la evolución desde un primer sentido modal del derivado en *-mente*, es decir, una evolución intraadverbial, no es la única posible. Esa evolución no deja de ser evidente en algunos de los adverbios estudiados (*gigantescamente, monumentalmente*), lo que refleja claramente la dirección prototípica descrita para los procesos de gramaticalización, pero cabría pensar también, en otros casos, en un desarrollo paralelo o casi paralelo de ambos valores (*grandemente, colosalmente*). El autor aventura la hipótesis de que podría tratarse de un fenómeno que encuentra su causa en el doble significado previo de sus bases adjetivas, que se comportaron como modificadores de intensificación de sustantivos predicativos. Ello explicaría, a su vez, que algunos adverbios hayan podido heredar solo un sentido intensificador si este había adquirido ya una particular relevancia en sus bases adjetivas (*enormemente, inmensamente*). Aunque las unidades más antiguas son las que han experimentado un proceso de gramaticalización más acusado y las que, en principio, siguen teniendo un mayor éxito hoy en día, García Pérez, siguiendo la metodología de trabajos anteriores, muestra, por ejemplo, cómo el adverbio más antiguo, *grandemente*, ha ido perdiendo vigor en favor, sobre todo, de *enormemente*.

Destacable es, además, el recorrido que se hace por la combinatoria léxica. Desde una perspectiva categorial, algunas de las unidades descritas muestran una clara preferencia por las formas verbales; otras, por las formas adjetivales; y otras, por ambas en similar proporción. Aun cuando algunas coincidan en

10 PRESENTACIÓN

la selección categorial, el número total de unidades seleccionadas, su significante concreto y su frecuencia son variables. Algunas interferencias resultan especialmente significativas, si bien es esperable que estos datos concretos se vean enriquecidos notablemente a medida que avance la investigación del autor sobre otros adverbios intensificadores.

El capítulo de Yuko Morimoto y María Victoria Pavón examina distintos usos figurados de dos adverbios concretos: *encima* y *fuera*, empleados originalmente por los hablantes para indicar una ubicación espacial limitada. Los valores figurados son el resultado de procesos de metaforización y posterior lexicalización que trasladan conceptos espaciales de nuestra experiencia directa a otros dominios conceptuales. En ese sentido, como reconocen las mismas autoras, su planteamiento teórico es heredero de los postulados de lingüística cognitiva y, en particular, de las teorías sobre la metáfora elaboradas por Lakoff y Johnson en su famoso libro *Metáforas de la vida cotidiana*. Morimoto y Pavón muestran, sin embargo, que estos cambios de significado, que tienen gran cuidado en definir y clasificar, implican modificaciones en las características formales de ambas unidades léxicas. Así, frente a lo que sucede en su uso primitivo, estos adverbios admiten, como consecuencia precisamente de la pérdida de su carácter limitado, la gradación (p. ej. *más encima de ellos* o *muy fuera de lo común*); en segundo lugar –y esto afecta especialmente al empleo de *encima* y *fuera como* conectores discursivos– seleccionan complementos excluidos en su uso espacial inicial: en ambos casos, complementos oracionales precedidos por la preposición *de* (p.ej. *encima de que me echas de tu lado* o *fuera de ser acompañante fijo*). Una pequeña diferencia los separa, empero: mientras el uso del complemento es opcional con el conector *encima*, este resulta obligatorio con el conector *fuera*.

En último término, el texto investiga cómo algunos de estos usos figurados han podido dar lugar a expresiones idiomáticas de distintos tipos, especialmente locuciones con diferentes grados de fijación o estabilidad en su forma y significado. A este respecto, resulta curioso constatar que esas expresiones fijas son especialmente claras en el caso del adverbio *fuera*, y menos en el caso del adverbio *encima*; de hecho, si las autoras hablan, junto a la locución *estar encima <de alguien/algo>*, de un "*encima* con significado de proximidad" y un "*encima* temporal", con posibilidades de variación importantes, hacen una descripción de *fuera* en su valor desplazado mucho más restringida, pues toman como base de su análisis las expresiones *fuera de lo común, fuera de sí* y *fuera de lugar*.

El capítulo de Laura Nadal y Eugenia Sainz explora los ordenadores discursivos en *primer lugar, en segundo lugar* y *por último* desde la novedosa perspectiva

PRESENTACIÓN

de la experimentalidad, para comprobar sus costes de procesamiento. Partiendo de la idea de que estas unidades abandonan el marco oracional y desarrollan una función en el ámbito macrosintáctico, se establece que pueden actuar como adjuntos del verbo o como ordenadores discursivos. Precisamente, el hecho de que en su nueva función sirvan de apoyo al lector para la comprensión de los textos respalda el análisis de los costes de procesamiento, análisis realizado mediante un experimento de lectura con *eyetracking*, tanto en fragmentos textuales con marcas como en otros que carecen de ellas.

Las autoras señalan cómo estos sintagmas preposicionales se han desplazado a la periferia y recategorizado como locuciones adverbiales cuya finalidad es la de marcar la estructura informativa del discurso. Así, parten de la hipótesis de que su presencia o ausencia en los textos tiene consecuencias para el procesamiento cognitivo de las informaciones, extremo que se había comprobado previamente para otros marcadores. Nadal y Sainz señalan que la presencia de ordenadores discursivos tiene un efecto positivo para la memoria operativa del lector, tanto porque ayudan a procesar con mayor rapidez lo que se ha podido anticipar, como porque suponen un punto de descanso para la memoria del lector, que evita de esta manera la sobrecarga cognitiva. Para comprobar estas hipótesis, las autoras diseñan un experimento en la Universidad Ca'Foscari Venezia con estudiantes cuya lengua materna es el italiano. Recurren, en concreto, a un sistema de *eyetrakcer Eyelink 1000* con una frecuencia de grabación de 1000 Hz capaz de registrar datos siguiendo el movimiento de los ojos, y calcular valores promedio de procesamiento. Como resultado de este experimento, Nadal y Sainz confirman la hipótesis planteada: la marcación del texto con este tipo de estructuradores tiene un impacto global sobre los costes totales de procesamiento, esto es, sobre el promedio de lectura por palabra de todo el enunciado en las tres fases analizadas: primera lectura, relectura y lectura total.

El capítulo de María Soledad Padilla Herrada investiga las interferencias entre las categorías adjetival y adverbial a partir del análisis macrosintáctico de *total* y *totalmente*. En primer lugar, se describen sus valores en el ámbito oracional y extraoracional; en segundo lugar, se observan las funciones discursivas de ambas unidades, que están relacionadas con la expresión de contenidos afirmativos, ora actúen como complementos periféricos ora constituyan intervenciones reactivas. La autora explora las relaciones entre el adverbio y el adjetivo, cuya cercanía se acentúa en los llamados *adverbios cortos o adjetivales* o *adjetivos adverbializados*.

Padilla Herrada atribuye a *totalmente* los rasgos típicos de los adverbios, a saber, la invariabilidad morfológica, la integración entonativa y sintáctica y la función de modificador verbal, a la vez que muestra cómo, en su funcionamiento

PRESENTACIÓN

como adverbio cuantificador, podría intercambiarse por una expresión como "de manera total", "ya que denota la completitud en la acción verbal expresada", mientras que cuando presenta un significado vinculado a la intensificación, relacionado con la magnitud o extensión de la cualidad que predica, se comporta como un adverbio aspectual. A continuación, la autora analiza las funciones de *total*, que abarcan desde un uso como adjetivo, equivalente a *completo/a*, hasta su función de modificador de un sintagma nominal. En ese sentido, aporta subjetividad a la interpretación si aparece antepuesto o actúa como especificador del referente del nombre al que modifica si se encuentra pospuesto. Padilla Herrada muestra cómo puede funcionar también como atributo en oraciones copulativas caracterizadoras y como intensificador de adjetivos, en posición siempre pospuesta al adjetivo al que complementa. Por último, la autora describe las funciones comunes de *total* y *totalmente*, esto es, la de complemento periférico o la de intervención reactiva, y concluye que la diferencia entre ambas unidades tiene que ver con su marcación diafásica, pues *total* se relaciona con la inmediatez comunicativa y *totalmente* con la formalidad.

El capítulo de Ariana Suárez Hernández, coeditora de este volumen, presenta un análisis diacrónico de un grupo de adverbios con terminación en -*mente* que expresan modalidad deóntica: *necesariamente, obligatoriamente, irremediablemente, imperiosamente, ineludiblemente, indefectiblemente*. El objetivo de la investigación es conocer el proceso evolutivo que han experimentado estas unidades léxicas; hacer una caracterización detallada de sus propiedades semánticas, sintácticas y pragmáticas; y finalmente, descubrir si han desarrollado funciones discursivas.

Tras establecer el marco teórico y metodológico de su trabajo, en el que caracteriza la modalidad deóntica y reflexiona sobre los procesos de cambio conocidos como gramaticalización, lexicalización o pragmaticalización, la autora analiza con detalle cada uno de los adverbios, escasamente estudiados hasta el momento, arrojando nueva luz sobre sus características, su funcionamiento y su evolución. Suárez Hernández muestra cómo el adverbio *necesariamente*, que se documenta desde el siglo XV, desarrolla, a través de un proceso de subjetivización, un valor discursivo en el siglo XIX sin perder por ello los valores originales, lo que pone de manifiesto una situación de estratificación o *layering*. El adverbio *obligatoriamente* se registra a partir del siglo XIX; aunque no se documentan funciones discursivas, es posible encontrar ejemplos de contexto puente en los que el adverbio podría estar abandonando sus valores semánticos originales. *Irremediablemente*, por su parte, aparece en el siglo XVI, y hacia el siglo XIX desarrolla valores discursivos, de nuevo mediante un proceso de subjetivización, si bien tampoco llega a desprenderse del valor originario. En

PRESENTACIÓN 13

cuanto a *imperiosamente*, se registra desde el siglo XVII; su incidencia constante en el ámbito oracional hace que no haya llegado a desarrollar valores discursivos. Diferente es el caso de *ineludiblemente*, que se registra desde finales del siglo XIX y, pronto, en el siglo XX, como consecuencia de un proceso de subjetivización de sus valores originales, desarrolla valores discursivos. Por último, *indefectiblemente*, documentado por primera vez en el siglo XVII con valores oracionales, desarrolla valores discursivos en el siglo XX, también como resultado de un proceso de subjetivización. Constituye, pues, este trabajo de Suárez Hernández, un estudio diacrónico relevante para completar el vacío existente en su análisis y caracterización.

Finalmente, el capítulo de María Belén Villar Díaz explora la plasticidad semántico-pragmática del adverbio *bien* y se propone llevar a cabo un acercamiento diacrónico a sus distintas etapas evolutivas. Parte –dado el gran número de ocurrencias arrojadas por los corpus– de una selección más manejable de cuatro obras literarias históricas y dos recientes. Según la autora, nos hallamos ante un recorrido histórico atípico para una unidad léxica de gran vitalidad sincrónica.

La autora destaca, en primer lugar, que el adverbio *bien* presenta múltiples usos y valores. Como adverbio de manera se emplea como modificador del núcleo verbal de la oración para indicar que la acción denotada se ha realizado del modo esperado; pero además, según el contenido referencial del verbo modificado y del contexto, puede desarrollar diversos matices semánticos. Tiene la posibilidad, según se registra desde el inicio, de emplearse como modificador de voces adjetivas en el marco intraoracional. Villar Díaz señala cómo la predicación modal no es exclusiva, pues en algunos casos pueden darse distintas lecturas, no solo la modal; en otros casos, de hecho, esta interpretación no es posible, lo que muestra la "poliedricidad" del adverbio. Para la autora, el adverbio ha completado su proceso evolutivo, y puede funcionar como adverbio predicativo, como adverbio apredicativo y como adverbio transpredicativo. Si desde el punto de vista diacrónico no es posible documentar en su origen los valores transpredicativos, sí se encuentran los usos predicativo y enunciativo.

En segundo lugar, Villar Díaz analiza la posición que ocupa preferentemente el adverbio. Si la unidad *bien*, con su significado modal, aparece de manera habitual tras el verbo al que complementa, resulta llamativo que esta no haya sido la posición elegida en todos los periodos de la historia. La autora concluye poniendo de manifiesto su posible combinación con verbos, adjetivos o adverbios, fuera de la predicación modal, y comportarse como intensificador de grado superlativo. La idea final de Villar Díaz es que la capacidad de ponderación del adverbio responde a su calidad de reforzador, de manera que, si su

14 PRESENTACIÓN

anteposición a una secuencia puede potenciar la expresión de la certeza epistémica del emisor sobre lo dicho, su anteposición a una forma adjetiva o adverbial
puede implicar la certeza del emisor sobre la verdad expresada.

En definitiva, este volumen representa una contribución significativa y
valiosa a la creciente bibliografía sobre el adverbio. No cabe duda de que la
selección de trabajos presentados aquí es relevante no solo por los nuevos datos
aportados, sino también por las perspectivas innovadoras con las que algunos
de ellos se han concebido.

Este logro, como ya hemos mencionado en los párrafos iniciales de esta
presentación, no habría sido posible sin el apoyo financiero brindado por la
Comunidad de Madrid a través de la línea de "Excelencia del Profesorado Universitario" del convenio plurianual firmado con la UC3M (EPUC3M15) en el
marco del V PRICIT. Agradecemos, pues, a la Comunidad de Madrid su compromiso con el desarrollo académico y la investigación.

Concluimos ya este prólogo, que roba –quizá innecesariamente– protago-
nismo a los autores, confiando en que los nuevos conocimientos y enfoques
presentados aquí inspiren otras investigaciones en un futuro próximo y con-
tribuyan a mejorar, en la medida de lo posible, este campo de la Lingüística en
plena expansión.

María Pilar Garcés Gómez

Variación diacrónica y diatópica en las locuciones adverbiales *a la verdad* y *a decir verdad*

Resumen: El objetivo de esta investigación es explicar la variación diacrónica y diatópica que manifiestan las locuciones adverbiales *a la verdad* y *a decir verdad* en las distintas etapas de su proceso evolutivo. En el marco diacrónico, estos signos lingüísticos han experimentado procesos de construccionalización, gramaticalización y subjetivización que han permitido la evolución desde su origen como sintagmas preposicionales con un significado conceptual referido a la veracidad de lo dicho o a la realidad de los hechos descritos hasta su reanálisis como operadores discursivos con un significado procedimental y la adquisición de valores subjetivos en los que el hablante muestra la calificación del acto de habla o la valoración del contenido de la información. En el aspecto de la variación diatópica, estas unidades muestran diferencias; la locución *a decir verdad* presenta una función como operador discursivo desde principios del siglo XIX y la mantiene hasta la época actual tanto en el español europeo como en el americano, en contraste con *a la verdad* que aparece con esta función desde finales del XV hasta el XIX, época en la que comienza a disminuir su empleo en el español europeo y solo sigue vigente en la actualidad en el español americano.

Palabras clave: variación diacrónica, variación diatópica, locuciones adverbiales, operadores discursivos, construccionalización, gramaticalización, subjetivización.

Abstract: The aim of this research is to explain the diachronic and diatopic variation experienced by adverbial locutions *a la verdad* y *a decir verdad* in the different stages of their evolutionary process. In the diachronic framework, these linguistic signs have undergone constructionalization, grammaticalization and subjectivization processes that have allowed their evolution from their origin as noun phrase with a conceptual meaning that referred to the veracity of what is said or to the reality of the described facts until its reanalysis as a discursive particle with a procedural meaning and the acquisition of subjective values in which the speaker manifests the qualification of the speech act or the evaluation of the content of the information. In the aspect of diatopic variations, *a decir verdad* has a function as a discursive operator since the beginning of the 19th century and maintains it until the present time both in European Spanish and American Spanish; *a la verdad* appears with this function from the end of the 15th century and maintains it

16 María Pilar Garcés Gómez

until the XIX, time in which its use in European Spanish begins to decrease and it only remains in force at present in American Spanish.

Keywords: diachronic variation, diatopic variation, adverbial locutions, constructionalization, grammaticalization, subjectivization.

1 Introducción

Nuestro objetivo en esta investigación es explicar la variación diacrónica y diatópica que manifiestan las locuciones adverbiales *a la verdad, a decir verdad*, en las distintas etapas de su proceso evolutivo. En el marco diacrónico, estos signos lingüísticos han experimentado procesos de construccionalización, de gramaticalización y de subjetivización que han permitido la evolución desde su origen como sintagmas preposicionales con un significado conceptual referido a la veracidad de lo dicho o a la realidad de los hechos descritos hasta su reanálisis como operadores discursivos con un significado procedimental y la adquisición de valores subjetivos en los que el hablante muestra la calificación del acto de habla o la valoración del contenido de la información.

En este proceso evolutivo, la forma *a la verdad* presenta una función como operador discursivo a finales del siglo XV en el español peninsular, se mantiene con vitalidad en los siglos posteriores hasta el XIX cuando comienza a decaer su empleo y desde comienzos del siglo XX su uso es esporádico convirtiéndose en forma desusada en la actualidad en el español europeo; en cambio, en el español el americano su empleo se mantiene vigente en la modalidad escrita en el registro formal. Por su parte, la locución adverbial *a decir verdad* solo muestra algún ejemplo ocasional como operador discursivo a finales del siglo XVI, se mantiene con un uso poco habitual en el XVII y XVIII, aumenta su frecuencia en el XIX y especialmente en el XX; en el XXI, muestra vitalidad tanto en el español europeo como en el americano.

Las preguntas de investigación a las que pretendemos responder en este trabajo son las siguientes: 1) ¿cómo se desarrolla el proceso evolutivo de las locuciones adverbiales *a la verdad* y *a decir verdad*?; 2) ¿qué valores han adquirido en las distintas etapas de la historia de la lengua española y cuáles se han mantenido o han desaparecido?; 3) ¿qué semejanzas y diferencias significativas se establecen entre ellas?; 4) ¿cuáles son los motivos que explican la variación diacrónica, la variación diatópica y la variación en la frecuencia de uso que se manifiesta en el empleo de estas locuciones?; 5) en el aspecto teórico y metodológico, ¿de qué manera los conceptos de construccionalización y gramaticalización permiten explicar la configuración de nuevos operadores discursivos a partir de sintagmas con una función en el plano oracional que han pasado a

Variación diacrónica y diatópica en formas adverbiales 17

desempeñar una función en el plano discursivo?; ¿cómo el concepto de subjetivización permite dar cuenta de los cambios semánticos que se han producido y que han motivado la incorporación de los nuevos valores y sentidos que estas locuciones adverbiales presentan en el discurso?

Las bases de datos que sustentan la investigación han sido el corpus del *Nuevo diccionario histórico del español* (CDH) y el *Corpus diacrónico del español* (CORDE), para poder determinar las distintas fases del proceso evolutivo de estas unidades, así como el *Corpus de referencia del español actual* (CREA) y el *Corpus del Español del Siglo XXI* (CORPES XXI) a fin de atestiguar los datos de empleo en el español actual.

Este trabajo se organiza de la siguiente manera: en primer lugar, presentamos los presupuestos teóricos y metodológicos en los que se basa nuestra propuesta; en el siguiente apartado, analizamos el proceso evolutivo de la locución adverbial *a la verdad*, los valores y sentidos que ha adquirido, las funciones pragmáticas que ha desarrollado, los tipos de texto en los que aparece y las razones que explican la pérdida de *a la verdad* como partícula discursiva en el español europeo y su extensión geográfica en el español americano; en la siguiente sección, exponemos el proceso evolutivo de la locución adverbial *a decir verdad*, creada a partir de la elipsis atestiguada en la estructura condicional en la que se integra (*si va a decir verdad*), el desarrollo de sus valores discursivos y de sus funciones, así como las razones que motivan el aumento de su empleo tanto en el español europeo como americano, vinculado a determinados tipos de texto y de registros formales; por último, señalamos los resultados más relevantes en el apartado de conclusiones.

2 Planteamientos teóricos y metodológicos

Para determinar cuál ha sido el desarrollo evolutivo experimentado por las construcciones *a la verdad* y *a decir verdad* nos basamos en presupuestos teóricos y metodológicos que permiten explicar cómo se ha realizado el proceso de cambio semántico y qué repercusiones ha tenido en el nivel sintáctico. Esta base teórica descansa en el concepto de subjetivización que determina que el cambio semántico viene motivado por el uso expresivo del lenguaje, por el enriquecimiento pragmático de los signos lingüísticos; este proceso implica que las actitudes, valoraciones o puntos de vista del emisor encuentren codificación explícita en la gramática de una lengua convirtiéndose en un significado convencional en esa lengua (Traugott 1995, 2010); de este modo, a partir del significado veritativo de estas formas, surgen valores que manifiestan la certeza del hablante sobre el contenido del enunciado, el refuerzo de la aserción, la actitud de sinceridad ante el acto de habla o valores de contraexpectación (González Fernández y Maldonado Soto 2007).

Este proceso de cambio semántico se desarrolla a través de mecanismos inferenciales: se inicia a partir de las implicaturas particularizadas asociadas a una construcción en un determinado contexto; cuando su uso se amplía a más contextos, se convierten en implicaturas generalizadas; finalmente, esas implicaturas se convencionalizan y se codifican como un nuevo significado (Traugott y König 1991, Traugott y Dasher 2002).

El cambio supone, asimismo, un proceso de construccionalización (Traugott y Trousdale 2013, Trousdale 2014) y de gramaticalización por expansión (Traugott 2010, Traugott y Trousdale 2013)[1], por lo que los sintagmas *a la verdad* y *a decir verdad* se han convertido en estructuras fijas, han ampliado su alcance estructural, han adquirido autonomía predicativa y se ha producido un debilitamiento de su significado originario junto con la adquisición de un significado procedimental (Sperber y Wilson 1995[2], Wilson 2016).

Es de destacar que estas estructuras han evolucionado de modo diferente en relación con el tipo de construcción y con el contexto en el que se ha desarrollado su proceso evolutivo; el concepto de construcción se define como la asociación de un esquema formal y un significado determinado (Traugott y Trousdale 2013, 2014, Hilpert 2013, Company Company 2016) y se configura como la unidad en la que se generan los procesos de construccionalización y gramaticalización que han supuesto la creación de estos operadores del discurso y en la que surgen los nuevos significados y las funciones pragmáticas y discursivas que han adquirido.

3 La evolución de la locución adverbial *a la verdad*

3.1 Primeras fases de su evolución

La construcción *a la verdad* tiene su base léxica en el sustantivo *verdad*, derivado del latín *veritas, -atis*, que aparece desde los primeros textos castellanos de los siglos XII y XIII para denominar la "total correspondencia, ù conformidad de lo que se dice, ù expresa, con lo que interiormente se juzga, ó con lo que en

---

1   Desde otras perspectivas, se ha considerado que este proceso responde a un mecanismo de pragmaticalización, que supone la adquisición de valores pragmáticos por parte de estas unidades (Claridge y Arnovick 2010) o de discursivización, puesto que su función se desarrolla en el marco discursivo (Hummel 2012).

Variación diacrónica y diatópica en formas adverbiales   19

si son las cosas"[2]. En los textos de esa época aparece en estructuras en las que complementa a verbos pertenecientes a distintas clases léxicas, entre los que predominan los de lengua para denotar la veracidad de lo comunicado por el emisor (1) y, con menor frecuencia, los de pensamiento o juicio a fin de designar que el conocimiento que posee el hablante, directo o indirecto, se corresponde con la realidad de los hechos (2):

> (1) E ellos vinieron luego, e preguntóles él que cuánto avié que naciera aquel su fijo Abraham, e quel dixiessen *la verdad*, e que le irié bien con él (Alfonso X, *General Estoria, Primera parte*, c 1275, CDH).
>
> (2) [...] e enviad uno de vós que vaya por él yl aduga, e los otros fincaredes aquí conmigo fasta que sepamos *la verdad* (Alfonso X, *General Estoria, Primera parte*, c 1275, CDH).

Este valor que muestra la base léxica *verdad* se va a mantener en las estructuras en las que aparece el sintagma preposicional *a la verdad*; las primeras documentaciones muestran que su empleo viene determinado por el régimen del verbo, especialmente en contextos en los que se designa la manera de conseguir el conocimiento verdadero en contraste con la confusión de ideas, o de guiar hacia la creencia verdadera y abandonar la errónea (4) o de acercarse a las opiniones verdaderas y dejar las que se consideran falsas (5):

> (3) E por aquello ál que viene adelante que en la viéspera partirié los despojos dize que quiere seer esto otrossí que en el cabo mundo que entendrán los judíos la ceguedat en que andan, e llegar se an *a la verdad*, e sacarán de la letra ell entendimiento de lo que quiere dezir que es tal como espíritu que da vida, ca ell espíritu aviva e la letra mata si faze omne segund que ella dize e non segund que quiere dezir (Alfonso X, *General Estoria. Primera parte*, c1275, España, CDH).
>
> (4) Ca de Dios, ni segun qualitat que tal, ni segun asentamiento, ninguno no podria alçançar con rrazon; enpero, segun manera de fablar es en El anchura e largueza de gran caridat por la qual nos tyra de herror e nos trae *a la verdad* (Anónimo, *Traducción del Soberano bien de San Isidoro*, a1400, España, CDH).
>
> (5) Agora, dexadas estas falsas posiçiones, es de llegar *a la verdad* et es de dezir que el infierno es un lugar puesto en la tierra (El Tostado (Alonso Fernández de Madrigal), *Libro de las paradojas*, 1437, España, CDH).

A partir de estas estructuras en las que se contraponen conocimientos, ideas o posiciones, unos considerados verdaderos frente a otros juzgados como

---

2   Esta es la definición que se documenta en el *Diccionario de Autoridades* (1726–1739: s.v. *verdad*), que corresponde al significado que presenta este sustantivo desde sus primeras documentaciones en los textos y que se ha mantenido, con ligeras modificaciones, en las ediciones posteriores del diccionario académico (NTLLE).

erróneos, esta locución adverbial puede situarse fuera de los límites oracionales y modificar a todo el contenido proposicional en contextos en los que se contraponen dos informaciones, una atribuida a un enunciador distinto que se considera falsa y otra expresada por un enunciador identificado con el locutor que se supone cierta o verdadera (6); además, el segmento en el que se inserta esta expresión muestra la valoración del emisor acerca de lo que asevera (7):

> (6) E luego envió por él, e venido díxole el señor Prínçipe las rrazones suso dichas; sobre las quales avidas muchas pláticas e fablas, acordóse el señor Prínçipe fuese a la corte de Tordesylla, deziendo que yva a fazer el dicho juramento, pero *a la verdad* no yva a ello (Pedro Carrillo de Huete, *Crónica del halconero de Juan II*, a1454, CDH).

> (7) [...] e mandó que la rreyna se fuese desde allí a ver con el rrey de Portugal, su hermano, para que, si nesçesario fuese, concertarse con él, que segund la confederaçión entre ellos hecha, le enviase gente. E con la rreyna fue la ynfanta doña Ysabel, pero *a la verdad* aquellas vistas aprovecharon muy poco (Diego Enríquez del Castillo, *Crónica de Enrique IV*, c1481–1502, España, CDH).

Asimismo, se muestra en contextos en los que *a la verdad* aparece en posición incidental, con alcance sobre todo el enunciado, donde se expresa el deseo del hablante de manifestar la certeza de su afirmación[3] (8):

> (8) Mas el ánima linpia que passó la vida honestamente, ha en suerte por capitanes suyos a los dioses, e mora en logar conveniente, que muchos e maravillosos son los logares de la tierra. E *a la verdad*, la tierra non es tal ni tanta, qual o quanta piensan aquéllos que acostunbran fablar della, según que yo aprendí de uno (Pero Díaz de Toledo, *Traducción del Libro llamado Fedrón*, 1446–1447, España, CDH).

---

3   En algunos contextos, como en el ejemplo siguiente, esta locución adverbial aparece en contextos puente (Heine 2002; Diewald 2002), donde se plantea una doble lectura: se puede considerar que *a la verdad* complementa al núcleo verbal ("dizes de modo verdadero que quieres algo") o que modifica a todo el miembro discursivo ("a la verdad, dizes que quieres algo"):

  Nuestra lengua en esto peca mucho, poniendo dos negaciones por una; como si dixésemos *no quiero nada*, dizes, *a la verdad*, que quieres algo (Antonio de Nebrija, *Gramática de la lengua castellana*, 1492, España, CDH).

  Aunque nos inclinamos por esta segunda interpretación, dado que se sitúa en posición incidental, según se documenta en el texto, y que muestra una valoración del emisor sobre el contenido de lo dicho, se mantiene la ambigüedad.

3.2 Creación de nuevos significados y desarrollo de funciones pragmáticas

Las funciones pragmáticas y discursivas que desarrolla esta locución adverbial vienen determinadas por la imagen esquemática que presenta la base léxica *verdad* situada en la esfera de lo que se considera verdadero frente a lo falso o erróneo. Este hecho explica que en sus primeras documentaciones aparezca en estructuras de doble polaridad en las que lo verdadero se opone a lo no verdadero, lo que ha permitido que desde sus primeras apariciones *a la verdad* haya adquirido la capacidad pragmática de manifestar la veracidad de lo dicho en oposición a una idea o argumento anteriormente expresados o compartidos convirtiéndose en elemento de oposición argumental entre los miembros discursivos vinculados (ejemplos 6, 7).

A partir del desarrollo de procesos inferenciales basados en la imagen esquemática de esta estructura y su aparición en contextos donde se resalta lo que es verdadero en oposición a lo que no lo es, adquiere un valor como refuerzo de la aserción. Este proceso de cambio semántico se inicia a finales del siglo XV y ya está consolidado en el XVI; se documenta en textos escritos de tipo expositivo y argumentativo en secuencias monologales, tanto en construcciones en las que se establece un contraste entre lo que se muestra en apariencia y lo que se manifiesta en realidad, donde queda reforzada la aserción de lo dicho (9), como en aquellas en las que ya solo se expone el argumento verdadero (10):

> (9) Dize Virgilio que las cosas que a la vida parescen mucho, *a la verdad* no son nada (Pedro Manuel Jiménez de Urrea, *Jardín de Hermosura*, 1516, España, CDH).

> (10) ¡O pérdida bienaventurada, cuando por ganar a Cristo perdimos toda nuestra haçienda! Porque, *a la verdad* no es perder, sino ganar (Fray Antonio de Guevara, *Epístolas familiares*, 1521–1543, España, CDH).

Así el hablante utiliza *a la verdad* en el marco de la comunicación con el objetivo de explicar o insistir en la veracidad de un determinado hecho o idea, lo que justifica su frecuente aparición precedido de conectores de tipo aditivo (11) o explicativo (12) que le permiten intensificar el valor de verdad de lo afirmado y, por consiguiente, llevar al interlocutor a inferir un aumento de la fuerza argumentativa de su discurso.

> (11) Solía decir el buen Scipión Africano que todas las cosas se habían de intentar en la guerra, antes que nadie echase la mano a la espada, y *a la verdad* él decía muy gran verdad, porque no hay en el mundo otra tan gran vitoria como es aquella que sin sangre se alcança (Fray Antonio de Guevara, *Epístolas familiares*, 1521–1543, España, CDH).

(12) E creo sin dubda alguna que si biuiera nj le faltara estado ni título de señor e con algún buen estado. Porque *a la verdad* él era gentil cauallero e digno de grandes merçedes, e seruía muy bien a su Magestat (Gonzalo Fernández de Oviedo, *Batallas y quinquagenas*, 1535–c1552, España, CDH).

La presentación del contenido transmitido como cierto, verdadero, puede reflejarse en la actitud del emisor ante su enunciación; de este modo, a través de un proceso metonímico, la construcción que expresa la veracidad de la aserción adquiere un nuevo valor consistente en atribuir al emisor una actitud sincera ante el acto de habla, por lo que aumenta la fuerza argumentativa del enunciado si quien lo emite expresa su compromiso de ser sincero. En este sentido, este marcador adquiere una nueva función como operador enunciativo (13):

(13) "Yo, *a la verdad*, no tenía determinado de servir a nadie; mas ya que la fortuna me ha traído a tiempo que no puedo hacer otra cosa, paréceme que lo mejor sería servir con vuestro señor (Jorge de Montemayor, *Los siete libros de Diana*, 1559, España, CDH).

Estos cambios semánticos por los que se debilita su significado conceptual originario para adquirir un significado procedimental que guía las inferencias en el procesamiento de la información vienen acompañados de cambios formales que implican un proceso de construccionalización y gramaticalización por expansión (Traugott y Trousdale 2013; 2014) y su conversión en operador discursivo; así esta expresión se convierte en una estructura invariable, con movilidad en el enunciado en el que se inserta, posicionada al margen de la predicación oracional y generalmente situada entre pausas, representadas por distintos signos gráficos.

Un nuevo desarrollo experimenta esta locución adverbial en el paso de su funcionamiento del nivel discursivo al nivel oracional como complemento de participios y adjetivos donde se muestra la certeza del hablante respecto de la valoración de lo expresado en el sintagma adjetival sobre el que incide y, a veces, adquiere un valor intensificador; en esta dimensión presenta una evolución que va desde los valores modales epistémicos que aparecen en las primeras documentaciones (14) hasta las valoraciones o juicios personales que se muestran con posterioridad (15):

(14) [...] armas, *a la verdad*, pesadas y muy enojosas, e andan los hombres en ellas como enalbardados e feos e de mala vista (Gonzalo Fernández de Oviedo, *Historia general e natural de las Indias*, 1535–1557, España, CDH).

(15) Luego lo acomodó en algunos negocios, *a la verdad* honrados y dignos de otro mejor sujeto (Mateo Alemán, *Segunda parte de la vida de Guzmán de Alfarache*, 1604, España, CDH).

Variación diacrónica y diatópica en formas adverbiales 23

En determinados textos, datados ya en el siglo XVIII, esta expresión adquiere un valor ponderativo en estructuras en las que se enfatiza el segmento sobre el que incide; este valor está relacionado con el anterior ya que supone una valoración, una intensificación por parte del emisor:

(16) De estas pedanterías, *a la verdad* despreciables en su origen, nacen las disensiones y éstas muchas veces llegan a odios y parcialidades implacables (Concolorcorvo (Alonso Carrió de la Vandera), *El lazarillo de los ciegos caminantes*, c 1775, Perú, CDH).

En el discurso dialogal, *a la verdad* muestra su función de operador discursivo desde finales del siglo XV y comienzos del XVI. Su uso se documenta en intervenciones reactivas, donde el emisor desea manifestar que participa de la idea formulada por el interlocutor en una intervención iniciativa previa, pero introduce un comentario que supone una concesión a una idea diferente a la expresada en el turno anterior (17):

(17) Alc.- Aun no lo sabes bien. Yo soy buen testigo, y sé más que otro en ese caso: y sé que si él se fuera, como pudo muy bien hacerlo y le fue consejado, que otro gallo le cantara; pero no quiso descontentar al Rey ni salir de su voluntad y mandado.
Ser.- *A la verdad*, aunque se fuera á Italia, ya poco pudiera hacer; porque don Ramon de Cardona se había tornado á soldar en la gracia del Rey, y estaban las cosas de Italia en otros términos (Gonzalo Fernández de Oviedo, «*La vida del Gran Capitán*» (Cartas del Gran Capitán), 1497–1515, España, CDH).

En la interacción se muestran, asimismo, ejemplos en los que el hablante emplea este operador en una intervención reactiva para matizar el acuerdo parcial con lo manifestado por el interlocutor en una intervención iniciativa y presentar su propia aseveración que aparece reforzada (18):

(18) Elicia. ¡Ay madre!, por cierto, más huelgo yo de tales [manos de Celestina] besar que cuantas manos de galanes puede haver; que déstas me viene a mí, cierto, más provecho.
Celestina. Pues *a la verdad*, hija, dessas raízes, si tú tomares mi consejo, sacarás, cierto, más fruto que de las de Crito, ni tú, hija Areúsa, de las de Centurio (Feliciano de Silva, *Segunda Celestina*, 1534, España, CDH).

Adquiere un valor de réplica en secuencias dialogadas, donde el hablante en una intervención reactiva introduce una aseveración que contradice la afirmación formulada por sus interlocutores en los turnos previos (19):

(19) – Es verdad, mamá, el señor bailó con mi hermana, y no es extraño que dejase olvidado el pañuelo.
- Cierto, es verdad, señorita, se quedó olvidado... olvidado...
- *A la verdad* que es extraño; en fin, caballero, damos a V. las gracias (Ramón de Mesonero Romanos, «Escenas de 1832», 1832, España, CDH).

Los contextos que hemos analizado en los que se emplea *a la verdad* como operador discursivo se mantienen durante el siglo XVII y se amplía su frecuencia de uso hasta convertirse en el operador discursivo más empleado en el XVIII, especialmente en la prosa ensayística de esta época, con dos valores fundamentales: a) valor argumentativo de refuerzo de la aserción; b) valor enunciativo para manifestar la actitud franca, sincera del emisor ante su acto de habla. Con estos valores, se mantiene vigente en el XIX con menor frecuencia que en la etapa anterior y, a partir del XX, su empleo es residual en el español europeo, pero aparecen registros en el español americano hasta la época actual en textos escritos de tipo formal, aunque con una extensión geográfica limitada.

Al perder su vigencia, los valores de esta estructura se distribuyen entre las locuciones adverbiales pertenecientes al mismo paradigma y que se han ido incorporando en distintas etapas de la historia del español. La construcción *la verdad (es que)*, que adquiere funciones como operador discursivo desde finales del siglo XV, con un empleo muy reducido hasta el siglo XIX, etapa en la que comienza a extender su uso para expresar valores coincidentes con los señalados para *a la verdad* y que se emplea en contextos ligados especialmente a la lengua oral. La estructura *en verdad*, convertido en operador discursivo desde finales del XV, especializado en el valor de refuerzo argumentativo, con un uso preferente en la etapa actual en el español americano.

La expresión *de verdad, de veras*, que se convierte en operador discursivo desde el XVI y adquiere el valor de marcar la actitud de sinceridad del hablante ante lo dicho y el refuerzo de la aserción, vigente en las dos áreas geográficas (Garcés Gómez 2020). Asimismo, en el siglo XIX se extiende el uso de la construcción *a decir verdad*, ligada a la modalidad escrita y a los registros formales con los valores señalados para *a la verdad* de refuerzo argumentativo y actitud de sinceridad ante el acto de habla, a los que se añaden nuevos valores ya en el siglo XX que analizamos en el siguiente apartado. De este modo, estos nuevos operadores discursivos incorporan los valores y funciones que había desarrollado *a la verdad* hasta el siglo XIX y, a partir de esa época, su empleo queda relegado en el español europeo, mientras que se mantiene en el español americano en la zona de las Antillas, especialmente en Puerto Rico y República Dominicana y, con menor arraigo, en Cuba y Colombia, según los datos proporcionados por CORPES XXI[4].

---

4   Señalamos la distribución del número de casos que presentan los dos valores que mantiene el operador discursivo *a la verdad* en el siglo actual en cada uno de los países de habla hispana, según los datos de Corpes XXI.

Variación diacrónica y diatópica en formas adverbiales   25

4 La evolución de la locución adverbial *a decir verdad*

4.1 Origen y primeras fases de la evolución

El sintagma (*ir*) *a decir verdad* aparece documentado en el corpus CDH a comienzos del siglo XVI en una construcción perifrástica de «ir a + infinitivo», en la que se muestra la obligación de los sujetos citados de comparecer ante la autoridad y declarar ateniéndose a la verdad (20). En este caso, la construcción mantiene un valor locativo, al hacer referencia a un movimiento que se ha de efectuar de un lugar a otro, y añade un valor de obligación, al tener que expresarse el sujeto hablante de manera verdadera:

> (20) Quando los villanos realencos quisieran pleitear, vayan al mercado ante el alcalde del rey, y oidas las partes y sus querellas, el alcalde dara termino para la probança dentro del qual el dicho alcalde o sus offiçiales mandaran çitar a todos los testigos que vayan ante el *a decir verdad* (Anónimo, *Fuero reducido de Navarra*, a1530, España, CDH).

En la documentación posterior, datada a finales del siglo XVI, esta estructura queda fijada en una construcción condicional *si va a decir verdad* utilizada como fórmula estratégica para manifestar la actitud del hablante ante lo que comunica y para resaltar la veracidad de lo dicho. Se trata de una condicional de la enunciación que no indica una relación causal entre la prótasis y la apódosis, sino que "el vínculo se establece entre la prótasis y el hecho de que el hablante afirme o manifieste lo que la apódosis expresa" (NGLE 2009: 3552). De este modo, su presencia no es necesaria desde un punto de vista gramatical (Montolío 1999: 3685), pero es relevante desde una perspectiva pragmática ya que el emisor emplea esta fórmula para indicar que tiene la intención de expresarse de manera sincera y verdadera en relación con el tema del discurso[5] (21):

A la verdad	P. Rico	R. Dom.	Méx.	Nic.	Cuba	Col.	Ven.	Arg.	Par.	Chile	Esp.	Guinea
Acto de habla sincero	9	4	2	1	1	0	1	1	2	0	1	0
Refuerzo de la aserción	1	1	0	0	2	3	0	1	0	1	0	1

5   La primera referencia a esta construcción en las obras lexicográficas aparece en Franciosini (1620), en cuyo diccionario se establece la corrrespondencia con la expresión italiana: "Si vá a dezir verdad [se s'ha a dir il vero. modo di dire]" y en el diccionario de Sobrino (1705), donde se indica la equivalencia en francés: "Si va à dezir verdad. S'il faut dire la verité". En el *Diccionario de autoridades* (1726–1739) se recoge esta expresión: "Si vá à decir verdad. Phrase, con que se significa la realidad, que se vá a explicar del dictamen, ù sentir en lo que se habla, ù trata" (NTLLE)

(21) De arte que la gracia es una como deidad y una como figura viva del mismo Cristo, que, puesta en el alma, se lanza en ella y la deifica, y, *si va a decir verdad, es el alma del alma* (Fray Luis de León, *De los nombres de Cristo, libros I-III*, 1583, España, CDH).

Esta expresión queda fijada con el verbo en tercera persona del singular del presente de indicativo[6] y presenta una variante *si ello va a decir verdad*, muy poco documentada[7], donde el pronombre neutro *ello* hace referencia a lo expresado en un segmento previo. La construcción *si va a decir verdad* aparece en dos tipos de contextos: en aquellos en los que se manifiesta la verdad y la certeza en lo que se afirma, que implica un refuerzo de la aserción, al añadir un argumento a los ya expuestos en los segmentos previos, donde la expresión suele ir precedida de un conector copulativo como *y* (ejemplo 21); en otros, se muestra en estructuras en las que se contraponen dos miembros discursivos, donde el segundo segmento modifica las inferencias que se podrían derivar del anterior y las sustituye por las que se desprenden del miembro en el que se inserta la construcción *si va a decir verdad*, que señala la certeza de lo manifestado; ese cambio en la orientación argumentativa suele ir sustentado por la anteposición de un conector contrargumentativo (22).

(22) ¡Ayme, dónde huiré! Mas ¡que boba soy!, que no es cosa viva, sino culebra pintada en el papel, que llaman de culebrilla. Ya parece que se me ha tornado el alma al cuerpo; ya no tengo miedo. Mas ¡ay, qué necia! ¡Qué presto nos consolamos las mujeres con cosas pintadas! Debe ser porque somos amigas de andarlo siempre. Mas, *si va a decir verdad*, por mal pronóstico tengo ver pintada culebra en el papel en quien estampo mis conceptos, y, especialmente, me da pena el haberla visto al tiempo que tomé la pluma en la mano (Francisco López de Úbeda, *La pícara Justina*, 1605, España, CDH).

---

6 Solo se documenta un ejemplo en el que la referencia a un sujeto plural se representa por la primera persona del plural del verbo: "Además, que *si vamos a decir verdad*, este comercio exterior en todo es de los extranjeros" (Pedro Rodríguez de Campomanes, *Bosquejo de política económica española*, c1750, España, CDH).

7 El único ejemplo representativo del uso de esta estructura es el que se recoge en un texto narrativo, donde el emisor utiliza esta fórmula con el pronombre neutro *ello* para hacer referencia a un suceso anterior del que le había dado cuenta el interlocutor:

Vicario. *Si ello va a decir verdad*, hermano Alonso, demasiado anduvo: no está el mundo para ese lenguaje; verdades apuradas no se escuchan, desengaños no se reciben; priva la mentira, gobierna la lisonja y adulación, y la doblez y mal trato está en su punto (Jerónimo Alcalá Yáñez, *El donado hablador Alonso, mozo de muchos amos. Primera parte*, 1624, España, CDH).

Variación diacrónica y diatópica en formas adverbiales   27

En estos contextos el uso de esta expresión responde a una estrategia de modestia por la que el hablante pretende no imponer su criterio y evitar una posible crítica de su interlocutor, de modo que intenta mostrarse cortés para conseguir el objetivo de que su intervención sea considerada sincera.

En los dos últimos decenios del siglo XVI, la estructura condicional *si va a decir verdad* es la única documentada, pero, a partir del siglo XVII, se muestran los primeros ejemplos en los que se ha producido la elipsis de la conjunción condicional *si* y la forma verbal conjugada y queda únicamente el segmento *a decir verdad*[8], en contextos en los que se manifiesta una oposición entre dos miembros discursivos y el segmento en el que se inserta esta expresión, precedida generalmente por un conector contraargumentativo como *pero*, elimina las inferencias derivadas de lo expresado en el segmento anterior y resalta la certeza de lo expresado (23), o como refuerzo de una aserción combinado con conectores de adición o bien de explicación o justificación (24); no obstante, su frecuencia de uso es muy limitada en esta etapa[9]:

> (23) [...] pareciendo mar bonanza, nos hicimos a vela; pero bien se echó de ver el poco conocimiento de los marineros, pues cargó una tempestad a tres o cuatro millas de navegación, tal, que el viento rompía las velas, y era de modo que temimos muchas veces ser anegados. Pero, *a decir verdad*, los más de los persianos, como poco prácticos en las cosas de la navegación, y lo que más era, ignorantes de lo que es morir para siempre, nos reíamos de los frailes, que lloraban y se disponían para morir (Juan de Persia, *Relaciones*, 1604, España, CDH).

---

8   Señala Espinosa Elorza (2012: 104) que Luzán es el primer autor que emplea la forma elidida, quizá por influencia del italiano (*a dire il vero*) y del francés (*à dire vrai*), lenguas con las que el autor tuvo contacto directo. No obstante, como se atestigua en el corpus, ya en el siglo XVII aparece la forma elidida en algunos autores; por tanto, el influjo de estas lenguas pudo estar en la consolidación del empleo de la expresión elidida que se consolida y generaliza en el siglo XVIII, pero el cambio ya se había producido con anterioridad en la lengua española.

9   En el corpus CDH consultado, en el siglo XVII se documentan 42 casos de la estructura *si va a decir verdad* (41 en España y 1 en Chile), mientras que solo aparecen 7 casos de *a decir verdad* como operador discursivo (4 España y 3 en México, en este caso, en la obra de un solo autor); en el siglo XVIII se registran 8 casos de *a decir verdad* (7 en España y 1 en México) y 2 de *si va a decir verdad* (en España); en el siglo XIX, se muestra el aumento considerable de *a decir verdad*: 81 casos (70 en España y 11 en América), aunque se recogen 3 ejemplos de *si va a decir verdad* (en España); en el siglo XX, *a decir verdad* presenta 483 casos (273 en España y 210 en América) y no se registra *si va a decir verdad*.

28 María Pilar Garcés Gómez

(24) – Que no pare en tragedia, replicó don Fadrique, habemos de estimar, pues ya el marqués ha hecho los principios.
– Serálo para él, prosiguió don Diego, porque, *a decir verdad*, saliendo cierto lo desta Hipólita, por hacerle pesar he de tomar su empresa, pues ya os acordaréis que aquella noche así nombró a su dama (Gonzalo de Céspedes y Meneses, *Historias peregrinas y ejemplares*, 1623, España, CDH).

4.2 Incorporación de nuevos significados y desarrollo de funciones pragmáticas

El empleo de esta expresión en estructuras en las que se muestra la veracidad y certeza de lo dicho en contraste o contraposición con las opiniones recogidas, expresadas o inferidas en segmentos previos permite, a través de un proceso metonímico, el desarrollo de un significado de oposición o corrección del que se derivan una serie de valores discursivos que se van incorporando en distintas etapas del proceso evolutivo.

Así el significado de corrección se documenta en secuencias monologales en las que se modifican o restringen las inferencias que se desprenden de lo expresado en los miembros anteriores. En un ejemplo como (25), esas inferencias derivan de lo que el lector supone que va a encontrar en un tratado sobre el *Arte de hablar*, que se eliminan por la certeza del emisor de que se trata, en realidad, de un arte de enseñar a escribir. En otros casos (26), se muestra en enunciados polifónicos donde el locutor presenta como responsable de lo dicho en un segmento previo a otro enunciador con el que no se identifica y rechaza esa aseveración sustituyéndola por una afirmación considerada verdadera, ya que se basa en hechos que así lo demuestran:

(25) Pero en cuanto al *Arte de hablar* del P. Lamy, si bien está escrito con sumo acierto y con rara diligencia, como es proprio de todas las obras de este autor, puedo decir que no es más, por lo que toca al argumento, que una retórica como las antiguas. Mas *a decir verdad*, así de éste como de los demás autores se puede decir que no tanto han enseñado un arte de hablar cuanto un arte de escribir (Ignacio de Luzán, *Arte de hablar, o sea Retórica de las conversaciones*, 1729, España, CDH).

(26) Antes de entrar en Tetuán, había oído asegurar que los moros eran aficionados a la música; pero, *a decir verdad*, no lo demostraban mucho (Gaspar Núñez de Arce, *Recuerdos de la campaña de África*, 1860, España, CDH).

Asimismo, la certeza que muestra el emisor en relación con la aseveración formulada en el miembro discursivo en el que se inserta *a decir verdad* implica el compromiso del hablante con la verdad de lo expresado y el refuerzo argumentativo de la aserción (27):

Variación diacrónica y diatópica en formas adverbiales   29

(27) Ya he logrado verla; he procurado observarla en estos pocos días, y, *a decir verdad,* cuantos elogios hicieron de ella me parecen escasos (Leandro Fernández de Moratín, *El sí de las niñas,* 1805, España, CDH).

El compromiso del hablante con la veracidad de lo transmitido a través del contenido del enunciado se extiende a la actitud de sinceridad que manifiesta ante su enunciación por lo que adquiere un nuevo valor como operador enunciativo al calificar su acto de habla como sincero (28):

(28) He concluido mi colecioncilla de Obras sueltas con sus notas ad calcem, y ahí estarán hasta que mis albaceas hagan con ellas cucuruchos: ni a ti ni a mí, ni a la posteridad nos importa un comino; y *a decir verdad,* siempre las he mirado con desconfianza; tal vez no se perderá nada en perderlas (Leandro Fernández de Moratín, «Cartas de 1822» (Epistolario), 1822, España, CDH).

La ampliación de valores discursivos y de los contextos de uso que presenta esta construcción, así como su extensión a nuevos géneros textuales, se manifiesta ya en el siglo XX. A partir de su valor correctivo, desarrolla un valor de reformulación en contextos que suponen una vuelta sobre lo expresado previamente a fin de modificar las inferencias derivadas de lo manifestado en un miembro discursivo anterior y plantear una nueva perspectiva, que puede consistir en modificar lo expresado o en rectificar lo dicho y cambiarlo por otra formulación distinta. En el primer caso (29), se trata de una corrección que implica la modificación de lo dicho en un segmento previo considerado inexacto por una nueva formulación que se ajusta de manera más precisa a la intención comunicativa del hablante y al estado de cosas que desea reflejar, mientras que en el segundo (30) se produce una rectificación, pues el miembro discursivo donde se incluye esta unidad invalida el estado de cosas señalado y lo sustituye por lo manifestado en el miembro reformulado (Garcés Gómez 2008):

(29) Nadie, ni siquiera mis maestros, me ha enseñado tanta filosofía. En rigor, debería compartir con ellas [las alumnas] los derechos de autor o royalties de mis libros. *A decir verdad,* los comparto con una de ellas (Julián Marías, *Historia de la Filosofía,* 1941–1970, España, CDH).

(30) Lilaila se esforzó en sonreír, pero no parecía muy tranquila, a pesar de que mis palabras y mi conducta se parecían lo menos posible a las de un juez. *A decir verdad,* no se parecían en nada, porque yo no había asumido tal actitud (Gonzalo Torrente Ballester, *La saga/fuga de J. B.,* 1972, España, CDH).

En el discurso dialogal, los valores que presenta este operador discursivo se muestran en dos contextos: uno, en respuesta a una pregunta parcial o total como atenuación de una afirmación categórica o que no responde a las expectativas del interlocutor; otro, en intervenciones reactivas en las que se muestra un desacuerdo en relación con lo manifestado por el interlocutor en una intervención iniciativa previa donde adquiere también funciones de atenuación[10].

En intercambios de par adyacente de pregunta / respuesta, donde la respuesta formulada en el turno reactivo es una afirmación categórica, el hablante utiliza esta expresión para atenuar su aseveración (31):

(31) – ¿Le preocupa lo que la humanidad comerá en el futuro?
  – *A decir verdad* me importa un bledo. Mientras yo logre meter cosas en mi panza hasta que me muera (Alicia Steimberg, *Su espíritu inocente*, 1981, Argentina, CDH).

Cuando se trata de intercambios en los que la pregunta está orientada en una dirección determinada, en el ejemplo (32) con un término de polaridad positiva como *alguna*, aparece en intervenciones reactivas para señalar que se trata de una respuesta no preferida (Portolés 2004) que se formula en contra de las expectativas del interlocutor:

(32) – ¿Trae usted alguna novedad?
  – *A decir verdad* no traigo ninguna, señor… Pero como había tanta agitación en el pueblo, venía a ver si V. R. tenía algo que ordenarme… (Vicente Fidel López, *La novia del hereje o la Inquisición de Lima*, 1854, Argentina, CDH).

En interacciones donde se formula una interrogación parcial se emplea como elemento atenuador ante una respuesta que modifica y rectifica el tipo de formulación expresado en la pregunta, ya que no se considera correcto (33):

(33) – ¿Y qué dudas te asaltan, qué negros presentimientos te asedian, amigo?
  – *A decir verdad* no se trata de presentimientos, sino de reflexiones (Agustín Cerezales, *Escaleras en el limbo*, 1991, España, CDH).

En secuencias en las que se establece una presuposición en la intervención iniciativa, introduce una intervención reactiva en la que se marca el desacuerdo y se manifiesta una aseveración en sentido contrario (34):

(34) – No irá usted a temer que Alicia me contagie.
  – *A decir verdad*, tengo miedo de que tú la contagies a ella (Mercedes Salisachs, *La gangrena*, 1975, España, CDH).

En otras intervenciones, como en (35), se muestra que el emisor está informado de una normativa establecida, en contra de las suposiciones de su interlocutor

---

10 Las funciones de atenuación e intensificación llevadas a cabo por *a decir verdad* en textos del último cuarto del siglo XX han sido analizadas en Fernández Bernárdez (2002: 357–366).

Variación diacrónica y diatópica en formas adverbiales 31

expuestas en una intervención anterior y añade una justificación por haber actuado de manera contraria a la esperada:

(35) – Bien jovencitos, por si no lo saben, está prohibido que menores de edad consuman bebidas embriagantes en lugares públicos.

– Pues, *a decir verdad*, señor capitán -interrumpió Tomás- sí lo sabemos; sucede que en ocasiones ayudamos a doña Sara a descargar su mercancía ahí en su tienda, nos dio sed y a éste -señaló a Remigio- se le ocurrió la feliz idea de la cervecita, señor, pero le prometemos no volver a hacerlo (Cristina Bain, *El dolor de la Ceiba. Novela latinoamericana*, 1993, México, CDH).

A diferencia de *a la verdad*, el empleo de este operador discursivo se mantiene vigente y aumenta progresivamente su empleo desde el siglo XX, tanto en el español europeo como en el americano[11].

5 Consideraciones sobre los mecanismos del proceso evolutivo

El desarrollo evolutivo de las locuciones adverbiales *a la verdad* y *a decir verdad* se configura a partir de la base léxica del sustantivo *verdad* en referencia a lo que se presenta como cierto o verdadero en contraste con o en oposición a lo que se considera falso o no verdadero. El surgimiento de la forma *a la verdad* se documenta desde finales del siglo XIII en estructuras en las que funciona como complemento del régimen verbal en contextos en los que se designa el modo de llegar o acercarse a las ideas o creencias verdaderas a fin de desestimar o eliminar las que se tienen por falsas. A partir de un proceso metonímico de carácter inferencial, esta locución adverbial supera los límites oracionales y amplía su incidencia a todo el contenido proposicional en contextos en los que se manifiesta la certeza del hablante sobre su aseveración en contraste con las posibles inferencias que se podrían derivar de los miembros discursivos anteriores; mediante un nuevo proceso metonímico ese compromiso se traslada al plano enunciativo, donde se pone de relieve la actitud sincera del hablante ante su acto de habla. Un nuevo cambio del discurso a la oración permite que su incidencia se realice sobre el sintagma adjetival y adquiera un valor intensificador.

---

11 Estos datos se desprenden del análisis de los corpus consultados:

	Español europeo	Español europeo	Español americano	Español americano
A decir verdad	Frec. absoluta	Frec. normalizada	Frec. absoluta	Frec. normalizada
1800–1899 (CDH)	70	2,06 casos/millón	11	1,77 casos/millón
1900–2000 (CDH)	273	2,54 casos/millón	210	3,05 casos/millón
2001–2022 (Corpes XXI)	259	1,99 casos/millón	486	1,93 casos/millón

32 María Pilar Garcés Gómez

Por su parte, la locución adverbial *a decir verdad* surge por un mecanismo de elipsis desde la construcción condicional *si va a decir verdad*, vigente en la lengua desde finales del siglo XVI y predominante en el siglo XVII; la forma elidida muestra algún ejemplo esporádico en este último siglo, aumenta su empleo en el XVIII, pero su consolidación no se produce hasta el siglo XIX. A partir de su empleo en contextos donde se establece un contraste u oposición entre ideas u opiniones mantenidas por otros enunciadores, *a decir verdad* presenta un valor de contraposición o corrección que marca la veracidad de lo dicho en contra de las inferencias derivadas de lo expresado en los segmentos previos; de ahí se derivan nuevos valores de reformulación que permiten modificar o corregir lo expresado en los miembros anteriores. Por otra parte, el compromiso con lo dicho supone el refuerzo de la propia aserción y, mediante un proceso metonímico, se extiende a la figura del emisor para marcar su actitud sincera ante su enunciación.

6 Conclusiones

El análisis de la evolución diacrónica de las locuciones adverbiales *a la verdad* y *a decir verdad* muestra la convergencia y divergencia que se produce en el proceso evolutivo de estas formas. Como hemos señalado, desde una perspectiva teórica, la evolución de estas expresiones responde a un fenómeno de subjetivización que ha supuesto que estos signos lingüísticos hayan desarrollado significados que codifican las creencias, actitudes o valoraciones del hablante ante lo que dice o ante el contenido del enunciado. Este cambio ha supuesto la gramaticalización por expansión de estas locuciones adverbiales que se han convertido en sintagmas fijos, independientes, que se sitúan al margen de la predicación oracional y amplían su alcance a todo el enunciado.

Estos procesos han originado su conversión en operadores discursivos con los valores semánticos y pragmáticos analizados. *A la verdad* presenta un valor de refuerzo de la aserción, poniendo de relieve la veracidad del enunciado, y un valor enunciativo de manifestar la sinceridad del emisor ante su acto de habla; su paso del marco discursivo al nivel oracional ha supuesto que adquiera un valor intensificador, cuando incide sobre sintagmas adjetivales. *A decir verdad* ha desarrollado valores de contraposición, con extensiones a la reformulación y corrección, así como valores de refuerzo de la aserción y de actitud de sinceridad del emisor ante lo que expresa.

Se muestran divergencias en cuanto a la temporalidad de este proceso evolutivo, puesto que, desde finales del siglo XV hasta el XIX, *a la verdad* es la forma habitual, pero, a partir de esta época, su empleo decae hasta convertirse en una unidad desusada en el español europeo; por el contrario, *a decir verdad* no muestra un empleo consolidado hasta el siglo XIX, de modo que la coincidencia temporal en el funcionamiento de estas formas como operadores discursivos está muy limitada en la historia de la lengua española.

Se diferencian, además, en la variación diatópica: el empleo de *a decir verdad* se mantiene vigente en la actualidad tanto en el español europeo como americano, mientras que el uso de *a la verdad* comenzó a decaer desde el siglo XIX, aumentó esa caída en el XX y, en la actualidad, su ámbito geográfico se limita al español americano, donde se documenta en la modalidad escrita de la zona de Las Antillas y, con ejemplos esporádicos, de México y el Caribe continental.

Es de destacar, asimismo, que el paradigma en el que se integran estas locuciones adverbiales convertidas en operadores discursivos permite explicar el significado común y las diferencias de valores y sentidos que se establecen entre los distintos miembros, así como la variación diacrónica y diatópica que presentan en las diferentes etapas evolutivas.

Fuentes de referencia

CDH. Instituto de Investigación Rafael Lapesa de la Real Academia Española. *Corpus del Nuevo diccionario histórico de la lengua española* [en línea]. http://www.rae.es

CORDE. Real Academia Española. *Corpus Diacrónico del Español* [en línea]. http://www.rae.es

CORPES XXI. Real Academia Española. *Corpus del Español del Siglo XXI* [en línea]. http://www.rae.es

CREA. Real Academia Española. *Corpus del Español Actual* [en línea]. http://www.rae.es

NTLLE. Real Academia Española. *Nuevo tesoro lexicográfico de la lengua española* [en línea]. http://www.rae.es

Referencias bibliográficas

Claridge, C. y Arnovick, L. 2010: "Pragmaticalisation and discursitation". En A. H. Jucker e I. Taavitsainen (eds.): *Historical Pragmatics*. Berlin-New York: Walter de Gruyter, 165–192.

Company Company, C. (2016): "Gramaticalización y cambio sintáctico". En J. Gutiérrez-Rexach (ed.): *Enciclopedia de lingüística hispánica*. London/ New York: Routledge, 515–526.

Diewald, G. (2002): "A model for relevants types of contexts in grammaticalization". En I. Wischer y G. Diewald (eds.): *New reflections on grammaticalization*. Amsterdam: John Benjamins, 103–120.

Espinosa Elorza, R. M.ª (2012): "Novedades del siglo XVIII en aspectos relacionados con los cambios gramaticales". En M.ª T. García Godoy (ed.): *El español del siglo XVIII. Cambios diacrónicos en el primer español moderno.* Berlin/Oxford/Wien: Peter Lang, 85–109.

Fernández Bernárdez, C. (2002): *Expresiones metalingüísticas con el verbo decir.* A Coruña: Universidade da Coruña.

Garcés Gómez, M.ª P. (2008): *La organización del discurso: marcadores de ordenación y reformulación.* Madrid/Frankfurt: Iberoamericana/Vervuert.

Garcés Gómez, M.ª P. (2020): "Gramaticalización, subjetivización y polifuncionalidad en la creación de operadores discursivos formados sobre la base léxica (*la*) *verdad*". *Rilce. Revista de Filología Hispánica*, 36/3, 994–1019.

González Fernández M.ª J. y Maldonado Soto R. (2007): "Extensiones pragmáticas de la contraexpectación. Balance, reformulación y replica". En I. Ibarretxe Antuñano, C. Inchaurralde y J. M.ª Sánchez García (eds.): *Language, Mind and the Lexicon.* Frankfurt am Main: Peter Lang, 123–142.

Heine, B. (2002): "On the role of context in grammaticalization". En I. Wischer y G. Diewald (eds.): *New reflections on grammaticalization*. Amsterdam: John Benjamins, 83–101.

Hilpert, M. (2013): *Constructional Change in English.* Cambridge: Cambridge University Press.

Hummel, M. (2012): *Polifuncionalidad, polisemia y estrategia retórica. Los signos discursivos con base atributiva entre oralidad y escritura. Acerca del esp. "bueno", "claro", "total", "realmente", etc.* Berlin/Boston: De Gruyter.

Montolío, Estrella (1999): "Las construcciones condicionales". En I. Bosque y V. Demonte (eds.): *Gramática descriptiva de la lengua española.* Madrid: Espasa-Calpe, vol. 3, 3643–3737.

Portolés J. (2004): *Pragmática para hispanistas.* Madrid: Síntesis.

Real Academia Española (2009): *Nueva gramática de la lengua española.* Madrid: Espasa, 2 vols.

Sperber, D. y Wilson, D. (1995²): *Relevance. Communication and Cognition.* Oxford: Blackwell.

Traugott, E. C. (1995): "Subjectification in grammaticalization". En D. Stein y S. Wright (eds.): *Subjectivity and Subjectivisation. Linguistic Perspective.* Cambridge: Cambridge University Press.

Traugott E. C. (2010): "(Inter)subjectivity and (inter)subjectification: A reassessment". En K. Davidse, L. Vandelanotte y H. Cuykens (eds.): *Subjectification, Intersubjectification and Grammaticalization*. Berlin/ New York: Walter de Gruyter, 29–71.

Traugott, E. C. y Dasher, R. B. (2002): *Regularity in semantic change*. Cambridge: Cambridge University Press.

Traugott, E. C. y König E. (1991): "The semantics-pragmatics of grammaticalization revisited". En E. C. Traugott y B. Heine (eds.): *Approaches to Grammaticalization*. Amsterdam/Philadelphia: John Benjamins, vol. 1, 189–218.

Traugott, E. C. y Trousdale G. B. (2013): *Constructionalization and constructional changes*. Oxford: Oxford University Press.

Traugott, E. C. y Trousdale G. B. (2014): "Contentful constructionalization". *Journal of Historical Linguistics*, 4/2, 256–283.

Trousdale, G. (2014): "On the relationship between grammaticalization and constructionalization". *Folia Linguistica: Acta Societatis Linguisticae Europaeae*, 48(02), 557-578.

Wilson, D. (2016): "Reassessing the conceptual-procedural distinction", *Lingua*, 175–176, 5–19.

Rafael García Pérez

El tamaño importa: evolución de los adverbios intensificadores en *-mente* desde la magnitud a la intensidad[12]

Resumen: En este capítulo se describe la evolución de un grupo muy concreto de adverbios en *-mente* de carácter intensificador: aquellos construidos sobre bases adjetivas dotadas de un significado de '+ tamaño'. Partiendo de la idea de que la intensificación es el resultado de un proceso de gramaticalización en el que la metáfora desempeña un papel preponderante, se tratará de determinar en qué momento se inicia el cambio semántico en cada caso y cómo se desarrolla este; qué difusión han tenido estos adverbios a lo largo de la historia; y, en último término, a qué combinaciones léxicas han dado lugar, prestando especial atención a sus colocaciones. Los adverbios estudiados son *grandemente, enormemente, inmensamente, colosalmente, monumentalmente* y *gigantescamente*.

Palabras clave: Gramaticalización, metaforización, adverbio, intensificador, diacronía

Abstract: This chapter describes the evolution of a very specific group of Spanish intensifiers ending in *-mente*: those built on adjective bases endowed with a meaning of '+ size'. Taking into consideration that intensification is the result of a grammaticalization process in which metaphor plays a preponderant role, we will try to determine when the semantic change begins in each case and how it develops; how much these adverbs have spread in the language throughout history; and, finally, what lexical combinations they have created, paying special attention to their collocations. The adverbs that have been studied are *grandemente, enormemente, inmensamente, colosalmente, monumentalmente* y *gigantescamente*.

Key words: grammaticalization, metaphorization, adverb, intensifier, diachrony.

1 Introducción

Como he venido poniendo de manifiesto en trabajos anteriores, la estructura del léxico no puede entenderse al margen de una perspectiva relacional. En el momento en que se iniciaba el proyecto del nuevo Diccionario histórico de

---

12 Esta publicación se enmarca en el proyecto de I+D+i COLINDANTE, ayuda PID2019-104741GB-I00, financiado por el MCIN/AEI/10.13039/501100011033.

38   Rafael García Pérez

la Real Academia Española[13], ya tomamos en consideración que las palabras forman parte de una red de relaciones que afectan a distintos niveles lingüísticos: morfológicos, sintácticos, semánticos y sintáctico-semánticos (Pascual y García Pérez 2007: 28–33), así como pragmáticos (p. ej. García Pérez 2009, 2013a).

En ese sentido, conviene recordar que en la vertebración de toda lengua no puede obviarse el papel desempeñado por algunas unidades léxicas que, en determinados contextos, han asumido funciones gramaticales o ciertas unidades que, ya de carácter gramatical, han terminado por adquirir funciones aún más gramaticales. Desde un punto de vista histórico, nos hallamos ante el conocido fenómeno de la *gramaticalización*[14]. Al igual que sucede con los cambios semánticos que afectan a verbos, sustantivos o adjetivos, los procesos de gramaticalización dan lugar a la creación de grupos homogéneos de palabras, es decir, de clases semántico-pragmáticamente determinadas[15]. En estas páginas quiero centrarme en algunos de los llamados adverbios intensificadores del español[16].

---

13 Proyecto del que fui coordinador entre 2006 y 2009.

14 El concepto de gramaticalización es relativamente antiguo, pues, como muy bien resumió Lamiroy (2004), se planteó por primera vez en los estudios de Meillet, aunque su desarrollo actual debe mucho al impulso de autores como Traugott (1989, 1995), Traugott y König (1991) y Hopper y Traugott (2003).

15 En otros lugares describí el proceso de formación y evolución de algunos subgrupos dentro de la clase de los llamados adverbios de foco o adverbios focalizadores: los adverbios de foco escalares (García Pérez 2011), los adverbios de foco particularizadores (2013b) y los adverbios focalizadores de inclusión, de exclusión y de aproximación (2013c).

16 Son adverbios que he tratado parcialmente en dos artículos precedentes (García Pérez 2022 y García Pérez y Blanco 2022). En el primero de esos artículos me limité al periodo medieval, con el objetivo primordial poner de relieve las colocaciones en las que intervenían como base los adverbios en -*mente*. En ese sentido, mostré que los intensificadores más extendidos de la época, capaces de dar lugar a un mayor número de colocaciones –y desde más temprano– fueron *fuertemente* y *fieramente* para los que encontramos, ya en el siglo XIII, si no antes, solidaridades léxicas muy relevantes que se van ampliando a medida que avanzamos hacia el Renacimiento. El segundo artículo se centró, con una dimensión temporal más amplia (pues incluía un recorrido diacrónico completo), en un grupo particular dentro de los adverbios intensificadores: los adverbios derivados de adjetivos pertenecientes a la clase semántica denominada <causativos de sentimiento> (Blanco 2006) y, más concretamente a la subclase <causativos de sentimiento: temor>. Las unidades allí tratadas son

Evolución de los adverbios intensificadores en -mente   39

A este respecto, conviene señalar que, para la RAE (2009: 1007), los adverbios en *-mente* pueden expresar "de manera indirecta el valor que corresponde a una medida, sea alta o baja, en una escala" (RAE 2009: 1007); en esta obra se mencionan únicamente dos grupos: los que se combinan con adjetivos en grado positivo y los que se combinan con adjetivos en grado comparativo. De esta definición parece desprenderse que solo se consideran adverbios de grado aquellos que modifican a los adjetivos –o, eventualmente a los adverbios (no citados directamente)[17]– si bien otros autores como Kovacci (1999) o Kaul de Marlangeon (2002: 223) incluyen también a los verbos (*saber perfectamente* o *regar abundantemente*). A mi entender, la conexión entre los verbos y los adjetivos es evidente cuando se toma en consideración el papel desempeñado por los participios como bisagra entre ambas categorías gramaticales (*elevar sustancialmente – sustancialmente elevado*), de modo que resulta muy pertinente no pasarla por alto en un estudio diacrónico. Si en su función de modificación verbal los adverbios están aún cerca de su valor primitivo de modo o manera, como se desprende de la posibilidad, a menudo, de parafrasearlos por sintagmas dotados de un núcleo sustantivo equivalente, el carácter graduable de los verbos facilita la delexicalización (García Pérez y Blanco 2022) y, en consecuencia, una primera reinterpretación semántica (*dañar terriblemente* →*dañar* 'de manera terrible' →'en grado tal que induce terror' →'mucho'). Un paso más en el proceso de gramaticalización es el que los conduce al adverbio delexicalizado a desempeñar una función de modificador de adjetivos puros (no participiales) y de adverbios (*terriblemente malo* →*'malo de manera terrible'), y tanto más cuanto la conexión semántica entre ambos es inexistente o etimológicamente contradictoria (*tremendamente bien*).

Desde un punto de vista histórico, que es el que aquí nos interesa, los adverbios intensificadores en *-mente* deben entenderse, como es bien sabido –y como recordé en García Pérez (2022)–, a partir del proceso de gramaticalización previo que se lleva a cabo tras la combinación en latín tardío de un adjetivo y el ablativo del sustantivo MENS-MENTIS. Este proceso de gramaticalización dio lugar al nacimiento de estructuras más o menos morfológicas en las lenguas romances en las que primaba un significado básico de manera (Grandgent 1991: 56), si bien las conexiones entre este significado de manera y el de

---

terriblemente, espantosamente, pavorosamente, horriblemente, horrorosamente, tremendamente y *terroríficamente.*

17 Alcaraz y Martínez Linares (1997 s.v. adverbio intensificador), por ejemplo, asumían explícitamente esta restricción de funcionamiento.

intensificación son bastante estrechas. A ello ya se había referido, por ejemplo, Greenbaum (1970: 64) para el inglés actual, lo que explica que haya resultado fácil el paso de uno a otro, e incluso que en muchas ocasiones no haya sido necesaria la existencia del primero; la construcción de algunos adverbios intensificadores se ha llevado a cabo directamente, a partir de una interpretación metafórica espacial del propio adjetivo que sirve de base al derivado. Es lo que sucede con ciertos adjetivos relativos a la "altura, la profundidad, la longitud y el tamaño" (Bosque 1999). En todo caso, la situación es compleja y, dado el amplio número de unidades léxicas que han adquirido el valor de intensificación, la agrupación en subclases que comparten rasgos sintáctico-semánticos parece necesaria (García Pérez y Blanco 2022).

La descripción diacrónica que llevaré a cabo en este capítulo corresponde a algunos adverbios estrechamente vinculados desde una perspectiva semántica. Se trata de unidades léxicas constituidas por medio de un proceso de metaforización a partir de bases adjetivas que, en el momento de su formación romance o como resultado de su evolución semántica (en el propio romance como en el étimo latino) –y antes de la aparición de la construcción adverbial– han adquirido el significado de '+tamaño'. Estas unidades son *grandemente, enormemente, inmensamente, colosalmente, monumentalmente* y *gigantescamente*. Hemos de tener en cuenta que la construcción de intensificadores ha sido constante a lo largo de la historia del español, como sucede también otras lenguas, pues, parafraseando a Bolinger (1972: 18), dado el carácter enfático y expresivo de este tipo de vocablos, los hablantes tienen la necesidad de renovarlos con cierta frecuencia. En ese sentido, los adverbios estudiados a continuación no son los únicos intensificadores ni los primeros.

Han quedado fuera de este estudio algunos adverbios cuyas bases carecían claramente del significado de '+tamaño' en su origen romance o latino; en concreto, *desmesuradamente, descomunalmente* o *desmedidamente*. Aun cuando alguna de esas bases haya podido adquirir este sentido más tarde, el valor intensificador del adverbio en -*mente* no entronca con la idea de tamaño, sino con la más abstracta de 'exceso', es decir, lo que sobrepasa una determinada medida o regla. Es cierto que hay una parte de arbitrariedad en esta clasificación, por cuanto el mayor tamaño, sencillamente, puede interpretarse como una relación de hiponimia respecto a la idea de exceso en general: lo grande es aquello que excede en tamaño a lo habitual. Por otro lado, como veremos, los adjetivos *enorme* e *inmenso* están muy ligados también a la idea de 'exceso', quizá en mayor medida que los restantes, y no es fácil determinar, en consecuencia, si el valor metafórico con el que los encontramos ya en el momento de su incorporación al romance es el resultado de la evolución de uno u otro significado previo.

Por todo ello, este capítulo deberá completarse con el estudio de los adverbios en -*mente* formados a partir de bases adjetivas con la idea de 'exceso', tarea que me habría gustado llevar a cabo aquí, pero a la que he tenido que renunciar por razones de espacio. Queda reservada, pues, para un próximo trabajo[18].

Concluyo esta introducción señalando que tomo mis datos de los diversos corpus elaborados por la Real Academia Española: CORDE y CDH para la lengua antigua; CREA y CORPES XXI (versión 0.99) para la lengua actual.

2 *Grandemente*

Este adverbio puede considerarse, sin ninguna duda, el líder[19] de la clase léxica, no solo por la antigüedad y la amplia difusión de su base (el adjetivo *grande*, que se remonta a los orígenes de nuestra lengua), sino también por su significado, que ha de considerarse prototípico, precisamente, de la idea misma de '+ tamaño'. Su gramaticalización como intensificador solo puede entenderse si somos conscientes del proceso de cambio semántico experimentado, precisamente, por el adjetivo *grande*. Siguiendo a Lakoff y Johnson (1980), la intensificación se expresa metafóricamente a partir de experiencias cercanas; de ese modo, el tamaño que supera al común o regular tiende a reinterpretarse, en abstracto, y de una manera casi automática, como un mayor grado aplicado a una determinada acción o cualidad. En García Pérez (2022 b) ya se puso de manifiesto que el adjetivo *grande* había actuado como intensificador positivo (sin alcanzar el grado máximo) desde los primeros testimonios en romance, y que lo había hecho sin mostrar apenas restricciones semánticas en su estructura argumental. Podía modificar a las tres clases de predicados (acción, estado o acontecimiento) y, dentro de ellas, a un número muy amplio de subclases léxicas. En ello no hacía sino retomar el uso del propio latín GRANDIS, gramaticalizado, al igual que MAGNUS, ya en la época clásica[20].

No obstante, su contribución a la construcción de un paradigma de derivados adverbiales en -*mente* es relativamente tardía. La explicación se encuentra, a mi entender, en el éxito que tuvieron como intensificadores, durante el

---

18 El objetivo final, en el marco del proyecto de investigación mencionado en la nota 1, será la descripción de los procesos de formación y evolución de todos los adverbios en -*mente* intensificadores del español.

19 Para este concepto, que aplicamos inicialmente a la lexicografía histórica, puede consultarse Pascual y García Pérez (2007).

20 […] "sed hunc, quem quaero, commonstrare si potes, / inibis a me solidam et grandem gratiam" (Plauto, Curculio, 405).

periodo medieval, *fuertemente* y *fieramente*, aspecto al que ya me he referido en García Pérez (2022a). De hecho, la propia formación morfológica en -*mente* (*grandemente*) no apareció, ni mucho menos, de modo inmediato; los primeros testimonios del corpus la sitúan en el siglo XV. Aparece en combinación con verbos, tanto con valor modal (1), como ya con valor manifiestamente intensificador incipiente (2), facilitado este último por el carácter graduable de algunos de los colocativos, lo que contribuye a confirmar la estrecha conexión entre ambos significados.

(1) […] que se fiziesen los juegos e los solazes públicos mucho más grandemente e solepnemente, (c1400, Pero López de Ayala, Traducción de las Décadas de Tito Livio).

(2) …ello te será acrescentado e augmentado muy grandemente (c1400, Pero López de Ayala, Traducción de las Décadas de Tito Livio).

La combinación con participios de carácter graduable (3) y con participios marcadamente adjetivales (4), a finales del mismo siglo XV, muestra una tendencia más decidida hacia la gramaticalización:

(3) El rey de Portugal, que esperaba ser grandemente ayudado del rey de Francia (1480, Hernando del Pulgar, Crónica de los Reyes Católicos)

(4) …el qual fue grandemente ayrado y triste (1482, Esopete ystoriado)

La presencia como modificador de adjetivos calificativos, incluso a distancia, supone un paso más hacia una gramaticalización plena, tanto más cuanto estos adjetivos no dejan entrever ninguna conexión semántica con la idea de tamaño (5)[21]. Aunque la función de modificador adjetival no es la más frecuente, sí constituye una prueba evidente de la celeridad con que el adverbio se estaba haciendo eco del significado intensificador de su base. Quizá no sea necesario, pues, postular una evolución cronológica lineal a partir de un sentido modal primario (*grande* →*grandemente*$_{mod}$ →*grandemente*$_{int}$), sino una evolución simultánea y paralela, aun cuando el punto de arranque teórico se encuentre en el valor modal[22].

(5) …sabet qu"el dicho Rómulus fue muy agradable a la muchedumbre del pueblo, e más grandemente a los cavalleros (c1400, Pero López de Ayala, Traducción de las Décadas de Tito Livio).

---

21 La modificación de adjetivos supone, sin duda, la función prototípica de los adverbios intensificadores (Lorenz 2002).

22 La gramaticalización supone, precisamente, el paso de un sentido modal a un sentido intensificador (Partington 1993).

Evolución de los adverbios intensificadores en -mente   43

Durante el siglo XVI el adverbio aumentó su presencia en la lengua y siguió seleccionando, en su mayoría, unidades verbales graduables; entre ellas, el verbo *ayudar*, uno de los principales por su difusión textual y su extensión en el tiempo, pues no ha dejado de emplearse abundantemente hasta nuestros días, aunque se ha conservado mejor en América que en España (51 ejemplos totales desde finales del siglo XV hasta el siglo XX; 8 para el siglo XXI, todos, estos últimos, procedentes de variedades americanas).

En ese mismo siglo crea colocaciones destacables con algunos otros verbos: *desear*, cuyos primeros ejemplos se remontan a finales del siglo XV, y *sentir* y *pesar*. Todos ellos van a tener especial éxito a lo largo de la centuria siguiente y hasta el siglo XVIII, momento en que desaparecen como colocativos[23]. El número de ejemplos es especialmente elevado, como podemos comprobar en la tabla 1. Son datos muy significativos si tenemos en cuenta que solo les siguen a cierta distancia *temer*, *holgar*, *admirar*, *enojar* y *consolar*. La gran mayoría de las combinaciones, sin embargo, presentan cifras muy inferiores: lo normal es encontrar menos de 10 ejemplos[24].

Tabla 1. Combinaciones verbales con *grandemente* entre los siglos XV y XVIII

Verbos	ss. XV-XVIII
desear	65
sentir	59
pesar	58
temer	31
holgar	29
admirar	25
enojar	23
consolar	22

El abandono de los verbos principales *desear*, *sentir* y *pesar* en la era moderna no supuso una reducción de las solidaridades léxicas; de hecho, desde el siglo XIX –y a pesar de que su uso general había empezado a decaer– el adverbio *grandemente* pasó a seleccionar otras unidades verbales, que aún conservan una

---

23 El último de ellos se mantendrá como arcaísmo un poco más, pues encontramos algunos ejemplos esporádicos en el siglo XIX y principios del siglo XX.

24 Entre 15 y 20 ejemplos tenemos *alegrar*, *aficionar* y *servir*, y entre 15 y 10, *amar*, *aborrecer*, *alabar*, *alterar*, *aprovechar*, *estimar*, *afligir*, *errar* y *mover*.

cierta preeminencia en la lengua actual, aun cuando estas nuevas combinaciones hayan adquirido connotaciones de arcaísmo y hayan quedado restringidas a un nivel más bien formal. Se trata de los verbos *influir, contribuir,* y, en menor medida, *aumentar, variar, afectar, ayudar,* y *beneficiar.* En el siglo XXI asistimos a un proceso de reajuste combinatorio, pues la selección más frecuente es la de los verbos *variar, aumentar, contribuir* y *afectar,* seguidos de *influir* y *beneficiar* y *ayudar* (este último continuación de un uso ininterrumpido desde el siglo XVI, como se puso de manifiesto precedentemente)[25].

Tabla 2. Combinaciones verbales con grandemente desde el siglo XIX

Verbos	ss. XIX-XX	S. XXI
influir	35	11
contribuir	32	20
aumentar	25	28
variar	20	37
afectar	17	20
ayudar	17	9
beneficiar	12	11

También durante el siglo XVI asistimos a un pequeño aumento en el número de adjetivos calificativos seleccionados por el adverbio, antepuesto o pospuesto a ellos y ya, por tanto, con un sentido indudable de intensificación. Se añade, además, algún adverbio suelto, como *mal.* Su gramaticalización es, por tanto, especialmente veloz y completa. El adjetivo mayormente preferido es *necesario,* con el que formó una estrecha solidaridad léxica, desparecida, sin embargo, a partir de principios del siglo XVII. El adjetivo *devoto,* por su parte, tuvo especial éxito desde mediados del siglo XVI y hasta finales del siglo XVII.

En épocas posteriores solo es posible rastrear ejemplos aislados de estas últimas combinaciones. Curiosamente, la llegada del siglo XVIII, que supuso la selección de nuevos adjetivos por parte de *grandemente,* no llevó aparejada la

---

25 Los datos ponen de manifiesto que en el siglo XXI el adverbio está menos difundido que en épocas precedentes. En todo caso, estos datos permiten completar la descripción de Santos Río (2003 s.v. grandemente), que no tiene en cuenta la selección verbal. De hecho, solo considera la combinación con participios adjetivados y adjetivos calificativos. El adverbio *grandemente* no se recoge en Bosque (2004) ni en Fuentes Rodríguez (2009).

Evolución de los adverbios intensificadores en -mente   45

aparición de colocaciones particulares capaces de sustituir a las precedentes. Lo que encontramos, desde este momento y hasta la época actual, son unidades dispersas, efímeras en algunas ocasiones y bastante heterogéneas. De hecho, el número de adjetivos seleccionados es muy reducido en comparación con las formas verbales, ya se presenten estas en forma participial como no participial.

En último lugar, no está de más señalar que el adverbio adoptó desde el siglo XVI una forma superlativa (*grandísimamente*), acentuación del grado de intensificación. Se trata de un uso limitado, sin embargo, que puede considerarse desaparecido en el siglo XVIII, aun cuando sea posible rastrear algún resto arcaizante en épocas posteriores[26]. Como sucedía con la forma básica *grandemente*, fue más frecuente con verbos que con adjetivos; de hecho, solo encontramos tres adjetivos en combinación con este derivado adverbial a partir de la base en grado superlativo: *necesario, diferente* y *distante*.

> (6) …mas él tiene una estructura y frasis propia, grandísimamente diferente y distante y aventajada de toda (1580 Fernando de Herrera, Comentarios a Garcilaso, ed. Antonio Gallego Morell).

3 *Enormemente*

La base de este adverbio, el adjetivo *enorme,* procede del latín ENORMIS, que tiene, a su vez, su origen etimológico en el sustantivo NORMA, con el significado de 'irregular' o 'contra la regla', aunque en época clásica había adquirido también el sentido específico de 'muy grande'[27]. Se incorporó al castellano como cultismo en el siglo XIII, con un valor ya metafórico procedente de una evolución del latín tardío en el lenguaje especializado del derecho[28]. En principio, estuvo limitado al dominio jurídico, donde se aplicó a las infracciones, religiosas o

---

26 Dos únicos ejemplos: uno en el siglo XIX y otro en el XX.

27 "Qui sort des proportions, très grand, très gros, très long, énorme" (Gaffiot, 1934, s.v. enormis). Este significado está presente, por ejemplo, en Tácito: "[…] nec enim inmensa barbarorum scuta, enormis hastas inter truncos arborum et enata humo virgulta perinde haberi quam pila et gladios et haerentia corpori tegmina. denserent ictus, ora mucronibus quaererent: […] (Annals, Llibres I-II, Barcelona, Fundació Bernat Metge, 1930, p. 68). Así lo confirma también Alfonso de Palencia en su Universal vocabulario: "enormis, gen. es sin regla o sin medida por demasiada grandeza de forma: que ya no se le puede algo añadir".

28 Su evolución jurídica y su conexión medieval con la *atrocitas* romana se expone con cierto detalle en Théry (2011).

46 Rafael García Pérez

seculares, como un tipo específico de mayor gravedad. Así lo confirman *Las Partidas* de Alfonso X, donde encontramos su uso más antiguo:

(14) Pero si alguno fiziesse grand pecado daquellos que son llamados en latín enormes, que quier tanto dezir cuemo muy desaguisados.

Por influencia de este ámbito especializado, adquirió connotaciones claramente negativas al convertirse posteriormente (siglo XIV) en modificador de sustantivos predicativos más propios de la lengua general (*hecho, perdición…*) –casi siempre reinterpretados jurídicamente– o sustantivos que cobran valor predicativo, también especializado, en el contexto (*cosa*). Solo en el siglo XV ha dejado testimonios del sentido físico de tamaño[29].

Se puede afirmar que a partir del siglo XVI adquirió un sentido intensificador más acusado como modificador de sustantivos de estado (especialmente, *daño*).

La formación del derivado adverbial desde el punto de vista morfológico se remonta al siglo XV; presenta en ese momento un valor puramente modal, vinculado aún al significado jurídico primario. Su uso es todavía poco frecuente, pues contamos con un solo ejemplo (15):

(15) Relegallo enpero la poçoña delas tentaçiones & errores non çessa por sus apostaticos conpañeros enorme mente & todo el siglo aquexar figura desto apoca[lipsi] (a 1452, Alfonso Gómez de Zamora, Morales de Ovidio, ed. Derek C. Carr).

Desde el siglo XVI lo encontramos en combinación con verbos graduables (16), si bien persistían las connotaciones negativas de su base adjetiva (de hecho, son especialmente frecuentes los colocativos verbales designadores de delitos o de conductas reprobadas), y con participios adjetivales dotados del mismo carácter graduable, algunos de ellos cultismos latinos (17), que no hacen sino reproducir una combinatoria léxica también latina[30]. Se puede afirmar, por tanto, que se estaba produciendo un proceso de delexicalización cada vez más acusado.

(16) Porque enormemente yerra quien en su mal tanto affierra, (1580, Juan de Arguijo / Hernando de Ávila, *La tragedia de San Hermenegildo*)

---

29 "Como el diluuio ydo quedo la tierra humida & muchas animalias enormes criasse…" (a1452, Alfonso Gómez de Zamora, Morales de Ovidio, ed. Derek C. Carr.). Se trata de una traducción casi literal del texto ovidiano: "Cum, diluvio recedente, tota terra humida multa enormia animalia creasset…". El verdadero desarrollo de este significado es posterior.

30 Probablemente del latín tardío: "Set quum in prosecutione iam dicti negocii sepedictum monasterium Oniensem enormiter lesum erat…" (1218, Documentos notariales, ed. Juan del Álamo).

Evolución de los adverbios intensificadores en -mente   47

(17) ...e asy avia seido e heran lesos e muy ynormemente lesos e danificados... (1505,
      Sentencia)

Como *grandemente*, llegó a adoptar, incluso, una forma superlativa, forma que
se mantuvo hasta bien entrado el siglo XVIII:

(18) [...] fueron enormísimamente agraviadas (1552, Fray Bartolomé de las Casas,
      Entre los remedios para reformación de las Indias, ed. Ramón Hernández /
      Lorenzo Galmés).

Habrá que esperar al siglo XVII para que el adverbio pase a seleccionar adjetivos calificativos; a pesar de que estos son aún escasos (contamos con dos únicos
testimonios) y están ligados a contextos jurídicos, constituyen una muestra de
que el proceso de gramaticalización se había iniciado por esas fechas:

(19) "[...] cometió un homicidio enormemente grave y malicioso" (1653, Juan de
      Zabaleta, *Errores celebrados*, ed. David Hershberg.).

A partir del siglo XVIII puede considerarse que adquiere un valor intensificador pleno. Si, por una parte, continúa la selección verbal, en la que se mantiene,
como una colocación destacable, el vínculo con *errar*, aumentan también los
adjetivos calificativos, ya no necesariamente ligados al ámbito jurídico ni con-
notados negativamente. En concreto, tiene especial éxito *grande* (13 ocurrencias entre los siglos XVIII y XX), con el que conforma una solidaridad léxica
que se refuerza a medida que transcurre el tiempo y llega hasta nuestros días (6
ocurrencias más en el siglo XXI).

La difusión por la lengua del adverbio aumenta en el siglo XIX, aunque será
entre el siglo XX y el siglo XXI cuando se establezcan definitivamente algunas
de las combinaciones léxicas características de nuestros días. En ese sentido,
enormemente dejó de combinarse con *errar* y seleccionó con especial frecuencia los verbos *facilitar* y sus opuestos *dificultar* y *complicar*; *aumentar* o *cre-
cer* –cuyos primeros testimonios, aislados, se remontan, sin embargo, al siglo
XVIII– y su opuesto *reducir*; por último, en menor medida, en intersección
con *grandemente*, al que tiende a sustituir, encontramos *contribuir*, *ayudar* e
influir. Es también destacable la combinación con *abrir*, especialmente cuando
este verbo seleccionaba como argumento, a su vez, *los ojos*. La siguiente tabla
nos da una idea de la importancia de estas colocaciones:

Tabla 3. Combinaciones verbales con *enormemente*

Verbos	ss. XIX-XX	S. XXI
facilitar	47	90
dificultar	39	104
complicar	23	28
aumentar	42	37
crecer	32	36
reducir	21	42
contribuir	20	46
ayudar	16	21
influir	15	27
abrir abrir los ojos	18 13/18	13 10/13

En lo que se refiere a nuestros días, Fuentes Rodríguez (2009, s.v. enormemente) señala que se combina, sobre todo, con los verbos *agradecer* y *lamentar*. El primero, ciertamente, ha cobrado una relativa importancia en los últimos tiempos (las primeras combinaciones se remontan a mediados del siglo XX –11 ejemplos– y para el siglo XXI el número total de ejemplos que arroja el corpus es muy alto: 78 en total), aunque no tanto el segundo, que aparece como colocativo en fechas muy tardías (finales del pasado –2 ejemplos–) y presenta una posición muy modesta en el paradigma en comparación con los más antiguos (solo 8 ejemplos en el CORPES XXI). Bosque (2004, s.v. enormemente) coincide en la mención de *agradecer*, incluido en el grupo de aquellos que "denotan adhesión, participación e intervención, así como diversas formas de prestar un servicio o un favor a alguien". Incorpora también otros grupos de verbos, aunque no todas las unidades léxicas incluidas en esos grupos pueden considerarse tan extendidas como las anteriores. Entre los verbos que "designan sentimientos y sensaciones satisfactorias placenteras o gozosas" o "verbos que expresan la acción de hacerlos sentir a los demás", solo *disfrutar, divertir*, alegrar o *gustar* muestran una cierta difusión en el siglo XXI, en clara progresión respecto las centurias anteriores.

Evolución de los adverbios intensificadores en -mente 49

Tabla 4. Combinación de *enormemente* con verbos de sensaciones satisfactorias

Verbos	ss. XIX-XX	S. XXI
disfrutar	13	52
divertir	11	21
alegrar	5	21
gustar	7	10

Mucho menos *satisfacer, entretener, reír(se), entusiasmar(se), tranquilizar, ilusionar, animar* o *congratular* (de hecho, el primero presenta 7 ejemplos en el CORPES XXI; los restantes menos de 5). Entre los verbos que "designan la acción de obstaculizar algo y otras formas de causar un perjuicio físico o moral a alguien", destaca, sobre todo, *perjudicar* y, en menor medida, *molestar*; muy poco *herir, cansar, dañar*, para los que encontramos menos de 6 ejemplos, o *maltratar* (ninguno). Entre los verbos que "designan la presencia de sentimientos de inquietud o malestar en diversos grados" o "la acción de hacerlos sentir a los demás", tiene relevancia *preocupar*; apenas la tienen, sin embargo, *asustar* (8 ejemplos en total desde el siglo XIX) o, menos aún, *decepcionar, inquietar, alarmar*, con menos de 3 ejemplos. Por último, entre los verbos que "denotan padecimiento", solo *sufrir* se combina de modo amplio con *enormemente*, pero no *doler* (7 ejemplos en total), *padecer* (3 ejemplos) o *sentir*. La siguiente tabla muestra las colocaciones más relevantes de estas últimas clases:

Tabla 5. Combinación de *enormemente* con verbos de perjuicio, malestar y padecimiento

Verbos	ss. XIX-XX	S. XXI
perjudicar	15	23
molestar	7	11
preocupar	16	35
sufrir	3	21

En cuanto a los adjetivos, no sorprende que, siguiendo la línea de las combinaciones verbales, hayan tenido especial éxito, desde finales del siglo XIX, *complejo, difícil* y, en menor medida, *complicado* (11 ejemplos totales), a los que se añaden, ya en el siglo XX, *importante, positivo* o *popular*[31].

---

31 Es curioso que no se recojan adjetivos en Bosque (2004, s.v. enormemente).

Tabla 6. Combinaciones adjetivas de *enormemente*

Verbos	ss. XIX-XX	S. XXI
complejo	20	28
difícil	15	13
importante	17	33
positivo	15	24
popular	13	13

Santos Río (2003, s.v. enormemente), por su parte, atribuye a este adverbio "muchas restricciones", lo que tiene que ver, a su entender, con algunas combinaciones difíciles; cita, concretamente, "?fácil,?sencillo,?tranquilo, *azul, *pequeño [...]?cerca"[32].

4 *Inmensamente*

El adjetivo *inmenso*, base de *inmensamente*, es un cultismo del siglo XIV. Se incorporó al castellano ya con un sentido metafórico intensivo desarrollado en el propio latín[33]. Así, en los primeros ejemplos aparece acompañando a sustantivos predicativos, en muchos casos claramente graduables: *justicia, sacrificio, tristeza*...

La formación del adverbio es, sin embargo, bastante más tardía, pues los primeros testimonios se remontan al siglo XVI. Dado el valor intensificador desarrollado por el adjetivo, se entiende que el derivado adquiriera directamente ese mismo valor. Cabe considerar, pues, que no es el resultado de un proceso de gramaticalización a partir de un potencial significado modal. Seleccionó tanto verbos graduables (20) como adjetivos (21). No está de más señalar que los verbos aparecen exclusivamente en forma personal.

---

32 Ciertamente, solo encontramos dos ejemplos de combinación con *fácil* (s. XX y s. XXI); uno con *sencillo, tranquilo* y *pequeño* (s. XX), y otro con *cerca* (s. XXI). Ninguno para *azul*.

33 Lewis y Short (1879 s.v. immensus, p.ej. "immensae, infinitae, immoderatae cupiditates"). Con su significado de 'tamaño excesivo', lo encontramos en Silio Itálico, por ejemplo: "[...] scilicet immensae, visis iuvenilibus armis, subsident Alpes" (Punica, II, 312–313.). No sorprende, pues, verlo aplicado a otros inanimados concretos en los textos latinos medievales peninsulares, como la *Crónica rotense*, fechada en el siglo IX, pero conservada en una copia del siglo XI: "...ipse hos arabes persequentes eclesiam Domini immenso montis mole oppressit".

Evolución de los adverbios intensificadores en -mente 51

(20) [...] enamorados, que amando immensamente, sin orden ni medida, immensamente se alegran y entristecen (1555 Diego Ortúñez de Calahorra, Espejo de príncipes y caballeros, ed, Daniel Eisenberg).

(21) El Verbo es inmensamente sutil y delicado [...] (1578–1584, San Juan de la Cruz, Llama de amor viva, ed. Luce López-Baralt y Eulogio Pacho).

No han quedado restos, en esta primera época, de posibles colocaciones. Por una parte, el número de ejemplos es todavía limitado y, en consecuencia, las unidades léxicas que podrían formar parte de la combinatoria son escasas; por otra parte, esas unidades son, además, bastante variadas y heterogéneas. No obstante, el adverbio anuncia ya la presencia de algunos colocativos de cierta relevancia más adelante, sobre todo, a partir del siglo XIX: *amar* o *alegrar*. El primero decaerá en el siglo XXI; no así el segundo, que aumenta claramente en nuestros días. La combinatoria léxica se refuerza en el siglo XX, momento en que *inmensamente* pasa a seleccionar, de modo prioritario, otros verbos como *agradecer*, *disfrutar* o *abrir*. Ahora bien, esta selección verbal no es totalmente homogénea. La primera y la última de estas unidades, *agradecer* y *abrir*, han pasado a emplearse, fundamentalmente, como participios, mientras que *disfrutar* aparece, sobre todo, en forma personal (en la tabla 7, a continuación, la barra separa los usos personales de los participiales):

Tabla 7. Combinaciones verbales con *inmensamente*

Verbos	ss. XIX-XX	S. XXI
agradecer	10 (1/9)	18 (2/16)
disfrutar	1 (0/1)	12 (0/12)
abrir	18 (4/14)	6 (1/5)
alegrar	3	8
amar	8	5

En todo caso, conviene señalar, por oposición a los adverbios anteriores, que la capacidad para seleccionar verbos no constituye su rasgo más característico. Su valor intensificador está ligado a una preferencia mayor por los adjetivos calificativos. El más utilizado, con creces, es *rico*, con el que sí forma una importante colocación. Se trata de una combinación que se inicia en el siglo XIX y que se ha mantenido con fuerza, sin interrupción, hasta nuestros días.

Desde el mismo siglo XIX ha estado muy ligado también al comparativo *superior*, apenas seleccionado por *enormemente* y rechazado en su totalidad por *grandemente*.

(22) las prendas y los merecimientos del autor del Estatuto Real [...] son inmensamente superiores a los que se pueden alegar en favor suyo (1863, Juan Valera, Sobre los discursos leídos en la Real Academia Española).

Otros adjetivos son, por orden frecuencia, *feliz* y, a mayor distancia, *triste*, *popular* y *grande*.

El orden de frecuencia, sin embargo, ha ido cambiando en parte a medida que nos acercamos a la época actual, lo que pone de manifiesto la arbitrariedad que caracteriza a las combinaciones léxicas cuando avanzan los procesos de delexicalización: si la selección de *triste* apenas ha variado, el uso de *feliz* se ha incrementado hasta el punto de haber llegado a superar a *rico*; el de *popular* y *grande* ha aumentado también, aun cuando lo haya hecho de manera más modesta. En cuanto a *superior*, experimenta una notable decadencia.

Tabla 8. Combinaciones adjetivas con *inmensamente*

Verbos	ss. XIX-XX	S. XXI
rico	73	84
superior	32	19
feliz	33	95
triste	12	13
popular	11	28
grande	8	27

Santos Río (2003, s.v. inmensamente) señala que "la idea de 'inmensidad' que subsiste en este adverbio junto a la de 'cantidad elevada' o 'grado elevado' convierte en chocante su uso ante adjetivos calificativos como *pobre*, *tonto*, *deficiente*... y otros "no siempre asociables a la idea de carencia"[34]. Aun siendo una afirmación en general muy acertada, conviene hacer una pequeña matización y aclarar que el adjetivo *pobre*, en concreto, no ha estado excluido del corpus; es más, es posible rastrear un uso creciente en combinación con el adverbio *inmensamente* desde el siglo XIX (1 ejemplo) hasta la actualidad (4 ejemplos para el siglo XX y 5 para el siglo XXI), lo que, a mi entender, pone de manifiesto una progresiva desemantización del contenido inicial transmitido por el adverbio.

---

34 No recogen este adverbio ni Fuentes Rodríguez (2009) ni Bosque (2004).

Evolución de los adverbios intensificadores en -mente 53

(23) ...como bien claro lo revela el cada vez más reducido número de los inmensamente ricos y el siempre creciente de los inmensamente pobres (1879, Programa del Partido Socialista Obrero Español).

Es interesante destacar también que, si comparte con *enormemente* la dificultad de seleccionar los adjetivos *fácil, sencillo, tranquilo, pequeño* o *cerca*, destacados por Santos Río (2003, s.v. enormemente), como hemos visto precedentemente, – lo que pone de manifiesto una cierta cercanía entre ambas unidades léxicas–, ha seleccionado con especial frecuencia el adjetivo *azul*, en claro aumento desde el siglo pasado (3 ejemplos en el siglo XX y 10 ejemplos en el siglo XXI), quizá por su conexión colocacional con el sustantivo *cielo*, que ha podido transmitirle algunas de sus connotaciones.

Frente a *grandemente* y *enormemente*, el adverbio *inmensamente* no dio lugar a una forma superlativa capaz de acentuar su valor intensificador.

5 Colosalmente

La base *colosal* es propiamente del siglo XVIII. Sin duda se trata de un galicismo, pues el francés *colossal* lo encontramos ya en el siglo XVI tanto con el sentido de 'perteneciente o relativo al coloso' como con el sentido más metafórico de 'enorme' o 'de dimensiones extraordinarias' (Rey 1995 s.v. *colosse*). Se entiende, pues, que ambos significados aparezcan simultáneamente en el derivado español, y que al segundo de ellos pertenezca el testimonio más antiguo con que contamos (24):

(24) Frontero de la cabecera de Catbalogan, en Sámar, se ven frecuentemente estos enormes y colosales peces (c1754 Juan José Delgado, Historia general sacroprofana, política y natural de las islas del Poniente llamadas Filipinas, ed. Juan Atayde).

(25) ...y despues de aver observado las dos famosas estatuas colosales griegas que están á la Puerta representando dos Leones (1785–1786 Francisco de Miranda, Diario de viajes (viaje por Italia y Rusia), ed. Biblioteca Virtual Miguel de Cervantes).

El adverbio *colosalmente* es un siglo más tardío y en él se combina tanto un valor modal (26) como un valor intensificador (27). Este último, sin embargo, es el que aparece más tempranamente en el corpus, lo que no sorprende demasiado, pues se apoyaba en el significado previo de la base relacionado con el gran tamaño físico. Modificaba así a verbos graduables, ya en forma personal, ya en forma no personal participial.

54   Rafael García Pérez

(26) L'Auto, el diario deportivo que colosalmente dirige M. Desgrange, eximio crea-
     dor y sostenedor de la épica carrera, desplazó al interesante match Bayonne-
     Toulouse (1935, Xavier de Otzaurte, «España en la Vuelta a Francia 1936»)
(27) …esforzándose los falsificadores como se esforzaban, por figurar colosalmente
     aumentados a los ojos de León el lucro y los beneficios [...] (1876–1880, Julián
     Zugasti, El bandolerismo).

Desde principios del siglo XX, con este valor intensificador, seleccionó también
adjetivos calificativos, a los que se anteponía, y puede considerarse, por tanto,
enteramente integrado en el paradigma:

(28) El ex ministro Mellon, hombre colosalmente rico, no paga sus impuestos desde
     hace tres años, (1934, Fabra, Igualdad democrática ante la ley).

No obstante, su uso no ha sido muy frecuente[35]; los corpus arrojan un número
bastante reducido de ejemplos, e incluso en nuestros días, parece restringido
al ámbito formal. No está de más señalar, en todo caso, que ha mostrado una
cierta preferencia colocacional por el adjetivo *rico* (dos ejemplos anteriores al
siglo XX y un ejemplo más en el siglo XXI) y por el verbo derivado *enriquecerse*
(dos ejemplos en este siglo). También con los adjetivos relacionados semánticamente con el tamaño, especialmente *grande*, lo que deja entrever una conexión
aún bastante estrecha con su significado etimológico[36].

6 *Monumentalmente*

El adjetivo *monumental* es muy reciente, pues se remonta al siglo XIX. Dada la
orientación semántica aportada por el sufijo, se entiende bien que adquiriera
un significado relacional (29), en el que está presente la idea de 'memoria' (lat.
MONERE), muy pronto reinterpretado como 'ilustre o señalado'[37] (30); a este se
añade un significado metafórico de manera casi inmediata, aplicado, en un primer momento a las obras de carácter intelectual (31) y, en menor medida, a las
personas (32):

(29) Cuando recorriendo de esta manera las calles de nuestra capital veo darse tanta
     prisa a derribar edificios monumentales, supongo de buena fe que habría sobra
     de ellos (1837 Ramón de Mesonero Romanos, Escenas matritenses).

---

35 No lo recogen Santos Río (2003) ni Bosque (2004) ni Fuentes Rodríguez (2009).
36 Una consulta rápida en Google confirma estas colocaciones que son, sin embargo,
    bastante limitadas en los corpus.
37 En él se deja ya entrever ya el cambio semántico por hipérbole.

Evolución de los adverbios intensificadores en -mente   55

(30) Esta severa, histórica y monumental Iglesia, una da las más célebres de España y aún del mundo [...] (1855–1875, Vicente de la Fuente, *Historia eclesiástica de España*).

(31) Para los romanos la Historia era un ejercicio oratorio; no era una obra grave y monumental, legada por las edades que mueren a las edades que comienzan (1836–1837 Juan Donoso Cortés, Lecciones de derecho político, ed. José Álvarez Junco).

(32) ...todos deseaban conocer de cerca a esos varones monumentales de la ilustración argentina (1851–1855 José Mármol, Amalia, ed. Teodosio Fernández).

El significado hiperbólico 'que tiene un tamaño majestuoso, muy grande' característico de nuestros días cobra difusión desde la segunda mitad del siglo XIX:

(33) Debajo del monumental mercado que acaba de construirse [...] (1861, Pedro Antonio de Alarcón, *De Madrid a Nápoles pasando por París*...)[38].

El adverbio *monumentalmente* es uno de los últimos de este grupo, por tanto, que se incorpora a la clase de los intensificadores. Lo encontramos con valor modal en la segunda mitad del siglo XIX:

(34) ...la estatua fue derribada y sustituida por la guillotina, que se enseñoreó aquí monumentalmente desde 1792 a 1794 (1861, Alarcón, *De Madrid a Nápoles pasando por París*...).

Se trata de un ejemplo aislado; de hecho no encontramos nuevos testimonios hasta finales del siglo XX, donde el adverbio mantiene su valor modal, en un primer momento, modificando a participios no graduables, si bien se destaca ya con un valor más metafórico:

(35) ...una monumental obra de Valle-Inclán, monumentalmente interpretada, monumentalmente montada y monumentalmente pagada (1977, El País).

El valor de intensificación aparece un poco más tarde con participios de valor adjetival y con adjetivos calificativos, lo que constituye una prueba de su proceso de gramaticalización:

(36) Era monumentalmente gorda y sucia (1987, M. L. Pugia, La forma del silencio).

(37) los damnificados por el hundimiento de la presa de Tous, monumentalmente cabreados al iniciarse el tercer asalto de un interminable juicio (1995, La Vanguardia).

---

38 Es probable que se trate de un galicismo; en francés existía desde principios del siglo XIX (Rey 1995, s.v. *monument*).

56 Rafael García Pérez

Como el anterior, no ha tenido un uso demasiado frecuente. En la actualidad también parece más restringido al ámbito formal, aunque no muestra una preferencia clara por la selección de determinados verbos o adjetivos.

7 *Gigantescamente*

Más reciente aún, desde el punto de vista morfológico, es el adverbio *gigantescamente*, a pesar de contar con una base, *gigantesco*, que tiene su origen y difusión en el siglo XVI. Este adjetivo se utilizó, desde el principio, en combinación con sustantivos que designaban cuerpos humanos o animales y, con carácter metonímico, la estatura, el paso, etc., de donde se extendió a otro tipo de inanimados concretos (*jaula, tomo, columna…*).

> (38) Aquí vi también a los gemelos Aloides de cuerpos gigantescos, quienes intentaron desgarrar el ancho cielo con las manos (c1611, Sebastián de Covarrubias, *Suplemento al Tesoro de la lengua española castellana*, ed. Georgina Dopico y Jacques Lezra).

Su significado estaba ligado, pues, a la idea de 'gran tamaño', y así continuó hasta finales del siglo XVIII, momento en que la selección de sustantivos incluyó también predicados nominales, lo que suponía una interpretación de carácter más metafórico y el inicio del proceso de delexicalización:

> (39) De aquí en adelante hasta la conclusion de la tragedia es natural el estilo sin ser humilde, elegante sin vicioso ornato de metáforas, comparaciones líricas, ni frases huecas y gigantescas… (1798, Leandro Fernández de Moratín, Traducción de Hamlet, de Shakespeare, Imprenta de Augusto Bobée)

Con ciertos predicados, sobre todo a partir del siglo XIX, adquirió un valor intensificador evidente:

> (40) ¡Locuras verdaderamente gigantescas! (1801 Juan Francisco de Masdeu, *Arte poética fácil*, Oficina de Burguete).

Los primeros testimonios del adverbio *gigantescamente* se remontan a principios del siglo XX. En paralelo con un significado básico modal, asumió este valor de intensificación transmitido por el adjetivo base y se combinó, sobre todo, con verbos que indican incremento, como *ampliar, aumentar, multiplicar*, combinaciones que han llegado hasta nuestros días y no muestran aún una separación demasiado radical respecto al significado original:

> (41) El placer humano se amplía gigantescamente al llegar a madurez la sensibilidad histórica (1917–1933, José Ortega y Gasset, Artículos (1917–1933), ed. Paulino Garagorri).

Evolución de los adverbios intensificadores en -mente 57

La extensión de su selección léxica a la categoría gramatical de los adjetivos la encontramos en la segunda mitad del siglo XX, lo que pone de manifiesto un mayor grado de gramaticalización. En el corpus encontramos, en concreto, los adjetivos dispares *delicado* y *libertario* y el sustantivo *puta* adjetivado. Se trata, no obstante, de empleos literarios o asimilados de carácter expresivo y, en ese sentido, es difícil determinar en qué medida se hallaban establecidos en la lengua. A medida que avanza el siglo XXI, el adverbio parece mostrar una cierta preferencia por adjetivos de la clase <exceso>, sin que ninguno de ellos descuelle sobre los restantes (de los cinco ejemplos totales de selección adjetival arrojados por el CORPES XXI, tres corresponden a *grande, desmesurado* y *desproporcionado*).

Como sucedía con los dos adverbios anteriores, el escaso número de ocurrencias arrojadas por los corpus da a entender que no se trata, en general, de un uso demasiado frecuente, lo que quizá pueda explicarse por lo tardío de su incorporación al paradigma.

8 Conclusión

En este trabajo, se ha estudiado un subgrupo de adverbios intensificadores en -*mente* que tienen su origen en un significado básico de '+ tamaño' expresado por sus bases adjetivas. Desde un punto de vista meramente formal, asistimos a un enriquecimiento progresivo del paradigma, lo que confirma la hipótesis de una tendencia constante a la renovación expresiva. Así, la unidad léxica más antigua, líder del grupo (*grandemente*), se remonta al siglo XV, en un momento en que los intensificadores anteriores, pertenecientes a otras subclases más antiguas, *fuertemente* y *fieramente*, habían adquirido una amplia difusión durante el periodo medieval y, en consecuencia, habían empezado a experimentar un cierto desgaste. Una centuria más tarde (siglo XVI) encontramos *enormemente* e *inmensamente*; más adelante aparecerán *colosalmente* (siglo XVIII); *monumentalmente* (siglo XIX), y *gigantescamente* (siglo XX).

Desde el punto de vista semántico, la conexión entre el significado básico primario y la idea de intensificación es tan estrecha, que, si en algunas ocasiones, la precedencia del sentido modal respecto al intensificador es incuestionable y puede explicarse como una evolución del propio derivado adverbial (*gigantescamente, monumentalmente*) –con ello se refleja la dirección prototípica tradicionalmente descrita para los procesos de gramaticalización– en otros casos cabría pensar, más bien, en un desarrollo paralelo o casi paralelo de ambos valores (*grandemente, colosalmente*). Se trata de un fenómeno que encuentra su causa en el doble significado previo de las bases adjetivas, pues estas, desde mucho antes, han podido comportarse como modificadores de intensificación de sustantivos predicativos. De ahí que no resulte demasiado sorprendente que algunos adverbios hayan podido heredar solo un sentido intensificador si este había adquirido ya una particular relevancia en sus bases adjetivas (*enormemente, inmensamente*).

A pesar de la vinculación semántica de estos derivados en -*mente*, la combinatoria léxica de la que forman parte está lejos de ser idéntica. Desde una perspectiva categorial, algunas de las unidades descritas muestran una clara preferencia por las formas verbales; otras, por las formas adjetivales; y otras, por ambas en similar proporción. Aun cuando algunas coincidan en la selección categorial, nada difícil teniendo en cuenta la cifra total de adverbios, estos difieren en el número total de unidades seleccionadas, así como en su significante concreto y en su frecuencia. Ello no impide, claro está, que se hayan podido producir, como no podía ser menos, ciertas interferencias: por ejemplo, la competencia entre *grandemente* y *enormemente* en la selección de los verbos *ayudar, beneficiar* o *influir*, que se ha saldado con una cierta tendencia, en nuestros días, a la sustitución de *grandemente* por *enormemente*; entre *enormemente* e *inmensamente* en la selección del verbo *abrir*; o entre *inmensamente* y *colosalmente* en la selección del adjetivo *rico*, donde, por el momento, no parece que el primero de ellos esté en peligro de verse desbancado por el segundo.

La subclase de intensificadores por metaforización del tamaño presenta como característica el hecho de que son las unidades más antiguas las que han experimentado un proceso de gramaticalización más acusado y las que siguen teniendo un mayor éxito en la actualidad. Es lo que sucede con *grandemente, enormemente* e *inmensamente* frente a *monumentalmente, colosalmente* y *gigantescamente*, más tardíos y, a pesar du su carácter expresivo –o quizá por ello–, aún más limitados que los anteriores en su uso y en su selección léxica. No obstante, es necesario destacar que se ha producido, a lo largo de la historia, una relevante operación de reajuste. El adverbio más antiguo, *grandemente*, ha ido perdiendo vigor en favor, sobre todo, de *enormemente*, que es, sin duda alguna, el que goza de la preferencia de los hablantes hoy en día.

Referencias bibliográficas

Alcaraz, E. y Martínez Linares, M. A. (1997): *Diccionario de lingüística moderna*. Barcelona: Ariel.

Blanco, X. (2006): "Un inventario de clases semánticas para los adjetivos predicativos de estado". *Verba*, 33, 235–260.

Bolinger, D. (1972): *Degree Words*. La Hague: Mouton.

Bosque, I. (1999): "El sintagma adjetival. Modificadores y complementos del adjetivo. Adjetivo y participio". En Bosque, I. y Demonte, V. (dirs.): *Gramática descriptiva de la lengua española*. Madrid: Espasa-Calpe, 217–310.

Bosque, I. (2004) (dir.): *REDES. Diccionario combinatorio del español contemporáneo*. Madrid: SM.

Company Company, C. (2014): "Adverbios en -mente". En Company Company, C.: *Sintaxis histórica de la lengua española*. México: Fondo de Cultura Económica, 457–612.

Fuentes Rodríguez, C. (2009): *Diccionario de conectores y operadores del español*. Madrid: Arco/Libros.

Gaffiot, F. (1934): *Dictionnaire latin-français*. París: Hachette.

García Pérez, R. (2009): "Los marcadores rectificativos en un diccionario histórico". En Iliescu, M., Siller-Runggaldier, H. y Danler, P. (eds): *Actes du XXVe Congrès International de Linguistique et de Philologie Romanes, Innsbruck, 3-8 septembre 2007*. Berlin /New York: De Gruyter Mouton, 721–730.

García Pérez, R. (2011): "La evolución de los adverbios de foco escalares y su descripción en un diccionario histórico". *Iberoromania*, 71–72, 1, 1–15.

García Pérez, R. (2013a): "La evolución de los conectores aditivos *es más* y *más aún* en un diccionario histórico". En Casanova, E. y Calvo, C.: *Actas del XXVI Congreso Internacional de Lingüística y de Filología Románicas. Tomo II. Valencia 2010*. Berlin / Boston: De Gruyter, 183–192.

García Pérez, R. (2013 b): "La evolución de los adverbios de foco particularizadores". *Iberoromania*, 77, 1, 90-107.

García Pérez, R. (2013 c): "La evolución de los adverbios de foco en español: adverbios focalizadores de exclusión, inclusión y aproximación". En Garcés Gómez, P. (ed.): *Los adverbios con función discursiva. Procesos de formación y evolución*. Madrid-Frankfurt am Main: Iberoamericana-Vervuert, 317–388.

García Pérez, R. y Blanco, X. (2022): "Formation and evolution of intensive adverbs ending in -mente derived from the adjectival class <causatives de feeling: fear> in Spanish and French". En González, M., Reyes, S.S., Rodrigo, A., Silberztein, M. (eds): [39]*Formalizing Natural Languages: Applications to Natural Language Processing and Digital Humanities. NooJ 2022. Communications in Computer and Information Science*, vol 1758. Cham: Springer.

García Pérez, R. (2022 a): "Fuertemente atados: adverbios intensificadores en -*mente* y colocaciones en castellano medieval". *ELUA*, 36, 273–292.

---

39 Erróneamente como Pérez García en la publicación.

García Pérez, R. (2022 b): "Estaban en gran cuita y fiero pesar'. Colocaciones N+A de valor intensivo en castellano medieval". *Langue(s) & Parole*, 7, pp. 131–151.

Grandgent, C. H. (1991): *Introducción al latín vulgar*. Madrid: CSIC.

Greenbaum, S. (1970): *Verb-Intensifier Collocations in English*. The Hague: Mouton

Hopper, P. y Traugott (2003): *Grammaticalization*. Cambridge: Cambridge University Press.

Kaul de Marlangeon, S. B. (2002): *Los adverbios en -mente del español de hoy y su función semántica de cuantificación*. Madrid / Frankfurt-am-Main: Iberoamericana-Vervuert.

Kovacci, O. (1999): "El adverbio". En Bosque, I. y Demonte, V.: *Gramática descriptiva de la lengua española*. Madrid: Espasa, 705–786.

Lakoff, G. y Johnson, M. (1980): *Metaphors We Live by*. Chicago: University of Chicago Press.

Lamiroy, B. (2004): "La teoría de la gramaticalización y sus aplicaciones en las lenguas románicas". *ELUA. Estudios de Lingüística: el verbo*, 245–266.

Lewis, C.T y Short, C. (1879): *A Latin Dictionary*. Oxford: Clarendon Press.

Lorenz, G. (2002): "Really Worthwhile or Not Really Significant? A Corpus-based Approach to the Delexicalization and Grammaticalization of Intensifiers in Modern English". En Wischer, I. and Diewald, G:. (eds.): *New Reflections on Grammaticalization*. Amsterdam: John Benjamins, 143–161.

Partington, A. (1993): "Corpus Evidence of Language Change: The Case of Intensifiers". En Baker, M., Francis, G. y Tognini-Bonelli, E. (eds.): *Text and Technology: in Honour of John Sinclair*. Amsterdam. John Benjamins, 177–192.

Pascual, J. A. y García Pérez, R. (2007): *Límites y horizontes en un diccionario histórico*. Salamanca: Diputación de Salamanca.

Real Academia Española (2009): *Nueva gramática de la lengua española*. Madrid: Espasa.

Real Academia Española, Banco de datos (CORDE) [en línea]. *Corpus diacrónico del español*. <http://www.rae.es> [mayo de 2012]

Rey, A. (1995): *Dictionnaire historique de la langue française*. París: Le Robert.

Santos Río, L. (2003): *Diccionario de partículas*. Salamanca: Luso-española de ediciones.

Théry, J. (2011): "Atrocitas / enormitas. Esquisse pour une histoire de la catégorie d'énormité ou 'crime énorme' du Moyen Âge à l'époque moderne".

Clio@Themis. Revue électronique d'histoire du droit, 4: http://www.cliothe mis.com/Clio-Themis-numero-4.

Traugott, E. (1989): "On the rise of epistemic meanings in English: an example of subjectification in semantic change". *Language*, 31–55.

Traugott, E. (1995): "Subjectification in grammaticalization". En D. Stein y S. Wright (eds.), *Subjectivity and subjectivisation: linguistic perspectives*. Cambridge: Cambridge University Press, 31–54.

Traugott, E. & E. König (1991): "The semantics-pragmatics of grammaticalization revisited". En Traugott, E. & B. Heine (dirs.): *Approaches to grammaticalisation*. Amsterdam: John Benjamins, 189–218.

Yuko Morimoto

M.ª Victoria Pavón Lucero

Valores desplazados de los adverbios locativos delimitados: los casos de *encima* y *fuera*[40]

Resumen: Los adverbios *encima* y *fuera*, al igual que otros como *debajo, dentro, delante* o *detrás*, además de su valor locativo original, poseen una serie de valores "desplazados" (p. ej. *Estaba fuera de sí y no pudimos calmarlo; La entrenadora siempre está encima del equipo*), frecuentemente acompañados de ciertos efectos gramaticales. Partiendo de esa observación, en el presente trabajo nos proponemos realizar un análisis detallado de los mencionados valores desplazados de ambos adverbios. Tras apuntar las propiedades fundamentales de los adverbios estudiados en su uso recto, y revisar los procesos de metaforización y lexicalización de los valores aquí estudiados, analizaremos los casos en que *encima* expresa proximidad, cercanía temporal, vigilancia o control, así como su uso como conector discursivo. A continuación, revisaremos los usos desplazados de *fuera*, centrándonos en algunas unidades fraseológicas formadas a partir de este adverbio y en su uso como conector discursivo.

Palabras clave: adverbios locativos, metaforización, lexicalización, conector discursivo, *fuera, encima*

Abstract: The adverbs *encima* and *fuera*, as well as other adverbs of Spanish language such as *debajo, dentro, delante* or *detrás,* have, in addition to their original locative value, a series of "extended" values (e.g. *Estaba fuera de sí y no pudimos calmarlo* 'He was out of his mind and we could not calm him down'; *La entrenadora está siempre encima del equipo* 'The coach always stands over the team'), frequently accompanied by some grammatical effects. Based on this observation, in the present work we will present a detailed analysis of the extended values of both *encima* and *fuera*. After a brief description of the fundamental properties of these adverbs in their basic locative use, and of

---

40 La presente investigación se ha realizado gracias a la financiación concedida a los siguientes proyectos de investigación: *Variación microparamétrica en las interficies léxico-sintaxis-discurso en español y las lenguas romances* (PID2021-123617NB-C44), financiado por el Ministerio español de Ciencia e Innovación 2020/00556/001, y *Filiación, innovación, cánones y heterodoxias en las construcciones culturales*, EPUC3M15 Departamento de Humanidades: Filosofía, Lenguaje y Literatura, financiado por la Comunidad de Madrid.

the metaphorization and lexicalization processes underlying the extended uses studied here, we will analyze the cases in which *encima* expresses spatial proximity, temporal proximity, vigilance or control, as well as its use as a discourse connector. Next, we will review the extended uses of *fuera*, focusing on some phraseological units formed with this adverb and on its use as a discourse connector.

Key words: locative adverbs, metaforization, lexicalization, discourse connectors, *fuera, encima*

1 Introducción

El objetivo de este trabajo es estudiar algunos valores desplazados de los adverbios *encima* y *fuera*: cómo se originan a partir de su significado original, qué cambios acarrean en sus propiedades formales y algunas unidades fraseológicas a las que estos adverbios dan lugar. Los adverbios *encima* y *fuera* pertenecen a un grupo, del que también forman parte *debajo, dentro, delante* y *detrás*, (1), que, en su uso recto, rechazan la cuantificación de grado, frente a otros adverbios locativos, como los de la serie de *arriba, abajo, etc.*, que admiten dicho tipo de cuantificación, (2):

(1) a. El gato está *debajo* de la cama.
     b. Dejé las bebidas *dentro* de la nevera.

(2) a. *Pon este libro *más encima* de la mesa (que el cuaderno).
     b. *Si quieres verlo, búscalo *muy fuera* del despacho.
     c. La gasolinera está *mucho más abajo*.

Los adverbios mencionados presentan usos en que se apartan del significado locativo originario; entre ellos, destacan, por el elevado número de esos usos, *encima* y *fuera*, de los que nos ocuparemos en este trabajo. El cambio de significado de estos adverbios se relaciona con un cambio en sus propiedades formales, que, ahora, en algunos casos son graduables (*Hay que estar muy encima de estas cosas*; *Es algo bastante fuera de lo común*) y, en otros, admiten tipos de complementos rechazados en el significado locativo, como complementos oracionales (*Encima de que me he quedado sin coche, quieren que lo pague*). Asimismo, algunos de estos usos dan lugar a locuciones con mayor o menor grado de fijación.

En primer lugar, dedicaremos un apartado a recordar las propiedades fundamentales de los adverbios estudiados en su uso recto y a revisar, de manera muy general, los procesos de metaforización y lexicalización de los valores que aquí estudiaremos. Posteriormente, analizaremos los casos en que *encima* expresa proximidad (*Las gradas están tan encima de la piscina que los delfines se estresan*), cercanía temporal (*Tenemos las vacaciones encima*), vigilancia o control (*Hay que estar siempre encima de ti para que estudies*), así como su uso como conector discursivo (*Llego tarde y, encima, no he comido*). A continuación, revisaremos los usos desplazados de *fuera*, centrándonos en algunas unidades fraseológicas formadas a partir de este adverbio (*fuera de lo común, fuera de sí y fuera de lugar*) y en su uso como conector discursivo (*Necesito más datos tuyos fuera de que hablas inglés perfectamente*).

2 Los adverbios locativos delimitados: usos rectos y valores desplazados

2.1 Características semánticas y gramaticales de los adverbios locativos del tipo de *encima*

Como hemos indicado en la introducción, los adverbios locativos del tipo de *encima* se oponen a los del tipo de *arriba* (*arriba, abajo, adentro, afuera*, etc.) con respecto al criterio de graduabilidad (RAE/ASALE 2009: § 30.5h; Pavón/Morimoto 1995; Morimoto/Pavón 2022). Pues bien, como señalan Bosque y Masullo (1998), esta diferencia se explica si tenemos en cuenta que los adverbios del tipo de *encima* son predicados delimitados, mientras que los del tipo de *arriba* constituyen predicados no delimitados.

En Pavón y Morimoto (1995), atribuíamos las diferencias semánticas y gramaticales existentes entre los adverbios locativos del tipo de *encima* y los del tipo de *arriba* a la constitución interna de sus respectivas estructuras léxico-conceptuales (ELCs). En dicho trabajo defendíamos la idea de que la ELC de los primeros se basa en una Ubicación[41] y la de los segundos, en una Trayectoria, asumiendo que entre esas dos categorías conceptuales solo esta última posee el rasgo de direccionalidad de forma inherente y, por lo tanto, es potencialmente no delimitada (Jackendoff 1991)[42].

---

41 Tenemos que advertir que en el citado trabajo (Pavón y Morimoto 1995), nos referíamos a esta categoría conceptual como Lugar. En este trabajo optamos por el uso de Ubicación, al considerar que capta mejor la capacidad ubicativa de los adverbios aquí estudiados.

42 Según el citado autor (Jackendoff 1991: 31), la Ubicación (*Place*) se define como un espacio de cualquier dimensión sin ninguna dirección inherente y la Trayectoria, como un espacio unidimensional inherentemente direccionado. Asimismo, de acuerdo con el mismo autor, las Trayectorias pueden ser de dos tipos, delimitadas o no delimitadas, según si poseen un final definido o no.

Por su parte, Roy y Svenonius (2009) y Svenonius (2010) defienden que los adverbios del tipo de *encima* lexicalizan una preposición de Ubicación, mientras que los del tipo de *arriba* lexicalizan una preposición de Trayectoria.

Partiendo de estas consideraciones previas y adoptando el concepto de "Parte axial[43]" que Svenonius (2006) establece para referirse a una sección o parte del fondo X, como "PARTE-SUPERIOR-DE-X", "PARTE-DELANTERA-DE-X", en Morimoto y Pavón (2022) proponíamos las siguientes representaciones conceptuales para los adverbios locativos delimitados –los del tipo de *encima*–, y los no delimitados –los del tipo de *arriba*–, respectivamente:

(3) a. Adverbios locativos delimitados (*encima, debajo, dentro, fuera…*):
$[_{\text{Ubicación}} \text{EN} \, [_{\text{Parte axial}} \text{PARTE-\{SUPERIOR/ INFERIOR/…\}} \, [\text{DE} \, [_{\text{Objeto/Ubicación}} \text{X}]]]]$
b. Adverbios locativos no delimitados (*arriba, abajo, adentro, afuera…*):
$[_{\text{Trayectoria}} \text{HACIA} \, [_{\text{Parte axial}} \text{PARTE-\{SUPERIOR/INFERIOR/…\}} \, [\text{DE} \, [_{\text{Ubi}} \{\text{AQUÍ/ AHÍ/ALLÍ}\}]]]]$

Según esta propuesta, podemos entender que los adverbios del tipo de *encima* definen una Ubicación en relación con una Parte axial (parte superior, parte inferior, etc.) perteneciente a un Objeto o Ubicación X, que funciona como el fondo de la relación espacial aquí definida. En una expresión como *El perro está debajo de la mesa*, el perro (la figura) se sitúa en una ubicación inferior en relación a la mesa (el fondo).

En cambio, los adverbios del tipo de *arriba* indican una Trayectoria[44] definida en relación con una Parte axial perteneciente a una Ubicación, que queda

---

43 Svenonius (2006, 50) menciona los trabajos de Jackendoff (1996) y Marr (1982) como antecedentes en el reconocimiento de la relevancia de las estructuras axiales en nuestra cognición espacial. En enfoques nanosintácticos, las Partes Axiales (AxParts) constituyen proyecciones funcionales, que poseen propiedades tanto nominales como adverbiales (véanse, entre otros, Svenonius 2006, Roy y Svenonius 2009, Svenonius 2010; Fábregas 2007; Romeu 2014). Por nuestra parte, utilizamos la etiqueta Parte Axial para referirnos a una categoría conceptual, que extrae, según la formulación de Jackendoff (1996: 14), "regions of the object (or its boundary) determined by their relations to the object's axes".

44 El hecho de que estos adverbios puedan funcionar como complemento de Ubicación (*estar arriba; situarse adentro;* etc.) no constituye un problema para esta propuesta. En contextos como los que acabamos de citar, estos adverbios se reinterpretarían para obtener un significado ubicativo, acorde con el contexto:
$[_{\text{Ubi}} \text{A} \, [_{\text{Trayectoria}} \text{HACIA} \, [_{\text{Parte axial}} \text{PARTE-\{SUPERIOR/…\}} \, [\text{DE} \, [_{\text{Ubi}} \{\text{AQUÍ/AHÍ/ ALLÍ}\}]]]]$
Este tipo de reinterpretación también se observa con otros adverbios como *acá* y *allá*.

Valores desplazados de los adverbios encima y fuera   67

establecida deícticamente, según el contexto situacional o textual-discursivo, hecho que se refleja aquí mediante el empleo de los adverbios locativos deícticos *aquí*, *ahí* y *allí* para la posición correspondiente al fondo. Cuando decimos, por ejemplo, *Voy {arriba/abajo/adentro/...}*, el fondo con respecto al que se define el movimiento de la figura (en este caso, el propio hablante) queda implícito y se determina según los factores contextuales[45].

2.2 Metaforización y unidades fraseológicas

Dado que nuestro objetivo aquí se centra en averiguar la relación entre el significado original y los distintos significados desplazados de los adverbios *encima* y *fuera* y cómo estos pueden explicarse mediante ciertos esquemas metafórico-conceptuales, conviene que aclaremos el concepto de metaforización que manejamos en el presente trabajo. Asimismo, como ya hemos comentado en la introducción, algunos de los usos de *encima* y *fuera* que vamos a estudiar forman parte de unidades fraseológicas, con distintos grados de lexicalización. Por este motivo, en este apartado también explicaremos las características de dos tipos de unidades fraseológicas, colocaciones y locuciones, que consideramos relevantes para nuestro análisis.

Asumimos, siguiendo a Lakoff y Johnson (1980), que la metáfora conceptual es un fenómeno de cognición que permite representar un dominio conceptual (el dominio meta) en términos de otro (el dominio fuente), normalmente más concreto y más próximo a nuestra experiencia física. Debido a su papel central en nuestra experiencia directa con el mundo, el dominio espacial ofrece una fuente recurrente de metáforas conceptuales (Lakoff y Johnson 1980; Evans y Green 2006; Soriano 2012), como podemos observar en *Estoy bajo su poder, Ese día está aquí* o *Tu corazón está muy lejos de mí*. Los adverbios del tipo de *encima* no constituyen excepción a la afirmación anterior y, como detallaremos en los siguientes apartados, los adverbios *encima* y *fuera* presentan varios usos con sentido distinto al original, que pueden ser explicados mediante una serie de esquemas metafóricos de base espacial.

Por otro lado, en cuanto al tratamiento de las unidades fraseológicas en el presente trabajo, nos basaremos en la clasificación de Corpas Pastor (1996), que

---

45 Como se explica en todas las entradas del *DPD* correspondientes a estos adverbios, en el español de América, sobre todo en registros coloquiales, no es infrecuente que estos adverbios aparezcan utilizados con un complemento con *de*. En ese caso, su ELC compartiría con la de los adverbios del tipo de *encima* la variable X, correspondiente al fondo.

distingue los tres tipos siguientes: colocaciones, locuciones y enunciados fraseológicos. Dado que para nuestro interés aquí solo resultan relevantes las dos primeras, vamos a excluir de nuestra exposición las últimas.

Las COLOCACIONES (también llamadas *coapariciones*, *GTG*; *solidaridades léxicas*, Eguren y Fernández Soriano 2006) son, según el *GTG*, combinaciones "de voces restringidas semánticamente que coexisten con frecuencia elevada": *error garrafal*, *negar categóricamente*, *sortear un peligro*, etc. Como señala Bosque (2001), se trata de casos específicos de selección léxica. No son combinaciones lexicalizadas y tienen un significado transparente.

Las LOCUCIONES se definen en el *GTG* (s.v. *locución*) del siguiente modo: "Grupo fijo de palabras que constituye una unidad léxica compleja". Se clasifican según su categoría gramatical, y desempeñan las mismas funciones que las unidades simples correspondientes: locuciones adjetivas, preposicionales, adverbiales, conjuntivas, verbales, etc. Asimismo, poseen las siguientes propiedades, que las diferencian de las colocaciones:

- Idiomaticidad: el significado de la unidad no se obtiene de forma composicional a partir de sus componentes. Conviene señalar, a este respecto, que existen diversos grados de transparencia (compárense, por ejemplo, *perder el tiempo* 'no aprovecharse del tiempo' y *a quemarropa* 'desde muy cerca'; como señala GTG (*ibidem*) la primera presenta un grado de transparencia semántica superior a la segunda[46]).
- Lexicalización: forman parte del léxico compartido por los miembros de una comunidad lingüística y suelen aparecer en los diccionarios.
- Fijación: los componentes de una unidad fraseológica presentan un alto grado de estabilidad. No obstante, hay diversos grados: desde locuciones que son invariables (*a {oscuras/*oscura}*) hasta otras que admiten cierta variabilidad morfológica o la interpolación de elementos, como sucede frecuentemente con las locuciones verbales: *No {moví/ moviste/ movió...} ni un dedo*; *Mete (frecuentemente) la pata*. Por otra parte, son muchas las locuciones que dejan libre alguno de sus complementos (*GTG, ibidem*): *por {mi/tu/su/nuestra/vuestra} cuenta* (o *por cuenta de* alguien); *a {mi/tu/...} juicio* (o *a juicio de* alguien).

---

46 El *GTG* (s. v. locución) atribuye el alto grado de idiomaticidad de esta locución y de otras como *de antemano* 'con anticipación' *en un santiamén* 'en un instante' al hecho de que contienen una palabra (*quemarropa, antemano y santiamén*) que no se usa fuera de ellas.

Valores desplazados de los adverbios encima y fuera   69

En el siguiente apartado, se comprobará que los adverbios objeto de nuestro estudio, *encima* y *fuera*, presentan, respectivamente, diversos empleos fraseológicos, con distintos grados de fijación.

3 Usos desplazados del adverbio *encima*

En este apartado revisaremos diversos valores desplazados del adverbio *encima*: en el primero de ellos, mantiene su significado espacial, pero deja de indicar posición en un eje vertical y pasa a expresar proximidad o cercanía; en el segundo, *encima* posee un significado temporal; en el tercero, *encima* pierde su significado espacio-temporal, y adquiere un significado relacionado con la vigilancia o el control; el último de los valores que revisaremos es el de *encima* como conector discursivo. Solo el primero de los valores señalados mantiene el significado locativo original de *encima*, si bien, como veremos más adelante, ha perdido el rasgo de ubicación en el eje vertical; los restantes usos están desprovistos del significado de ubicación en el espacio propio del uso recto de este adverbio.

Las diferencias semánticas con el valor original de *encima* se corresponden con unas propiedades formales distintas. Así, en todos los usos aquí estudiados, excepto el de marcador discursivo, *encima* admite la cuantificación de grado, lo que muestra la pérdida del carácter delimitado que posee en su significado recto (véase § 2.1):

(4) a. Yo había estado en otros combates, pero a distancia; uno se podía proteger. En cambio en este ellos se encontraban *muy encima* de nosotros. (G. González Uribe, *Los niños de la guerra*, 2002; *CORPES XXI*)

b. por ahora no estamos preparados para esta clase de partidos, más adelante podría haber sido, pero la copa *está muy encima*. (*El Telégrafo*, 2015; *CORPES XXI*)

c. la gente y los políticos no se dan cuenta de ello // y los dejan / para mi punto de vista / bastante de lado a Ceuta y Melilla / y tienen que estar *más encima de ellos* (ORALES: Protagonistas: El quinto tertuliano, 29/10/01, Onda Cero; *CORPES XXI*)

La no graduabilidad del conector discursivo *encima* no obedece a su carácter delimitado, sino al hecho de que carece de un significado susceptible de ser relacionado con alguna propiedad escalar. En este uso, como veremos en § 3.4, puede tener un valor aditivo o contraargumentativo. Desde el punto de vista sintáctico, su principal diferencia con el adverbio de ubicación espacial es que admite como complemento una oración, ya sea una oración de infinitivo o una oración con verbo finito encabezada por *que*:

(5) a. las privatizaciones, *encima de haber sido hechas de ese modo tan irracional y despelotado,* trajeron desocupación. (E. Pinti, *Que no se vaya nadie sin devolver la guita,* 2003; *CORPES XXI*)

b. *Encima de que te estoy aguantando* me mordés. (M. Quintana, *Tras la rendija,* 2003; *CORPES XXI*)

A continuación, mostraremos cómo, mediante un proceso metafórico, se ha llegado a partir del significado original de *encima* a esos otros significados. Asimismo, trataremos de determinar si, en algunos de los significados revisados, *encima* forma parte de algún tipo de unidad fraseológica.

3.1 *Encima* con significado de proximidad

En este uso, *encima* expresa proximidad en grado extremo, como hemos visto ejemplificado en (4a), y como también se muestra en (6):

(6) Y allí ya es el acabose, porque algunos campos parecen fincas donde pastan las vacas, y la gente *está encima de los jugadores* (M. Pereda: "Odio eterno al fútbol modesto", *Jot Down,* 2018; *CORPES XXI*)

Para explicar este valor de *encima*, podemos partir de la estructura conceptual propuesta en (3a) (véase 2.1), en la que la parte axial se definiría como PARTE SUPERIOR. Si una entidad está situada en la parte superior de otra, se sobreentiende que hay contacto entre ambas. Es decir, si decimos que *El libro está encima de la mesa*, se sobreentiende que el libro está en contacto con la parte superior de la mesa. La definición que de este adverbio proporciona el *DUE* (s.v. *encima*) lo describe de una manera muy clara: "Expresa la situación de la cosa que está más alta que otra, en la misma vertical y tocándola o sin otra cosa intermedia". El significado que nos ocupa puede ser derivado fácilmente de esta definición, con respecto a la cual ha perdido la idea de verticalidad, pero mantiene la de "tocándola o sin otra cosa intermedia"[47]. Por otra parte, implica siempre un valor elevado en una escala de proximidad y comporta un matiz intensificador y peyorativo, de manera que no puede ser un mero sustituto del adverbio *cerca*. De ahí que oraciones como las de (7), que con *cerca* resultan naturales, con *encima* sean anómalas.

(7) a. María vive {cerca/#encima} de Juan

b. Es una sala pequeña y acogedora: el público está muy {cerca/#encima} de los actores.

---

47 La pérdida del matiz de verticalidad no sería exclusiva del significado de *encima* que aquí estamos revisando. Algo similar sucede en otro de los usos de este adverbio, que el *DUE* (s.v. *encima*) recoge en su segunda acepción: "También la situación de la cosa que recubre a otra: 'Lleva encima toda la ropa que tiene'".

3.2 *Encima* temporal

El adverbio *encima* se emplea con valor temporal en construcciones como las siguientes:

(8) a. Y ahora que *esta festividad ya está encima* son muchas las personas que se están preguntando [...].
(https://www.lasexta.com/viajestic/curioso/que-dias-son-festivos-sem ana-santa-cada-comunidad-espana_20230403642a81ba2f8deb0001340 90e.html)

b. ... ¿no lo ves tú misma? Están encima los exámenes... (Á. Pombo, *El héroe de las Mansardas de Mansard*, 1990; CREA)

Es un fenómeno muy común que expresiones originalmente espaciales asuman también significados temporales. Este valor temporal de *encima* puede considerarse el resultado de una doble metáfora: la primera, (9a), es una metáfora conceptual que, según Lakoff y Johnson, permite explicar el desplazamiento del significado espacial al temporal; la segunda, propuesta por los mismos autores, sería la recogida en (9b):

(9) a. EL TIEMPO ES ESPACIO (Lakoff y Johnson 1980: 15 y 23).
b. LOS ACONTECIMIENTOS FUTUROS PREVISIBLES ESTÁN ARRIBA (Y ADELANTE) (Lakoff y Johnson 1980: 52)

El valor temporal de *encima* está muy relacionado con el valor espacial de proximidad. Al igual que este último, aporta un matiz de intensificación que provoca que su uso en contextos que no son compatibles con este matiz dé lugar a secuencias anómalas semánticamente, como #*Este año, la Semana Santa cae encima de la fiesta de San José*.

A diferencia del de proximidad espacial, el significado temporal de *encima* está recogido en el *DLE* (s.v. *encima*), que lo describe como "muy próximo en el tiempo. *Ya tenemos el verano encima*". El *DUE*, sin embargo, recoge este uso en la locución verbal «*echarse* algo *encima de* alguien» y proporciona el ejemplo *Se nos echó encima el final del plazo*. También el *DLE* recoge «*echarse encima* algo» como locución verbal, con el significado de "ser inminente o muy próximo. *Se echan encima las vacaciones*" (s.v. *echar*). Sin negar la existencia de la locución, lo cierto es que, como hemos podido ver en esta sección, el uso espacial de *encima* no se limita a su aparición en ella. Ya hemos observado ejemplos en que se combina con *estar*, a los que podemos añadir (10a); asimismo, en (10b), *encima* temporal se combina con *tener*, al igual que en el ejemplo del *DLE* visto más arriba:

(10) a. por ahora no estamos preparados para esta clase de partidos, más adelante podría haber sido, pero *la copa está muy encima*. (*El Telégrafo*, 2015; COR-PES XXI)

b. Se siguen prodigando los actos culturales/artísticos en todos los frentes, con música de fondo de *la Navidad que ya tenemos encima*, y un año más. (*Diario digital de Ferrol*. Ferrol: diariodeferrol.com, 3/12/2002; *CORPES XXI*)

3.3 *Estar encima* <de alguien/algo>

Este uso del adverbio *encima*, que corresponde a una secuencia como la de (11a), aparece recogido en el *DLE* como parte de la locución verbal (marcada como coloquial) «*estar encima* de alguien o de algo», que se define como "vigilarlo con atención, atenderlo con sumo cuidado" (*DLE*, s.v. *encima*). El origen de este significado se puede explicar como un proceso de metaforización que va de lo concreto a lo abstracto, y que obedecería a la metáfora conceptual subyacente recogida en (11b):

(11) a. algunas [abuelas] asumen la responsabilidad de cuidar a uno, dos o más nietos, [...] ellas suelen estar *muy encima de sus reclamos* y el bebé se hace muy dependiente (A. Penerini, *La aventura de ser mamá*, 1999; *CREA*)

b. TENER CONTROL O FUERZA ES ARRIBA; ESTAR SUJETO A CONTROL O FUERZA ES ABAJO (Lakoff y Johnson 1980: 52)

Como hemos indicado, el *DLE* considera que este uso de *encima* corresponde a una locución verbal: «*estar encima* de alguien/algo». Hay algunos indicios que apoyarían esta posibilidad. El principal es que, en ella, el verbo *estar* no parece poder ser sustituido por otros verbos que, en otros contextos, alternan con él en la expresión de la situación en el espacio. Así, los ejemplos de (12) muestran que, en la secuencia *estar encima* con significado locativo, el verbo *estar* puede ser sustituido por otros verbos o expresiones que denotan situación espacial, como *situarse, colocarse* o *estar situado/a*; los ejemplos de (13), sin embargo, muestran que en las secuencias con el significado de vigilancia o control dicha sustitución da lugar a secuencias anómalas como las de (13b):

(12) a. Y esa manta viejísima *ha de estar siempre encima de su cama* (J. L. Sampedro, *La sonrisa etrusca*, 1985; *CREA*)

b. Y esa manta *viejísima ha de {situarse/ colocarse/ estar situada...} siempre encima de su cama*

(13) a. El hecho es que la madre ha de intervenir y controlar casi por completo la vida y el mundo de los niños: *está siempre encima de ellos*, planea sus juegos (E. González Duro, *Las neurosis del ama de casa*, 1989; *CREA*)

b. #El hecho es que la madre ha de intervenir y controlar casi por completo la vida y el mundo de los niños: *{se sitúa/ se coloca/ está situada...} siempre encima de ellos*, planea sus juegos.

Ahora bien, cabe plantearse si la causa de la anomalía de (13b) es que *estar encima* constituye una locución verbal o simplemente que, en este uso, *encima* ha perdido su valor espacial y, por lo tanto, es incompatible con verbos restringidos a la expresión de relaciones espaciales. Sostiene esta última hipótesis el hecho de que *encima*, con valor de vigilancia o control, puede aparecer en contextos sintácticos en que no está presente el verbo *estar*; por ejemplo, en construcciones predicativas con el verbo *tener*, (14a) (véase también el ejemplo del *DUE* recogido unas líneas más arriba), o encabezadas por la preposición *con*, (14b). Estos datos nos hacen considerar que la combinación *estar encima*, con el sentido aquí considerado, constituiría más bien un caso de colocación:

(14) a. Así que en esa se quitó *el espía que tenía encima el viejo*. (ORAL, CSHC-87 Entrevista 126; *CREA*)

b. La gran promotora de José Collazo, en pérdidas y *con Hacienda encima*. (*Economía Digital Galicia*, 2/12/2014; https://www.economiadigital.es)

3.4 *Encima* como conector discursivo

En construcciones como las de (15), *encima* pasa a desempeñar una función discursiva de enlace de oraciones, con valor aditivo, (15a), o contraargumentativo, (15b). Como ya hemos indicado, y se puede observar en estos ejemplos, el comportamiento gramatical de *encima* en este uso difiere del de su empleo locativo, y ahora admite como complemento una oración:

(15) a. ya lo que le faltaba a la periodista *encima de todo esto* es que *encima* le operaran la nariz / eso ya es el colmo (V. Prego: ORALES: La brújula del mundo: tertulia, 19/03/02, Onda Cero; *CORPES XXI*)

b. *Encima de que me echas de tu lado por esa vieja*, todavía quieres que me ponga contenta. (H. Iglesias, "El transformista", 2002; *CORPES XXI*)

Garachana Camarero (2008) señala que el valor *aditivo* de *encima* precede al contraargumentativo. Según indica esta autora, como conector aditivo se documenta ya a finales del siglo XIII, (16):

(16) E por que veas mijo fijo que te digo verdat para mientes en los apostoles & en los martires & en las virgines quantas cuytas & quant fuertes & quand cruas & estraños martires sufrieron por dios & *ençima* prefieron muerte [...] (Anónimo, Castigos e documentos para bien vivir ordenados por el rey Sancho IV, BNM ms. 6559, año 1293, CORDE, consulta 22/3/2007; tomado de Garachana Camarero 2008: 15)

74 Morimoto y Pavón Lucero

Garachana Camarero explica el paso del valor espacial al aditivo del siguiente modo: "En estos enunciados, *encima (de)* vincula dos miembros del discurso situando uno de ellos en una posición conceptual superior al otro, de manera que la suma de los dos argumentos da lugar al sentido de exceso, importancia, abuso o sorpresa característico de las estructuras con *encima*" (Garachana Camarero 2008: 16). Como en otras ocasiones, este nuevo significado de *encima* se puede explicar a partir de una metáfora conceptual subyacente:

(17) MÁS ES ARRIBA; MENOS ES ABAJO (Lakoff y Johnson 1980: 52)

Respecto a la sintaxis de este conector discursivo, Garachana Camarero (2008) indica que hasta el español contemporáneo mantiene las propiedades del adverbio locativo, de manera que solo se puede construir con un sintagma nominal como complemento, o sin complemento explícito. La variante *encima (de) que* solo se documenta a principios del siglo XX y "posiblemente surja como forma analógica a otros marcadores que presentan una variante prepositiva y otra conjuntiva (*encima de/encima de que*)" (Garachana Camarero 2008: 20). También se produce en el español contemporáneo el paso de marcador aditivo a marcador contraargumentativo. La autora, que solo documenta este uso a partir del siglo XX, explica esta evolución semántica como resultado de un mayor proceso de abstracción.

4 Usos desplazados del adverbio *fuera*

Según el *DLE*, el significado locativo del adverbio *fuera* puede definirse como "A la parte o en la parte exterior de algo" (s.v. *fuera*, acepción 1). En cuanto a su ELC, sería la que obtendríamos a partir de la representación de (3a), con la parte axial definida como PARTE EXTERIOR. Para revisar los valores desplazados de este significado original, en el presente trabajo vamos a centrarnos, primero, en una serie de unidades fraseológicas, en concreto, *fuera de lo común*, *fuera de sí* y *fuera de lugar*, y, posteriormente, en su empleo como conector discursivo.

Las unidades fraseológicas en cuestión reciben una interpretación abstracta, como se aprecia en los siguientes ejemplos:

(18) a. Y al mismo tiempo dejaba entrever una sensibilidad *fuera de lo común*, que aumentaba su atractivo. (M. Carrillo, *La vida desnuda*, España, 2020; *CORPES XXI*)

b. ¿Qué podemos hacer para combatir los vicios del siglo XXI? Dígamelo usted. ¡Dígamelo! —exclamó ya *fuera de sí*. (S. Ónega, *Mil besos prohibidos*, 2020; *CORPES XXI*)

c. Don Pepe gozaba de aura de megaojete y una palabra *fuera de lugar* bastaba para provocar su saña asesina. (G. Arriaga, *Salvar el fuego*, 2020; *CORPES XXI*)

Asimismo, ejemplos como los siguientes nos permiten comprobar que las tres unidades fraseológicas admiten la cuantificación de grado, al igual que *encima* empleado con sentido de proximidad locativo o temporal -§ 3.1 y § 3.2- y con sentido de vigilancia y atención -§ 3.3-:

(19) a. Blusas *muy fuera de lo común* ¡en plástico! ("Mini entrevista. Custo Barcelona", *Hoy Digital*, 2010; *CORPES XXI*).

b. Pocas veces le había tocado ver a un hombre *tan fuera de sí*. Transpiraba y no había sol. (M. Kohan, *Fuera de lugar*, 2016; *CORPES XXI*)

c. Y nada parecía *más fuera de lugar* y más disparatado que un caminante de tierras lejanas buscando a la hora menos propicia una abadía improbable. (W. Ospina, *El año del verano que nunca llegó*, 2015; *CORPES XXI*)

En cuanto al empleo de este adverbio como conector discursivo, a diferencia de *encima* usado en la misma función, exige la presencia de un complemento oracional, que puede ser una oración de infinitivo o una oración con verbo finito introducida por la conjunción *que*:

(20) a. En 1967, [...], Israel se anexa los territorios egipcios de la Península del Sinaí, los Altos del Golán sirio, *fuera de ocupar Franja de Gaza y Cisjordania*, incluyendo Jerusalén Éste. (C. Medina Lahsen, "La camiseta prohibida de Palestino", https://asifuch.cl/la-camiseta-prohibida-de-palestino; fecha de consulta: 28/04/ 2023)

b. Al mismo tiempo, es superficial el conocimiento que el hombre común venezolano tiene del joropo, por ejemplo, *fuera de que generalmente es considerado como la "música nacional" o "representativa" de Venezuela*. (Á. V. Marcano, *Luis Alfonzo Larrain: el mago de la música bailable*, 2004; *CORPES XXI*)

Como veremos a lo largo de los siguientes apartados, a todos los empleos aquí enumerados subyace un proceso de metaforización basado en la oposición físico-espacial DENTRO-FUERA.

4.1 *Fuera de lo común*

La primera unidad que vamos a revisar es *fuera de lo común*, que posee un significado abstracto, similar al de adjetivos como *extraordinario, excepcional, singular* o *insólito*, como puede observarse en los siguientes ejemplos:

(21) a. Cine y televisión también han estrechado alianzas en el campo productivo y ya no es algo *fuera de lo común* que una película se convierta en serial, o viceversa. (R. Pérez Betancourt, "¿Seriales o películas?", *Granma*, 2019, *CORPES XXI*)

b. Graham Greene tenía la buena costumbre de llevar el nombre de sus 47 prostitutas favoritas anotadas en lápiz y papel. Pero aunque pareciera excéntrico, *nada más fuera de lo común* que toda su obra, [...]. (D. Martínez Mata,

"Algunos apuntes sobre Graham Greene", *Letralia. Tierra de Letras*, 2016; *CORPES XXI*)

Creemos que la interpretación abstracta del adverbio *fuera* en la expresión aquí examinada puede explicarse en términos de coacción, "proceso por el que una palabra perteneciente a una determinada categoría pasa a manifestar propiedades características de una categoría diferente" (*GTG*, s. v. *recategorización*[48]). En el caso que nos ocupa, la coacción actuaría para corregir el desajuste interpretativo entre el significado locativo de *fuera* y el significado abstracto de su complemento, que contiene un SN formado por el artículo neutro *lo* seguido de un adjetivo, dando lugar a la lectura abstracta del adverbio. Desde otra perspectiva, podemos entender que el dominio meta de la interpretación metafórica del adverbio *fuera* en la construcción *fuera de lo común* viene impuesto por su propio complemento.

Ahora bien, conviene señalar en este momento que *fuera de lo común* comparte con otras expresiones como *fuera de lo normal* o *fuera de lo habitual* un mismo patrón de formación, <*fuera de lo* + adj.>, y un significado básico similar, que podríamos expresar como "que es poco adj.". Los adjetivos que se usan con más frecuencia en este patrón encajan, en mayor o menor grado, en la siguiente definición académica del adjetivo *normal*: "Que se ajusta a cierta norma o a características habituales o corrientes, sin exceder ni adolecer" (*DLE*, s.v. *normal*, acepción 2). Podemos ilustrar esta situación mediante los datos de la tabla I, donde señalamos la frecuencia de uso de distintas realizaciones del esquema <*fuera de lo* + adj.> en el corpus *esTenTen18*.

Tabla 1.

Con adjetivos con sentido de 'que se ajusta a cierta norma o a características habituales o corrientes'		
	Ocurrencias	Frecuencia (por millón de palabras)
fuera de lo común	19.823	1.01
fuera de lo normal	9882	0.5
fuera de lo habitual	1306	0.07
fuera de lo ordinario	639	0.03
Con adjetivos con sentido opuesto al del primer grupo		

---

48 A propósito del término *coacción*, el *Glosario* remite a este término al considerarlos sinónimos, junto con *conversión* en su segunda acepción.

Tabla 1. Continúa

fuera de lo extraordinario	3	menos de 0.01
fuera de lo excepcional	1	menos de 0.01
fuera de lo anormal	?1	menos de 0.01
fuera de lo sorprendente	0	-
Con otros adjetivos		
fuera de lo fácil	1	menos de 0.01
fuera de lo {agradable/ asequible/ caro/culto/grotesco /inteligente/sucio}	0	-

En dicho corpus, entre los adjetivos consultados, el que más frecuentemente aparece en el esquema en cuestión es *común* (con 19.823 casos) y le siguen *normal* (con 9.882 casos), *habitual* (con 1.306 casos) y *ordinario* (con 639 casos). Frente a estos, los adjetivos *excepcional*, *anormal* y *sorprendente*, que poseen un sentido opuesto a los anteriores, apenas aparecen en el esquema <*fuera de lo +* adj.>: el corpus *esTenTen18* contiene tres casos del uso del esquema con el adjetivo *extraordinario*[49], un único caso con *excepcional*; también uno con *anormal*; y ninguno con *sorprendente*.

---

49 Una mención especial merece el caso de la combinación *fuera de lo extraordinario*, que se registra 23 veces (en 23 páginas web distintas); no obstante, en 20 ocasiones, la combinación significa "que es poco ordinario", es decir, como equivalente a *fuera de lo ordinario* y, por lo tanto, al propio adjetivo que contiene, *extraordinario*: *Supongo que el motivo por el que no escribo de Primark ni de ABF es que no está pasando nada fuera de lo extraordinario* (invertirbolsaydinero.com; *esTenTen18*). Una vez excluido de nuestro cómputo este empleo "irregular" de *fuera de lo extraordinario*, solo consideramos válidos los 3 restantes, en que obtiene la interpretación de "que es poco extraordinario": *Lo que van a conseguir es que lanzar al espacio cosas, sea cada vez más barato y algo dentro de lo normal y fuera de lo extraordinario* (elchapuzasinformatico.com; *esTenTen18*). Asimismo, tenemos que advertir que los 3 casos "válidos" de *fuera de lo extraordinario* incluyen el título de una exposición llamada así.

(i) El festival de poesía en Guadalajara se estrenó el lunes con una exposición poética urbana [...]. Se titula '*Fuera de lo extraordinario*' y es de la artista Betty Quenchén. (nuevaalcarria.com; *esTenTen18*)

La inclusión de este ejemplo en el cómputo podría considerarse cuestionable, ya que implica, además de cierta intención retórica subyacente, la naturaleza citativa de una expresión denominativa previamente creada. Teniendo en cuenta estos factores, hemos excluido de nuestro cálculo los 4 casos restantes de mención a este mismo título, al considerar que se trata de un uso repetido de una misma denominación.

78 Morimoto y Pavón Lucero

Asimismo, los datos incluidos en las últimas filas de la tabla I indican el resultado de nuestra pesquisa sobre la compatibilidad del esquema <*fuera de lo* + adj.> con una serie de adjetivos que hemos seleccionado de forma aleatoria atendiendo al único criterio de guardar poca similitud semántica con los del tipo de *habitual* o *normal*, perfectamente compatibles con nuestro esquema. Como se comprueba en la misma tabla, en el corpus consultado aparece registrado un único caso de empleo del adjetivo *fácil* -véase (22)- en el esquema <*fuera de lo* + adj.>; y ninguno de *agradable, asequible, caro, culto, grotesco, inteligente* y *sucio*.

(22) Mientras que permanezcas transformado en un hombre lobo o en un vampiro, te enfriarás mucho más despacio. Una experiencia *fuera de lo fácil*. (urbano-tecno.com; *esTenTen18*)

A partir de las observaciones anteriores, asumimos que estamos ante una locución semifija, es decir, un grupo de palabras que constituye una unidad léxica compleja con algunas de sus posiciones "vacías", ocupadas por variables. En el caso concreto de <*fuera de lo* + adj.>, contendría una única variable (x), que tendría que ser ocupada por un adjetivo compatible con la definición "Que se ajusta a cierta norma o a características habituales o corrientes". En (23) se resumen las principales características formales y semánticas de esta construcción:

(23) <*fuera de lo* x>: [POCO [X]]
(x = un adjetivo con sentido de 'que se ajusta a cierta norma o a características habituales o corrientes' o compatible con él; [X] = la representación conceptual de x)

Como señalábamos arriba, creemos que el significado de esta locución se basa en una interpretación metafórica del adverbio *fuera*. En concreto, defendemos que dicha interpretación se explica mediante la concepción metafórica de lo normal, lo habitual, lo común o de otras cualidades similares, así como de las cualidades contrarias (lo poco normal, etc.), en términos espaciales, como se señala a continuación:

(24) LO {NORMAL/HABITUAL/COMÚN/...} ES DENTRO; LO POCO {NORMAL/HABITUAL/COMÚN/...} ES FUERA.

De hecho, no resulta difícil encontrar ejemplos que reflejen esta manera de pensar; obsérvense:

(25) a. Es por eso, que creo que su lenguaje *no se sale de los cánones establecidos*. (J. L. Cisneros, "Aproximaciones a la obra de Alain Touraine", *Theorethikos*, 2002; *CORPES XXI*)

b. Si se lograra que dichas unidades *mantuvieran sus emisiones dentro de lo que marca la norma*, se reduciría por lo menos el 25 por ciento del volumen total

Valores desplazados de los adverbios encima y fuera 79

de contaminación. (A. Fernández Bremauntz, "La contaminación del aire, cómo abatir este problema de salud", *La Jornada. Ecológica*, 2001; *CORPES XXI*)

c. Respecto al apartado que concierne a la hiperactividad entendida como excesiva actividad motora que *sobrepasa los límites de la normalidad* para su edad y su nivel madurativo, [...] (espaciologopedico.com; *esTenTen18*)

4.2 *Fuera de sí*

La siguiente unidad que vamos a estudiar es *fuera de sí*, que significa "alterado o furioso" según el *DPD* (s.v. *fuera*, 5). El pronombre reflexivo que contiene varía en número y persona de acuerdo con la persona a la que se refiere[50]:

(26) a. Tras una semana de internamiento, recibí una noticia malísima sobre mi hijo, su vida estaba en peligro. Estaba *fuera de mí*. Lloré y me golpeé. (liberties.eu; *esTenTen18*)

b. Pocas veces le había tocado ver a un hombre *tan fuera de sí*. Transpiraba y no había sol. (M. Kohan, *Fuera de lugar*, 2016; *CORPES XXI*)

Conviene señalar que el *DLE* no registra *fuera de sí* como locución; en su lugar sí reconoce como locución verbal *estar* alguien *fuera de sí* (s.v. *fuera*). No obstante, como se aprecia en (26b), la presencia del verbo *estar* no es necesaria para que *fuera de sí* se emplee con el significado de "alterado o furioso". Por lo tanto, consideramos más acertado el tratamiento que ofrece el *DPD*, que sí registra fuera de *fuera de sí*, junto con la indicación de que esta forma "se construye normalmente con los verbos *estar* o *ponerse*" (*DPD*, s.v. *fuera*, 5).

Así pues, sostenemos que estamos, de nuevo, ante una locución semifija con una única variable x, que debe materializarse mediante la forma adecuada del pronombre reflexivo tónico, es decir, la correspondiente al número y persona de la persona referida:

---

50 Como ocurre con otras unidades fraseológicas que contienen el pronombre reflexivo como *no dar más de sí*, no resulta difícil encontrar ejemplos en que el pronombre *sí* se mantiene invariable a pesar de que lo normativamente correcto sería el uso de otras variantes, como en (i) y (ii):

(i) Y la gente, mirándolo, le decía: '¡Debes estar loco! *¡Estás fuera de sí!* (bosquetheravada.org; *esTenTen18*)

(ii) "Estamos tan felices de tener al pequeño Lancey por fin en nuestra familia", dijo Nina Otto. "Su antecesor significaba mucho para nosotros. *Estamos fuera de sí* de alegría". (zoomblog.com; *esTenTen18*)

(27) <*fuera de* x>: [ALTERADO/FURIOSO]
(x: pronombre reflexivo tónico)

Desde el punto de vista semántico, proponemos que el significado de esta locución se basa en una manera de entender el control y la falta de control -esto es, alterarse o, incluso, ponerse furioso- en términos físico-espaciales, como se señala a continuación:

(28) ESTAR SUJETO A CONTROL ES DENTRO; NO ESTAR SUJETO A CONTROL ES FUERA.

La indudable similitud existente entre esta metáfora conceptual y la que subyace al empleo de *encima* con sentido de vigilancia y atención -véase arriba, (11b)- no hace sino corroborar el importante papel que desempeñan las oposiciones espaciales basadas en partes axiales como ARRIBA-ABAJO o DENTRO-FUERA.

En ejemplos como los siguientes, podemos ver reflejada esta concepción metafórica de control en términos de la oposición DENTRO-FUERA:

(29) a. – […] Eso requiere tantas cosas que están completamente *fuera de mis manos*. Son cosas a las que nunca voy a poder tener acceso, eso se maneja a otros niveles, no al mío. (M. Caparrós, *El hambre. Un recorrido por el Otro Mundo*, 2021; *CORPES XXI*)

b. El arma más valiosa contra este tipo de cáncer es la prevención, que está […] en *mano de las mujeres*. (*El Universal.com*, 2006; *CORPES XXI*)

Nótese que, en estos ejemplos, las manos representan metonímicamente al control ejercido por quienes las poseen (a este respecto, véase, entre otros, Herrero Ruiz 2002: 80).

4.3 *Fuera de lugar*

A diferencia de las dos unidades que acabamos de revisar, *fuera de lugar*, que significa conjuntamente "inoportuno, inadecuado, contrario a la situación o a las circunstancias" (*DLE*, s. v. *fuera*), no contiene ningún elemento que pueda variar léxica o morfológicamente, como se observa en (30) y (31):

(30) a. Su actitud está *fuera de lugar*.
b. *Su actitud está *fuera de emplazamiento*[51].
c. *Su actitud está *fuera de lugares*.
d. *Su actitud está *fuera del lugar*.

---

51 No obstante, tenemos que señalar la existencia de la expresión *fuera de sitio*, que sí se usa como equivalente a *fuera de lugar*. Dejamos pendiente la cuestión de si se trata de una locución independiente, una locución formada por analogía con *fuera de lugar* o una variante léxica de esta última.

Valores desplazados de los adverbios encima y fuera 81

(31) a. Este cuadro está *fuera de lugar.*
b. Este cuadro está *fuera de su lugar.*

Con respecto a este último ejemplo (31), conviene señalar que su gramaticalidad no implica que *fuera de lugar,* como locución, tenga una variante con el posesivo antepuesto al sustantivo *lugar.* En el ejemplo en cuestión, *fuera* encabeza un sintagma adverbial locativo "normal", en el sentido de creado libremente según las reglas de la sintaxis.

Así pues, proponemos que estamos ante una locución con alto grado de fijación, con las siguientes características:

(32) *<fuera de lugar>*: [POCO {OPORTUNO/ADECUADO}]

Creemos que la metáfora subyacente al significado de esta locución podría articularse como lo siguiente:

(33) LO {OPORTUNO/ADECUADO} ES DENTRO; LO POCO {OPORTUNO/ADECUADO} ES FUERA.

Como resulta bastante obvio, existe una similitud entre esta metáfora y la que proponíamos en (24) con respecto a la locución semi-fija *<fuera de lo X>,* que repetimos aquí como (34):

(34) LO {NORMAL/HABITUAL/COMÚN/...} ES DENTRO; LO POCO {NORMAL/HABITUAL/COMÚN/...} ES FUERA.

Una posible generalización sería reconocer que en la lengua española funciona un esquema conceptual válido para distintas oposiciones evaluativas que permite representar estas en términos de la oposición DENTRO-FUERA, perteneciente al terreno espacial. Los miembros positivos de varias oposiciones evaluativas (lo normal, lo adecuado, etc.) se asociarían con el estado de hallarse entre los límites de un espacio acotado, es decir, con la idea de estar DENTRO. Por el contrario, los miembros negativos de las mismas oposiciones (lo anormal, lo inadecuado, etc.) se vincularían con la negación de dicho estado, por lo tanto, con la idea de quedar FUERA de ellos.

5 *Fuera de* como conector discursivo

El último empleo desplazado del adverbio *fuera* que revisamos aquí es el que se observa en ejemplos como los de (35), en que, junto con la preposición *de,* funciona como conector discursivo aditivo:

(35) a. La sala estaba llena de cadáveres, pero yo no quise fijar la vista en ninguno de ellos, *fuera de* que la mayoría estaban cubiertos con sábanas. (H. Abad Facio-lince, *El olvido que seremos,* 2006; *CORPES XXI*)

b. En tercer lugar, la concreción de una Defensa Europea es algo inaplazable si se quiere contar en el escenario internacional (*fuera de* ser acompañante fijo de la primera potencia del mundo). (L. Solana, "Consenso sobre Defensa", *La Razón*, 2003; *CORPES XXI*)

El *DLE* recoge este empleo de *fuera* en la tercera acepción de la locución preposicional *fuera de*, con la definición de "Además de, aparte de" (*DLE*, s.v. *fuera*). Dado que este empleo de *encima* siempre requiere la presencia de un complemento oracional introducido por *de*, consideramos adecuado reconocer el estatus locucional del conector *fuera de*.

En cuanto al valor aditivo de este conector, de nuevo, podemos recurrir a una metáfora de base físico-espacial como la que hemos presentado para explicar el significado del conector *encima* en ese mismo valor (17); en concreto, la metáfora subyacente al valor aditivo de *fuera de*, en su empleo como conector discursivo, puede expresarse como sigue:

(36) MÁS ES FUERA; MENOS ES DENTRO.

Si un miembro del discurso añade un argumento adicional al que aporta otro miembro, el argumento adicional de aquella no puede estar incluido en el del otro miembro, es decir, debe situarse fuera de los límites establecidos por este último. De esta forma, se explica la asociación metafórica de FUERA con la función discursiva aditiva.

6 Conclusiones

En este trabajo hemos analizado diversos usos desplazados de dos adverbios originalmente locativos y delimitados: *encima* y *fuera*. Los valores estudiados se originan a partir de metáforas que proyectan las nociones espaciales relacionadas con nuestra experiencia directa hacia otros dominios conceptuales. El cambio producido en sus propiedades semánticas conlleva cambios en las propiedades formales de estos adverbios: ahora, en algunos casos admiten la gradación, como consecuencia de la pérdida del carácter delimitado original, y, en otros, seleccionan tipos de complementos rechazados en su uso locativo original; así sucede cuando *encima* y *fuera* funcionan como conectores discursivos. Hemos estudiado, asimismo, cómo algunos de estos valores desplazados dan lugar a unidades fraseológicas de diverso tipo: fundamentalmente, locuciones que pueden presentar distintos grados de fijación.

Referencias bibliográficas

Bosque, I. (2001): "Sobre el concepto de 'colocación' y sus límites". *Lingüística Española Actual* 23,1, 9–40.

Bosque, I. y Masullo, P. J. (1998): "On Verbal Quantification in Spanish". En O. Fullana y F. Roca (eds.): *Studies on the Syntax of Central Romance Languages*. Girona: Universitat de Girona, 9–63.

Corpas Pastor, G. (1996): *Manual de fraseología española*. Madrid: Gredos.

Eguren, L. y Fernández Soriano, O. (2006): *La terminología gramatical*. Madrid: Gredos.

Evans, V. y Green, M. (2006): *Cognitive Linguistics: An Introduction*. Edimburgo: Edinburgh University Press.

Fábregas, A. (2007): "(Axial) Parts and Wholes". En M. Bǎsić, M. Pantcheva, M. Son y P. Svenonius (eds.): *Nordlyd: Tromsø Working Papers on Language & Linguistics, 34.2, special issue on Space, Motion, and Result*. CASTL, Tromsø, 1–32.

Garachana Camarero, M. (2008): "Los límites de la gramaticalización. La evolución de encima (de que) como marcador del discurso". *RFE*, 88, 1, 7–36.

Herrero Ruiz, J. (2002): "Sequencing and integration in metaphor-metoymy interaction". *Revista Española de Lingüística Aplicada*, 15, 73–91.

Jackendoff, R. (1991): "Parts and boundaries". *Cognition*, 41.1–3, 9–45.

Jackendoff, R. (1996): "The architecture of the linguistic-spatial interface". En P. Bloom et al. (eds.): *Language and Space*. Cambridge: MA, MIT Press, 1–30.

Lakoff, G. y Johnson, M. (1980): *Metaphors we live by,*. Chicago: University of Chicago Press. [Citamos por la traducción al español de Carmen González Marín, *Metáforas de la vida cotidiana*, Madrid, Cátedra, 1986.]

Marr, D. (1982): *Vision: A Computational Investigation into the Human Representation and Processing of Visual Information*. Nueva York: W.H. Freeman.

Morimoto, Y. y Pavón Lucero, M. V. (2022): "El empleo no delimitado de los adverbios del tipo de *encima*: un caso de coacción". Comunicación presentada en el *L Simposio y IV Congreso de la Sociedad Española de Lingüística*. Madrid, 5–8 de abril, 2022.

Pavón Lucero, M. V. y Morimoto, Y. (1995): "Adverbios locativos: perfectividad e imperfectividad en la categoría conceptual de Lugar". En C. Martín Vide (ed.): *Lenguajes Naturales y Lenguajes Formales XI*. 495–502.

Romeu, J. (2014): *Cartografía mínima de las construcciones espaciales*. Tesis doctoral: Universidad Complutense de Madrid.

Roy, I. y Svenonius, P. (2009): "Complex prepositions". En *Autour de la préposition. Actes du Colloque International de Caen (20–22 septembre 2007)*. Caen: Presses Universitaires de Caen, 105–116.

Soriano, C. (2012): "La metáfora conceptual". En Ibarretxe-Antuñano, I. y J. Valenzuela (coords.), *Lingüística cognitiva* (pp. 97-121). Barcelona: Anthropos.

Svenonius, P (2006): "The Emergence of Axial Parts". En P. Svenonius y M. Pantcheva (eds.): *Nordlyd: Tromsø University Working Papers on Language & Linguistics*, 33.1, *Special issue on adpositions*, CASTL, Tromsø, 49–77. https://septentrio.uit.no/index.php/nordlyd/article/view/85/81

Svenonius, P. (2010), "Spatial P in English". En G. Cinque y L. Rizzi (eds.): *Mapping spatial PPs: The cartography of syntactic structures 6*. Oxford: Oxford University Press, 127–160.

Diccionarios y glosarios:

DLE: Real Academia Española: *Diccionario de la lengua española*, 23.ª ed., [versión 23.6 en línea]. <https://dle.rae.es>

DPD: Real Academia Española: *Diccionario Panhispánico de Dudas*, [versión en línea]. <https://www.rae.es/dpd/>

DUE: Moliner, María (1998), Diccionario de uso del español, 2ª ed., Madrid, Gredos.

GTG: Real Academia Española y Asociación de Academias de la Lengua Española (2019), *Glosario de términos gramaticales*, Ediciones Universidad de Salamanca.

NGLE: Real Academia Española y Asociación de Academias de la Lengua Española (2009), *Nueva gramática de la lengua española*, Espasa, Madrid.

Corpus:

CORPES XXI: Real Academia Española: Banco de datos (CORPES) [en línea]. Corpus del español del siglo XXI. <http://www.rae.es>

CREA: Real Academia Española: Banco de datos (CREA) [en línea]. *Corpus de referencia del español actual.* <http://www.rae.es>

esTenTen18: Spanish Web corpus 2018. https://www.sketchengine.co.uk

Laura Nadal

Eugenia Sainz[52]

Ordenadores de serie enumerativa y costes de procesamiento: un estudio experimental

Resumen: Algunas unidades de la lengua dejan de funcionar en el marco de la sintaxis oracional y pasan a adquirir una función en el plano de la macrosintaxis. Este es el caso de los sintagmas preposicionales *en primer lugar, en segundo lugar* y *por último*, que pueden funcionar como adjuntos del verbo o bien, recategorizados como locuciones adverbiales y desplazados a la periferia, como ordenadores discursivos. Con esta segunda función, indican el lugar que ocupa el miembro que introducen en el conjunto de un único comentario sobre un determinado tópico. En cuanto guías procedimentales para la reconstrucción de la estructura informativa de la secuencia, cabe suponer que su presencia constituya un apoyo para el lector en la comprensión. Esta contribución presenta los datos obtenidos a partir un experimento de lectura con *eyetracking* en el que se comprueban los costes de procesamiento asociados a fragmentos textuales marcados y no marcados. Los resultados confirman la hipótesis y muestran que la marcación tiene un impacto global sobre los costes totales de procesamiento.

Palabras clave: ordenadores de la información, discurso planificado, *eyetracking*, costes de procesamiento

Abstract: Some units of the language which stop working within the framework of sentence syntax and begin to acquire functions at the level of macrosyntax. This is the case of the prepositional phrases *en primer lugar, en segundo lugar* y *por último*, which can function as adjuncts to the verb or as ordinal markers if recategorized as adverbial locutions and displaced to the periphery. As ordinal markers, they indicate the place occupied by the phrasal segment they introduce in the set of a single comment on a given topic. As procedural guides for the reconstruction of the informative structure of the sequence, it can be assumed that their presence constitutes a support for the reader to understand a text. In this paper, we aim to present the data obtained from an *eyetracking* reading experiment in which the processing costs associated with marked and unmarked

---

52 La presente contribución es fruto de un constante diálogo, intercambio de ideas y revisiones sin los cuales no hubiera sido posible la elaboración de las distintas secciones. Especialmente las secciones 1 y 2 corren a cargo de Eugenia Sainz y las secciones 3, 4 y 5 son la principal aportación de Laura Nadal.

textual fragments are verified. The results confirm our hypothesis and show that marking has a global impact on total processing costs.

Key words: ordinal markers, planned discourse, eyetracking, processing costs

1 Introducción

Los marcadores discursivos son unidades lingüísticas invariables de significado procedimental que guían desde la periferia las inferencias que se realizan en la comunicación (Portolés 1998; Briz 2008; Martín Zorraquino y Portolés 1999: § 63.1.2, 4057). Sus unidades pertenecen a categorías gramaticales diferentes: *pero* es una conjunción, *además* es un adverbio, *¿eh?*, *hombre*, *anda* son interjecciones, las dos últimas recategorizadas como tales a partir respectivamente de un nombre y de una forma verbal apelativa (Portolés 1998: § 3.3; Martín Zorraquino & Portolés 1999, § 63.1–3; RAE &ASALE (2009, § 30.12a). Con todo, como se advierte en RAE & ASALE (2009, § 30.12a, § 30.12k-n), son particularmente numerosos los marcadores discursivos de categoría adverbial[53], ya sean adverbios simples (*además, aparte, luego, entonces, bien, igualmente...*), adjetivos adverbializados (*claro, bueno, mejor...*) o más frecuentemente locuciones adverbiales formadas a partir de esquemas sintagmáticos de distinto tipo como *antes bien, ahora bien, así pues...*, que surgen de la yuxtaposición o coordinación de dos adverbios; *antes al contrario, aun con todo...*, de la combinación del adverbio con un sintagma preposicional; *otra cosa, la verdad, eso sí...* formados a partir de sintagmas nominales o pronominales incidentales; *mejor dicho, nunca mejor dicho, dicho sea de paso, visto lo visto, así las cosas...* que surgen de construcciones incidentales de participio o de cláusulas absolutas; es más, *es decir, vale decir, esto es, o sea*, que remiten a oraciones fijadas; *a fin de cuentas, a propósito, a saber, a decir verdad, con todo, en consecuencia, en resumen, en efecto, de hecho, en cambio, por cierto, por tanto, sin embargo...* que se recategorizan como locuciones adverbiales a partir de un sintagma preposicional, siendo este último el esquema sintagmático más frecuente (Martín Zorraquino, 2010, pp. 162–169).

Por lo que se refiere en concreto a la subcategoría de los ordenadores discursivos (Portolés 1998; Martín Zorraquino y Portoles 1999: § 63.2.3; Garcés

---

53 Para una crítica argumentada a la elección del nombre de *conector discursivo* como hiperónimo de la categoría y a su inclusión en el capítulo 30 dedicado al adverbio, véase (Portolés, 2014).

Ordenadores de serie enumerativa y costes de procesamiento 87

Gómez 2008: § 2), encontramos adverbios (*después, luego, finalmente, primeramente*), adjetivos adverbializados (*primero, segundo, tercero*) o locuciones adverbiales, ya sea con estructura interna de sintagma adverbial (*antes que nada, antes de nada*) o, más frecuentemente, de sintagma preposicional. Es el caso del par correlativo *por un lado / por otro lado* (o las variantes *por una parte/por otra parte*; *de una parte/de otra parte*), los marcadores de inicio y de cierre *ante todo* y *por lo demás* o los ordenadores de serie discursiva *en primer lugar, en segundo lugar, en tercer lugar, por último, en último lugar/término, al final*, de los cuales nos ocupamos en el presente artículo. Véanse los siguientes ejemplos.

(1) José Barrionuevo, ministro del Interior, intervino en *primer lugar* para efectuar la presentación del proyecto de ley. (CREA: El País, 02/10/1985)

(2) Me quedé de piedra. *En primer lugar*, por haberme muerto, algo que siempre resulta inesperado, excepto, supongo, en el caso de algunos suicidas, y *después* por estar interpretando involuntariamente una de las peores escenas de *Ghost*. (Bolaño, Roberto: «*El retorno*». *Putas asesinas*. Barcelona: Anagrama, 2001. Corpes XXI)

En (1) el sintagma *en primer lugar* funciona dentro de los límites de la oración como adjunto del verbo; de ahí que pueda ser objeto de interrogación (*¿Cuándo intervino José Barrionuevo?*), negación (*José Barrionuevo no intervino en primer lugar, sino en tercero*) y focalización (*No fue en primer lugar cuando intervino José Barrionuevo*). Nada de esto es posible en (2). La unidad se ha desplazado a la periferia, ha dejado de funcionar en el marco de la sintaxis oracional y se ha puesto al servicio de una función procedimental metadiscursiva (López Serena & Borreguero Zuloaga 2010; Fuentes Rodríguez 2017)[54].

---

54 Martín Zorraquino (2010: 162) y más recientemente Company Company (2022) advierten la facilidad con la que los sintagmas preposicionales no argumentales se recategorizan como unidades procedimentales: "La abundante presencia de frases preposicionales convertidas en locuciones adverbiales de distintos niveles (conjuntivas, disjuntas de estilo o disjuntas actitudinales) desvela la conexión que existe entre los complementos no argumentales (mayoritariamente circunstanciales) de la oración y la función de marcadores del discurso." En la misma línea, Company Company (2022: 33): "los complementos circunstanciales en forma de FP y con ciertas propiedades estructurales son un germen natural para gestar, en perspectiva diacrónica, conectores y operadores discursivos, porque existen afinidades –formales, semánticas, funcionales, categoriales– entre estos y aquellos, que hacen de aquellos la categoría idónea para recategorizarse discursivamente." Véase Sainz 2021 y 2022 en relación con *por lo demás*.

88 Laura Nadal y Eugenia Sainz

A diferencia del adjunto, y como reflejo de su independencia con respecto a la sintaxis oracional, posee un entorno melódico propio señalado gráficamente por los signos de puntuación (Martín Zorraquino y Portolés 1999; RAE & ASALE 2009: § 30.12i). El salto a la periferia conlleva, además, su fijación como locución, lo cual bloquea la posibilidad de cambios o de complementos en su estructura interna (*en primerísimo lugar, *en este primer lugar, *en los primeros lugares), algo posible, en cambio, cuando funcionan como complementos del verbo:

> (3) La película se posicionó *en segundo lugar de popularidad* como lanzamiento digital de todos los tiempos y *en primer lugar de lanzamiento digital* en propiedades de Warner Bros. (https://taggedmx.com/entretenimiento/primera-vez-scooby-shaggy/)

Por otro lado, estas unidades son un buen ejemplo de la convivencia de significado léxico y significado procedimental en una misma forma. De hecho, el significado original de la base léxica resulta transparente, en cuanto basado en un orden explícitamente indicado por los numerales ordinales, que señalan una sucesión ordenada de elementos enumerados (Garcés Gómez 2008: 44). Y esta es precisamente su función procedimental, la de presentar "los miembros del discurso que vinculan como una serie de elementos ordenados que expresan distintos aspectos de un mismo tema" (véase la entrada correspondiente en el DPDE).

En definitiva, estamos ante sintagmas preposicionales desplazados a la periferia y recategorizados como locuciones adverbiales al servicio de la función metadiscursiva de marcar la estructura informativa del discurso (Portolés 2010). En cuanto marcadores discursivos, su presencia no es obligatoria sino facultativa. Remiten a un hablante o escritor cooperativo que colabora con su lector y que decide voluntariamente marcar la secuencia para optimizar la comprensión. Son por naturaleza señales cooperativas que contribuyen a la claridad del discurso y, por ello, se pueden poner en relación con la máxima de manera de Grice (1989): sea claro, sea ordenado. De hecho, es plausible suponer que la presencia o ausencia de ordenadores discursivos en los textos planificados de la distancia comunicativa, caracterizados por un menor universo compartido y por una mayor complejidad y densidad informativas, tenga consecuencias para el procesamiento cognitivo de las informaciones. Esta hipótesis, que se ha comprobado experimentalmente para otros tipos de marcadores del discurso (véase Loureda Lamas et alii 2021), no se había hecho hasta ahora para el caso concreto que nos ocupa: las secuencias marcadas con *en primer lugar, en segundo lugar* y *por último*.

2 La marcación de la estructura informativa en los textos de la distancia comunicativa

Como explica Portolés (2010), los hablantes organizan su discurso y la progresión de la información de manera que se acomode a los conocimientos que suponen en su interlocutor y a las preguntas que este se plantea sobre un determinado tópico o tema. Así entendida, la dinámica y la estructura informativa del discurso puede ser interpretada dialógicamente como una sucesión de comentarios que responden a preguntas, implícitas o explícitas, sobre un determinado tópico (van Kuppevelt 1995a, 1995b; Portolés 2010). Véase la siguiente secuencia:

> (4) Hitchcock no quedó satisfecho con *Rebeca* por varias razones. *En primer lugar,* porque la consideraba como una especie de cuento, la historia pertenece, además, a finales del siglo XIX. *En segundo lugar,* porque la novela fue escrita por una mujer, y *en tercer lugar,* porque le falta sentido del humor. (CREA: 1980. El País, 11/07/1980: "Rebeca" o la consolidación del suspense).

El primer enunciado (*feeder*) introduce el tema (el film *Rebeca* de Hitchcock) y activa implícitamente una pregunta (¿Por qué Hitchcock no quedó satisfecho con la película?) a la cual se responde estructurando y ordenando la información en tres partes o subcomentarios introducidos y señalizados con sendos marcadores. En cuanto ordenadores, cumplen dos funciones principales: por un lado, indican el lugar que ocupa cada miembro en el conjunto de la secuencia y, por otro, presentan el conjunto de esta secuencia como un único comentario y cada parte como un subcomentario (Martín Zorraquino y Portolés 1999: § 63231, 4086). Su presencia tiene, además, un valor predictivo importante porque permiten al lector plantearse hipótesis anticipatorias sobre la continuación de la secuencia (efecto catafórico) o incluso reinterpretar anafóricamente una parte anterior no marcada, como el siguiente ejemplo, donde es precisamente *en segundo lugar* la marca que lleva a interpretar el segmento anterior como la primera parte del comentario:

> (6) [Pujol] Ofreció con nitidez las dos coordenadas en las que va a moverse su mensaje de estas primeras semanas: el peligro viene fundamentalmente del PP, al que presenta abiertamente como una formación que durante dos años se ha dedicado a sembrar la animadversión contra Cataluña en el resto de España, y *en segundo lugar,* no hay que girar la cara y esconderse ante las críticas que reciban por su apoyo al Gobierno socialista. (*La Vanguardia*, 02/10/1995, CREA)

Como adelantábamos más arriba, los ordenadores de serie enumerativa son característicos de los textos expositivos de la variedad medial escrita y planificada, donde pueden combinarse con otros recursos gráficos como los guiones de inicio o los caracteres alfanuméricos. Se asocian con un registro formal y son particularmente frecuentes en los ámbitos de especialización (académicos, científicos, jurídicos, técnicos, económicos). Su presencia resulta particularmente relevante por la densidad de las informaciones vehiculadas y por el esfuerzo solicitado a la comprensión y a la memoria del lector (López Samaniego 2006; Montolío 2006, Domínguez García 2010). Ofrecen una respuesta a la necesidad de claridad, precisión y legibilidad que impone la comunicación a distancia y, en particular, la comunicación entre expertos o entre expertos y laicos. Constituyen, pues, un recurso procedimental muy recomendado; de ahí la importancia de su enseñanza tanto a hablantes nativos como a no nativos (Montolío 2014).

Así las cosas, es plausible suponer que la presencia de los ordenadores discursivos tenga un efecto positivo para la memoria operativa del lector: por un lado, se procesa con mayor rapidez aquello que se ha podido anticipar (Tadros 1994; Scholman et alii 2017); por otro, cada ordenador supone un punto de descanso para la memoria del lector que sirve a evitar la sobrecarga cognitiva (véase Montolío 2006: 23)[55]. Por último, el marcador delimita los distintos subcomentarios y focaliza la información en ellos contenida. Cabe, pues, suponer que, en ausencia de marcas procedimentales, la interpretación del comentario resulte más costosa, en cuanto menos guiada o facilitada (Montolío 2005: 25; 2006; López Samaniego 2006). La presente investigación pretende verificar esta hipótesis aplicando la técnica experimental del *eyetracking*.

3 Diseño experimental

3.1 Variable independiente e hipótesis

El experimento diseñado mide los costes de procesamiento invertidos en la lectura de dos fragmentos textuales en los que se presenta una definición. La única diferencia entre ambos textos reside en la marcación o no marcación mediante ordenadores de la información. Se parte de la hipótesis de que los tiempos de lectura aumentarán en el segundo caso (Tadros 1994; Montolío 2006: 6; Garcés Gómez 2008: 38):

---

55 Según Kintsch y Rawson 2005, la memoria mantiene abierta una hipótesis de procesamiento sintáctico-discursivo hasta que la presencia de un punto le permite cerrar la elaboración de la hipótesis e iniciar la siguiente.

Ordenadores de serie enumerativa y costes de procesamiento   91

a) La depresión presenta tres características: *en primer lugar*, implica un estado de ánimo irascible tras una dificultad severa; *en segundo lugar*, provoca un cambio notable en el apetito; *por último*, la falta de energía conlleva dificultad para concentrarse.

b) La depresión presenta tres características: implica un estado de ánimo irascible tras una dificultad severa; provoca un cambio notable en el apetito; la falta de energía conlleva dificultad para concentrarse.

3.2 Enunciados experimentales

El experimento consiste en 18 ítems experimentales con la misma estructura sintáctica que los ítems presentados en 3.1. Los enunciados críticos se distribuyeron en dos listas experimentales según un diseño de cuadrado latino (Conklin et alii 2018: 43). De esta forma, todos los informantes leían todas las condiciones experimentales y nueve réplicas de cada condición, pero siempre sobre temas distintos, es decir, el informante que leía la versión (a) sobre la enfermedad de la depresión, nunca leía la versión (b) sobre la misma enfermedad, sino que recibía otros ítems críticos sin marcación organizativa que trataban sobre otras enfermedades distintas (Jegerski 2014). Entre los enunciados experimentales se intercalaron enunciados de relleno o *fillers* en una proporción 1:2 para evitar que los informantes pudieran intuir el objeto de estudio (Keating & Jegerski 2015: 15). Los ítems de relleno trataban temas distintos y presentaban otro tipo de estructura sintáctica (1). Se avisó a los informantes de que encontrarían fragmentos discursivos breves tomados de textos expositivos de ámbito médico-sanitario y periodístico.

Enunciado de relleno	La ministra aseguró que es necesario aumentar la presencia de tropas en los países aliados. Ello supone un aumento de los impuestos.
Enunciado crítico	La depresión presenta tres características: implica un estado de ánimo irascible tras una dificultad severa; provoca un cambio notable en el apetito; la falta de energía conlleva dificultad para concentrarse. Los afectados deben estar bajo tratamiento psicológico.
Enunciado de relleno	La policía localiza los cuerpos después de que uno de los dos hermanos detenidos por el crimen del periodista y el indigenista les llevara hasta el lugar.

Todos los ítems experimentales responden a un comentario que se ajusta a la misma estructura informativa (tres subcomentarios introducidos por *en primer lugar, en segundo lugar* y *por último*) y sintáctica, para asegurarnos de que esta no podía ser en ningún caso motivo añadido de dificultad: los mismos complementos del verbo y con la misma estructura sintagmática interna.

3.3 Variables dependientes y regiones de interés

La técnica de *eyetracking* se basa en una conexión directa entre la mirada y la cognición; en cada momento se procesa aquello que se está focalizando con la mirada foveal (*hipótesis ojo-mente*, Just & Carpenter 1980). Los ojos combinan dos tipos de movimientos: las sacadas, saltos rápidos en los que el ojo se desplaza de un punto a otro del estímulo (p. ej. de una palabra a la siguiente), y las fijaciones, fracciones de segundo en las que el ojo permanece relativamente quieto (a excepción de un leve tremor) sobre partes del estímulo que está procesando para extraer información (Rayner 1998: 373–375). Es únicamente durante las fijaciones cuando tiene lugar el procesamiento. Así pues, el tiempo de fijación es el que sirve como parámetro de medición del esfuerzo cognitivo aplicado durante la lectura de un texto: a mayor duración de las fijaciones (en milisegundos), mayor es el esfuerzo de procesamiento (Loureda Lamas et alii 2020).

Para el presente experimento, se han identificado seis regiones de interés (ROI) y se han comprobado los tiempos de fijación destinados por los informantes a la lectura de cada una de ellas (Arunachalam 2013). Las regiones de interés son los tres marcadores discursivos (en la versión a) y los tres subcomentarios, que solo en a) aparecen enumerados.

1) **E1** [en primer lugar]
2) **E2** [en segundo lugar]
3) **E3** [por último]
4) **M1** [implica un estado de ánimo irascible tras una dificultad severa]
5) **M2** [provoca un cambio notable en el apetito]
6) **M3** [la falta de energía conlleva dificultad para concentrarse]

Adicionalmente, se registraron los tiempos de fijación para otras dos regiones de interés, la media total y la media léxica. La media total incluye las fijaciones del enunciado completo [E1 + E2 + E3 + M1 + M2 +M3]. La media léxica computa únicamente los tiempos de lectura registrados para las unidades con significado conceptual [M1 + M2 + M3]. En el caso de la condición b) (sin marcación) coinciden la media total y la media léxica.

Para todas las regiones de interés se calculan tiempos de procesamiento medio por palabra (Loureda Lamas et alii 2020). De esta forma, se establecen comparaciones entre las regiones de interés de los enunciados de distintas condiciones (p. ej. M1_condición a vs. M1_condición b), pero se comparan también los tiempos de lectura entre regiones de interés dentro de un enunciado de la misma condición; por ejemplo, se compara *en primer lugar* con la media léxica del enunciado en el que aparece, con el fin de observar si existe diferente peso cognitivo entre las unidades gramaticalizadas de significado procedimental y las unidades léxicas.

La comparación de los tiempos de lectura intraenunciado e interenunciado se llevó a cabo teniendo en cuenta tres variables dependientes o parámetros de medición. La primera variable es una medida temprana que equivale a la primera lectura o *first pass dwell time* (Holmqvist et alii 2011: 390). A la luz de esta variable, se suman únicamente aquellas fijaciones realizadas por primera vez en una región de interés antes de que esta sea abandonada para pasar a la lectura de otra región. Durante esta fase de procesamiento, los informantes realizan una descodificación gráfica del estímulo, reconocen las unidades léxicas y les asignan un significado, se establece una estructura sintáctica y se llevan a cabo procesos de enriquecimiento pragmático para completar la forma lógica y obtener una proposición saturada contextualmente (Pons 2004; van Dijk 2003). Se trata de procesos automáticos a partir de los cuales ya se obtiene una representación mental del supuesto comunicado.

Véase la imagen 1. La primera lectura en la región de interés E1 [*en primer lugar*] se obtendría por la suma en milisegundos de las fijaciones 1 y 2:

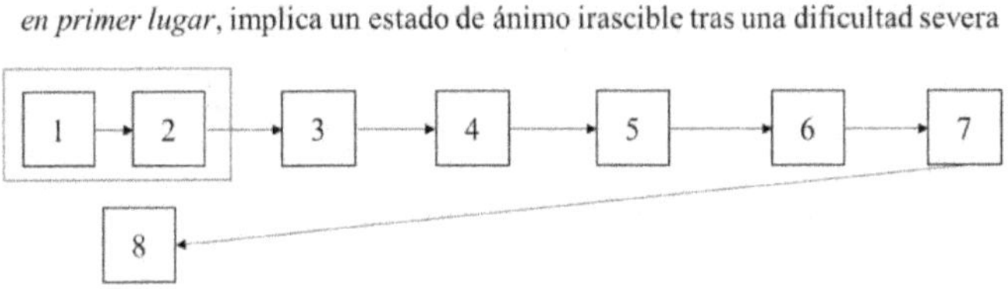

Imagen 1. Primera lectura

En el esquema representado en las imágenes, se comprueba que tras la lectura completa de la región de interés M1, primer miembro del discurso introducido por el organizador discursivo *en primer lugar*, el lector realiza un movimiento sacádico regresivo y vuelve a posicionar una fijación sobre la unidad gramaticalizada (posición número 8, Imagen 2). Esta fijación, que se efectúa una vez abandonada la región de interés analizada, representa el tiempo de relectura o *rereading time* (Conklin et alii 2018: 36). Las refijaciones son un indicio de dificultad cognitiva durante el procesamiento; el lector muestra la necesidad de volver sobre lo procesado y comprobar las hipótesis establecidas durante la primera lectura (Holmqvist et alii 2011: 389–390). La relectura es, en definitiva, una medida tardía de comprobación y, en caso de necesidad, de rectificación del supuesto anteriormente procesado.

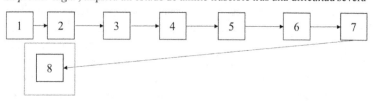

Imagen 2. Relectura

Por último, la siguiente medida tardía es el parámetro acumulado representado por la lectura total o *total dwell time* (Imagen 3). Esta variable dependiente no permite distinguir las fases de procesamiento y aporta información sobre el esfuerzo cognitivo empleado globalmente para el procesamiento de la región de interés analizada (Holmqvist et alii 2011: 389–390).

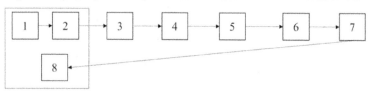

Imagen 3. Lectura total

3.4 Participantes y procedimiento

Se registraron los datos de un total de 88 informantes, estudiantes de la Università Ca'Foscari Venezia con italiano como lengua materna. El rango de edad está comprendido entre los 18 y los 25 años, 63 mujeres y 17 hombres. Al momento de la prueba todos estaban cursando segundo o tercer año de una carrera de corte lingüístico (filología o traducción) con español como lengua de trabajo, por lo que debían haber superado una prueba equivalente al DELE

Bl de español. Se controló que las palabras utilizadas fueran adecuadas al nivel de referencia, o guardaran similitud formal con el equivalente del italiano, y se evitaron los tecnicismos (excepto para el nombre de las enfermedades que aparece en los enunciados introductorios, el cual no constituye objeto de análisis). Igualmente, se controló la ausencia de ambigüedad léxica (Clifton et alii 2007; Rayner, 2009: 1472)[56].

El experimento de lectura autosecuenciada se llevó a cabo con un sistema de *eyetrakcer Eyelink 1000* con una frecuencia de grabación de 1000 Hz. Los participantes se posicionaban a una distancia aproximada de 65–70 cm de la pantalla de ordenador en la que se mostraban los estímulos experimentales. El *eyetracker* está situado debajo de la pantalla y una cámara de luz infrarroja detecta el movimiento de la pupila de cada participante tras haber realizado un ejercicio de calibración. El sistema registra datos a partir del movimiento de ambos ojos y calcula valores promedio. Al comienzo de la lectura autosecuenciada, el informante leía las instrucciones, además de un estímulo de prueba para familiarizarse con el procedimiento, de esta forma se evitaban posibles preguntas al investigador una vez comenzado el experimento. Antes de leer cada estímulo, el informante debía fijar una cruz en la pantalla, la cual se posicionaba exactamente en las mismas coordenadas en las que comenzaba el estímulo textual. La duración total de la prueba era de aproximadamente 20 minutos.

3.5 Análisis estadístico

El análisis de los tiempos de lectura por palabra se efectuó a partir de modelos lineares mixtos generalizados (*generalized linear mixed models*, GLMM) (R Core Team2022; Winter 2020), que incluyen los siguientes efectos:

- Modelo 1: las regiones de interés M1, M2, M3 y, en el caso de la condición a), E1, E2 y E3 se trataron como efectos fijos. Los efectos aleatorios o *random* son los participantes (diferencias individuales en los tiempos de lectura, Rayner, 1998) y los temas (enfermedades) de los estímulos experimentales.
- Modelo 2: las regiones de interés E1, E2, E3 en el caso de la condición a) y la media total y la media léxica constituyen los efectos fijos del modelo. Los efectos aleatorios son los mismos que en el modelo 1.

---

56 La participación en el experimento era voluntaria. Los participantes debían firmar antes de comenzar un consentimiento en el que aceptaban realizar el experimento pudiendo revocar su participación en todo momento (no se produjeron interrupciones en ningún caso). Además, los informantes otorgaron el permiso necesario para utilizar los datos con fines investigativos.

Los dos modelos se calcularon para cada una de las variables dependientes de análisis. Para la interpretación de los datos debe tenerse en cuenta que la longitud de las palabras que conforman las regiones de interés fue controlada. Los cálculos se realizaron bajo el supuesto estadístico de que todas las palabras del experimento constan del mismo número de caracteres. Por ello, los tiempos de lectura por palabra no se ven condicionados por el distinto número de caracteres (véase Reichle et alii 2003: 349). Previamente al cálculo de los modelos, se depuraron los valores extremos en el conjunto de datos eliminando las observaciones que cumplieran con al menos uno de los siguientes criterios (Keating & Jegerski 2015; Pickering et alii 2000):

1) La primera lectura presenta un valor de 0 para las regiones M1 o M2 o M3 o media total o media léxica.
2) Tanto la primera lectura como la segunda lectura presentan un promedio por palabra inferior a 80 ms para la región de M1 o M2 o M3 o media total o de media léxica.
3) La lectura total presenta un promedio por palabra superior a 800 ms para la media total.
4) Observaciones atípicas: el tiempo de lectura por palabra es 2 desviaciones estándar mayor o dos desviaciones estándar menor a la media.

Según estos criterios, en el modelo 1 se eliminaron en total 433 observaciones del total (12,14 %), por tanto, se analizaron 3132 observaciones, esto es, un 87,85 % de los datos. En el segundo modelo se depuraron 209 observaciones (7,64 %) y se analizaron 2527 observaciones, esto es, un 92,36 % de los datos. Las diferencias entre tiempos de procesamiento por palabra se interpretan porcentualmente (Loureda Lamas et alii 2020), pero se tiene en cuenta únicamente si las hipótesis comprobadas arrojan diferencias estadísticamente significativas donde el valor de p es inferior a 0,05 (Arunachalam 2013)[57]. Los valores de p han sido corregidos mediante el método de ajuste (Holm 1979).

---

57 Se trata de una convención adoptada en las ciencias sociales, las diferencias se consideran estadísticamente significativas solo en aquellos casos en los que el valor alfa identificado con p es inferior a 0,05. Esto significa que existe más de un 95 % de probabilidad de que los resultados obtenidos se deban a la variable independiente analizada y no al azar.

4 Resultados y discusión

4.1 Primera lectura

Si se observa el parámetro de la primera lectura (tabla 1) y se tienen en cuenta solo aquellas diferencias porcentuales que arrojan una diferencia estadísticamente significativa, se aprecia que tanto el M1 como el M2 presentan tiempos de procesamiento por palabra más elevados en la condición (b) de no marcación.

Tabla 1. Primera lectura

Primera lectura	a) marcación	b) no marcación	Diferencia %	Valor de p
M1	30,97	95,20	+207,39	p = 0,0076709***
M2	204,43	213,57	+4,47	p < 0,001***
M3	193,18	196,42	+1,68	p = 0,7109349
Media total	134,64	164,67	+22,30	p < 0,001***

El promedio de lectura por palabra para el M1 equivale a 30,97 ms[58] para la condición con presencia de ordenadores de la información y asciende a un valor de 95,20 ms para la condición b) en la que los ordenadores no marcan los límites entre los miembros del discurso enumerados. Esta diferencia es estadísticamente significativa (p = 0,0076) y representa porcentualmente un aumento del 207,39 %.

En la condición a) las funciones discursivas que cumple cada miembro quedan asignadas de antemano gracias precisamente a la presencia de marcas procedimentales que fuerzan convencionalmente dicha interpretación; en la condición b), en cambio, el lector debe inferirlas sin ninguna ayuda procedimental. Los ordenadores delimitan las fronteras de los miembros del discurso enumerados e indican explícitamente en qué momento de la lectura se introduce el siguiente, de manera que se ahorra esfuerzo cognitivo durante la

---

58 El tiempo de lectura medio por palabra en la región del M1 durante la primera lectura es extremadamente bajo (30,97 ms) teniendo en cuenta que el promedio de fijación de una palabra ronda los 250 ms (Rayner 1998); sin embargo, este valor extremo se ve compensado en la fase de relectura, donde el tiempo de reprocesamiento medio por palabra supera los 200 ms. En este caso el lector ha llevado a cabo el procesamiento especialmente a partir de una lectura de comprobación.

construcción de primer supuesto. El procesamiento se acelera porque la estructura informativa ya está señalizada: el lector puede centrarse en la descodificación gráfica, la asignación de referentes a las palabras, el etiquetaje sintáctico y el enriquecimiento pragmático (Kintsch & Rawson 2005; López García 1988).

La función anafórica y el efecto anticipatorio que provoca la presencia de ordenadores en el discurso (Tadros 1994; Montolío 2006) se confirma indirectamente en el aumento de los tiempos de lectura para la condición no marcada procedimentalmente. En la región del M1 se produce una elevación considerable de los costes (véase Loureda Lamas et alii 2020), mientras que en la región del M2 la diferencia presenta ya un efecto menor, del 4,47 %, y en M3 el aumento en los costes de procesamiento en la condición b) es mínimo, pues se reduce a niveles cercanos a 0, y no constituye una diferencia estadísticamente significativa. Es en el M1 donde la marcación produce, por tanto, el mayor efecto cognitivo. La presencia del ordenador *en primer lugar* permite al lector anticipar la estructura informativa de toda la secuencia y su organización en subcomentarios ordenados. La presencia de *en segundo lugar* confirma la hipótesis de procesamiento construida y la introducción de *por último* sigue encajando en las predicciones discursivas del lector.

El aumento local en los costes de procesamiento de los miembros del discurso ante la ausencia de marcación se refleja globalmente sobre el procesamiento de todo el enunciado. El tiempo de lectura promedio para una palabra de la condición (a) es de 134,64 ms y en ausencia de marcación se produce un aumento del 22,30 %, de manera que se precisa un promedio de 164,67 ms para leer una palabra del enunciado (b). Entre todas las funciones que precisa realizar el lector para la construcción de un primer supuesto, la presencia de los ordenadores de la información asigna etiquetas discursivas unívocas a los miembros que componen el fragmento enumerativo y le ahorra así al lector esfuerzo cognitivo al momento de establecer la interrelación proposicional (Kintsch & Rawson 2005: 210).

Si la presencia de ordenadores de la información provoca en esta fase de procesamiento una reducción en los tiempos de lectura por palabra de los distintos miembros del discurso, se espera que estas unidades procedimentales constituyan puntos clave en el procesamiento del comentario. En otras palabras, a pesar de la trasparencia léxica de la base, era plausible suponer que las tres locuciones adverbiales, precisamente por la función procedimental que han asumido al dar el salto a la periferia, absorbieran mayores costes de procesamiento en comparación con las unidades léxicas que conforman los miembros del discurso. En la tabla 2 se confirma esta tendencia.

Ordenadores de serie enumerativa y costes de procesamiento

Tabla 2. Primera lectura. Media léxica vs unidades procedimentales

Media léxica condición a)	129,28	Ordenador vs media léxica %	Valor de p
En primer lugar	149,90	+15,95 %	p < 0,001***
En segundo lugar	163,70	+26,62 %	p < 0,001***
Por último	164,96	+27,60 %	p < 0,001***

Efectivamente, y como se ha demostrado en el caso de otras unidades procedimentales (Loureda Lamas et alii 2021; Nadal 2019), los ordenadores de la información reúnen los mayores tiempos de lectura en comparación con las unidades conceptuales del enunciado. Respecto del tiempo de procesamiento medio que requiere una palabra de significado conceptual, 129,28 ms, las locuciones adverbiales procedimentales representan un aumento de entre el 15 % y el 28 %. Estas unidades concentran sobre sí los mayores tiempos de lectura del enunciado, pero consiguen, a cambio, contener estratégicamente los tiempos de lectura destinados al procesamiento de M1, M2 y M3. En cuanto unidades procedimentales, facilitan el procesamiento del comentario.

4.2 Relectura

La tabla 3 presenta los tiempos de lectura por palabra obtenidos durante la fase de relectura, durante la cual se lleva a cabo la comprobación del supuesto construido inicialmente durante la primera lectura. El lector decide si el supuesto comunicado concuerda con el resto de supuestos previamente almacenados en su memoria a largo plazo y, por tanto, complementa o modifica los conocimientos de partida o si, por el contrario, es rechazado (Kintsch & Rawson 2005: 214). Se trata, así pues, de procesos conscientes que pueden o no tener lugar después de haber efectuado una primera lectura.

Tabla 3. Relectura

Primera lectura	a) marcación	b) no marcación	Diferencia %	Valor de p
M1	212,11	197,35	-6,96 %	p = 1.0000000
M2	108,36	140,85	+29,99 %	p = 1,0000000
M3	138,09	120,78	-12,53 %	p = 1.0000000
Media total	94,37	104,15	+10,36	p = 0,0305985***

Durante la relectura la única diferencia estadísticamente significativa se encuentra en la media total del enunciado. El procesamiento medio por palabra en el fragmento marcado es de 94,37 ms; ante la ausencia de organizadores informativos este valor asciende a 104,15 ms, con lo cual se ha producido un aumento del 10,36 %. En la condición a) el lector ya no necesita comprobar cómo se integran las diferentes partes del discurso entre sí, las hipótesis de procesamiento al respecto quedan cerradas durante la primera lectura gracias a la presencia de marcadores explícitos y no se vuelven a cuestionar durante fases sucesivas.

La marcación discursiva es el factor que aligera, por tanto, la fase destinada al re-procesamiento y la comprobación para el lector, pues este puede centrarse únicamente en recuperar el significado de palabras para él poco frecuentes o que no forman parte de su lexicón mental, puede tratar de resolver cuestiones abiertas a nivel sintáctico o puede ver cómo integrar el supuesto comunicado con sus conocimientos de partida, pero no necesita dedicar tiempo a ordenar los segmentos discursivos como partes que componen la enumeración introducida con la primera oración. La instrucción procedimental asociada a *en primer lugar, en segundo lugar* y *por último* permite que la estructura informativa construida durante la primera lectura se dé por válida y no se vuelva a cuestionar: los tres segmentos discursivos se consideran como subcomentarios sobre un único tópico y se procesan como respuestas a la pregunta que suscita el enunciado introductorio *¿cuáles son los tres síntomas?* (van Kuppevelt 1995). En definitiva, en presencia de marcación, los costes de procesamiento se reducen; por el contrario, en la condición b), la reconstrucción de la estructura informativa queda sujeta a la sola inferencia conversacional, de ahí la necesidad de comprobación durante la relectura.

La tabla 4 recoge el tiempo de relectura promedio empleado en el reprocesamiento de las unidades léxicas que conforman el fragmento enumerativo marcado (condición a) y lo compara con los tiempos de relectura registrados para los ordenadores.

Tabla 4. Relectura. Media léxica vs unidades procedimentales

Media léxica condición a	118,80	Ordenador vs media léxica %	Valor de p
En primer lugar	144,13	+21,31 %	p = 0,024400***
En segundo lugar	145,42	+22,40 %	p = 0,000446***
Por último	144,01	+21,22 %	p = 0,000699***

Ordenadores de serie enumerativa y costes de procesamiento 101

En la fase de relectura los resultados son totalmente paralelos a los obtenidos durante la primera lectura. También para la comprobación del supuesto comunicado las unidades gramaticalizadas con significado procedimental *en primer lugar, en segundo lugar* y *por último* adquieren un papel clave. Los marcadores presentan costes de reprocesamiento por palabra más elevados respecto del coste promedio requerido por una unidad léxica: el aumento que se produce en los tres casos es superior al 20 %.

Las tres locuciones requieren también especial atención durante la fase de comprobación del supuesto, pero a cambio concentran sobre sí los mayores costes de reprocesamiento y aligeran el peso que recae sobre las unidades léxicas responsables de la transmisión de representaciones mentales. En este caso, el significado procedimental de los organizadores informativos actúa, también durante la relectura, como muro de contención, puesto que absorbe los mayores tiempos de lectura durante la fase de comprobación del supuesto, pero logra un efecto de aceleración sobre las unidades léxicas que, como se ha podido comprobar con los datos de la tabla 3, llega a reflejarse globalmente, en los tiempos de relectura de todo el enunciado.

4.3 Lectura total

El tiempo total de lectura (tabla 5) es un indicador del procesamiento global, sin distinguir entre fases para la construcción o comprobación del supuesto (Holmqvist et alii 2011: 389–390). Esta variable dependiente muestra algunos paralelismos con los patrones de lectura generados por la primera lectura y la relectura.

Tabla 5. Lectura total

Lectura total	a) marcación	b) no marcación	Diferencia %	Valor de p
M1	242,66	234,05	-3,55	p = 0,083
M2	236,18	243,38	+3,04	p < 0,001***
M3	234,07	229,68	-1,87	p = 0,30
Media total	228,74	245,24	+7,21	p = 0,011***

También durante la lectura total, observando las diferencias estadísticamente significativas, se evidencia un leve aumento de los costes de procesamiento sobre el M2 para la condición de no marcación. Se produce un ligero aumento en los tiempos de lectura del 3,04 %. Ante la presencia de *en primer lugar,* el lector ya es capaz de predecir la presencia de *en segundo lugar*, sus expectativas en el procesamiento se ven cumplidas y, al ver la segunda marca de ordenación, se le facilita la asignación de una etiqueta discursiva al M2 (segundo elemento de un total de tres). La ventaja de procesamiento obtenida durante la primera lectura se refleja en el tiempo total de lectura.

5 Conclusiones

Los ordenadores de serie enumerativa *en primer lugar, en segundo lugar* y *por último* son locuciones adverbiales con estructura interna de sintagma preposicional (Martín Zorraquino 2010: 167; RAE & ASALE 2009: § 30.12l, 2360). Desplazados a la periferia, se ponen al servicio de la función metadiscursiva de marcar la estructura informativa del comentario señalando las partes que lo componen y el lugar que estas ocupan. Además, guían la interpretación de la secuencia como un comentario único sobre un tópico común (Portolés 2010). Son recursos procedimentales característicos de los textos expositivos de la variedad medial escritura planificada, se asocian con un registro formal y son particularmente frecuentes en los textos especializados con la función de guiar los cómputos inferenciales de los lectores (Domínguez García 2010). En cuanto marcadores discursivos, su presencia no es obligatoria sino facultativa y, en cualquier caso, deseable dada la densidad informativa de este tipo de texto y el esfuerzo de memoria requerido a los lectores. Desde los estudios en pragmática y en lingüística pragmática se ha supuesto que la presencia de estas unidades procedimentales facilita el procesamiento del texto porque favorecen cálculos predictivos y ayudan a evitar sobrecargas en la memoria de trabajo (López Samaniego 2006; Montolío 2006; Tadros 1994).

Los datos experimentales obtenidos con aprendientes italianos de español de nivel B1 a partir de la lectura con *eyetracking* confirman las hipótesis planteadas desde la investigación teórica. Los resultados permiten sostener que la marcación del texto con este tipo de estructuradores tiene un impacto global sobre el promedio de lectura por palabra de todo el enunciado en las tres fases de procesamiento analizadas: primera lectura, relectura y lectura total. Señalar y numerar las partes en que se divide el comentario acelera la lectura y facilita el procesamiento de la información por el efecto anticipatorio que hacen posible las marcas discursivas (Montolío 2006).

Durante la primera lectura, el efecto anticipatorio de la guía explícita convencional se refleja también en la disminución de costes de procesamiento locales en el primer miembro del discurso y en el segundo. El lector emplea una porción de tiempo menor en determinar los límites de cada uno de los elementos enumerados y reconstruir la estructura informativa pretendida por el autor (Portolés 1999). En la relectura y en la lectura total el impacto de la ausencia de marcación se refleja solo globalmente; no se observa una disminución de los costes de procesamiento sobre cada uno de los miembros (si se atiende a las diferencias estadísticamente significativas). Tratándose de un fragmento breve en el que ya el numeral *tres* en la primera oración establece una ruta de lectura clara, no podemos excluir que se deba a un efecto de "sobremarcación". De hecho, la sobremarcación es un problema metodológico por las restricciones que imperan en la creación de ítems experimentales totalmente controlados en los que solo varía la condición analizada (véase sección 4; Keating & Jegerski 2015). Cabe suponer que ante fragmentos textuales de mayor longitud, el efecto anticipatorio de la marcación se traduzca también en una aceleración en la relectura y el plano global, sobre cada uno de los miembros que componen la secuencia.

Con todo, y hasta donde nuestro conocimiento alcanza, es la primera vez que se demuestra experimentalmente el impacto cognitivo de los ordenadores durante la lectura[59], confirmando de este modo las hipótesis planteadas desde la investigación teórica (Portolés 1998, 2010; Martín Zorraquino y Portolés 1999; Domínguez García 2010; López Samaniego 2006; Montolío 2006). El experimento se ha realizado con lectores no nativos. Esperamos en un futuro ampliar la investigación cruzando los datos con los obtenidos a partir de hablantes nativos del español.

Referencias bibliográficas

Arunachalam, S. (2013): "Experimental Methods for Linguists". *Language and Linguistics*, 7(4), 221–232. https://doi.org/10.1111/lnc3.12021

Briz, A. (2008): "O sea", en Antonio Briz, Salvador Pons y José Portolés (coords.), Diccionario de partículas discursivas del español

Briz, A., Pons S. y Portolés, J. (s.f): *Diccionario de partículas discursivas del español (DPDE)*, http://www.dpde.es.

Clifton, C., Staub, A., y Rayner, K. (2007): "Eye movements in reading words and sentences". En Roger van Gompel, Martin Fischer, Wayne Murray, & Robin Hill (eds.): *Eye movements: A window on mind and brain*. Ámsterdam: Elsevier, 341–371.

---

59 Sobre pruebas experimentales de *eyetracking* llevadas a cabo con otros tipos de estructuradores de la información en otros tipos de secuencias discursivas véase (Loureda Lamas et alii 2021).

Company, C. (2022): "Complementos circunstanciales en diacronía. Un germen natural en la creación de conectores y operadores discursivos". En Fuentes Rodríguez, C., Padilla Herrada, M. S., Pérez Béjar V. (Eds.): *El dinamismo del sistema lingüístico: Operadores y construcciones del español*. Sevilla: Universidad de Sevilla, 29–49.

Conklin, K., Pellicer-Sánchez, A., y Carrol, G. (2018): *Eye-Tracking A Guide for Applied Linguistics Research*. Cambridge: Cambridge University Press.

Domínguez García, N. (2010): "Los marcadores del discurso y los tipos textuales". En Loureda Lamas, Ó. y E. Acín-Villa (eds.): *Los estudios sobre marcadores del discurso en español, hoy*. Madrid: Arco Libros, 359–414.

Fuentes Rodríguez, C. (2009): *Diccionario de conectores y operadores del español*. Madrid: Arco Libros.

Fuentes Rodríguez, C. (2017): "Macrosintaxis y lingüística pragmática". *Círculo de lingüística aplicada a la comunicación*, 71, 5–34. https://doi.org/10.5209/CLAC.57301

Garcés Gómez, M. P. (1997): "Procedimientos de ordenación en los textos escritos". *Romanistisches Jahrbuch*, 48(1), 296–315.

Garcés Gómez, M. P. (2008): *La organización del discurso: Marcadores de ordenación y de reformulación*. Frankfurt-am-Main: Lingüística Iberoamericana.

Grice, Paul (1989): *Studies in the Way of Words*. Cambridge: Harvard University Press.

Holm, S. (1979): "A Simple Sequentially Rejective Multiple Test Procedure". *Scandinavian Journal of Statistics*, 6(2), 65–70.

Holmqvist, K., Nyström, M., Andersson, R., Dewhurst, R., Halszka, J., y van de Weijer, J. (2011): *Eye Tracking: A Comprehensive Guide to Methods and Measures*. Óxoford: Oxford University Press.

Jegerski, J. (2014): "Self-paced reading". En J. Jegerski & B. VanPatten (eds.), *Researchmethods in second language psycholinguistics*. Londres: Routledge, 20–49.

Just, M., y Carpenter, P. (1980): "A theory of reading: From eye fixations to comprehension". *Psychological Revies*, 87(4), 329–354. https://doi.org/10.1037/0033-295X.87.4.329

Keating, G., & Jegerski, J. (2015): "Experimental Designs in Sentence Processing Research. A Methodological Review and User's Guide". *Studies in Second Language Acquisition*, 37(1), 1–32.

Kintsch, W., y Rawson, K. (2005): "Comprehension". En Snowling, M. y Hulme, C (eds.), *The Science of Reading: A Handbook*. Óxoford: Blackwell, 209–226.

López García, Á. (1988): *La psicolingüística*. Madrid: Síntesis.

López Samaniego, A. (2006): "Los ordenadores del discurso enumerativos en la sentencia judicial: ¿estrategia u obstáculo?" *Revista de Llengua i Dret*, 45, 61–87.

López Serena, A. y Borreguero Zuloaga, M. (2010): "Los marcadores del discurso y la variación lengua hablada vs lengua escrita". En Loureda Lamas, Ó. y E. Acín-Villa (eds.): *Los estudios sobre marcadores del discurso en español, hoy*. Madrid: Arco Libros, 415–496.

Loureda Lamas, Ó., Recio, I., Cruz, A., & Nadal, L. (2020): Pragmática experimental. En Escandell, M. V., Amenós, J. Pons, y A. Ahern, (coords.), *Pragmática*. Madrid: AKAL, 358–383. https://doi.org/10.1017/9781108233279

Loureda Lamas, Ó., Cruz, A., Recio, I., y Rudka, M. (2021): *Comunicación, partículas discursivas y pragmática experimental*. Madrid: Arco Libros.

Martín Zorraquino, M. A. (2010): "Los marcadores del discurso y su morfología". En Loureda Lamas, Ó. y E. Acín-Villa (eds.): *Los estudios sobre marcadores del discurso en español, hoy*. Madrid: Arco Libros, 93–182.

Martín Zorraquino, M. A., y Portolés, J. (1999): "Los marcadores del discurso". En Bosque, I. y V. Demonte (eds.): *Gramática descriptiva de la lengua española*. Madrid: Espasa Calpe, 4051–4202.

Mederos, H. (1988): *Procedimientos de cohesión en el español actual*. Tenerife: Excmo. Cabildo Insular de Tenerife.

Montolío, E. (2006): *Formación en técnicas de comunicación escrita para ingenieros de informática. La enumeración*. https://www.academia.edu/25503511/2005_Formaci%C3%B3n_en_t%C3%A9cnicas_de_comunicaci%C3%B3n_escrita_a_ingenieros_de_inform%C3%A1tica

Montolío, E. (2014): *Manual de escritura académica*. Vol. I y II, Barcelona: Ariel Letras.

Nadal, L. (2019): *Lingüística experimental y contraargumentación: Un estudio del conector sin embargo en español*. Berlín: Peter Lang.

Pickering, M., Traxler, M., y Crocker, M. (2000): *Ambiguity Resolution in Sentence Processing: Evidence against Frequency-Based Accounts*. 43(3), 447–475. https://doi.org/10.1006/jmla.2000.2708

Pons, S. (2004): *Conceptos y aplicaciones de la Teoría de la Relevancia*. Madrid: Arco Libros.

Portolés, J. (1998): "Dos pares de marcadores del discurso: en cambio y por el contrario, en cualquier caso y en todo caso», en María Antonia Martín Zorraquino y Estrella Montolío Durán (coord.), Los marcadores del discurso. Teoría y análisis. Madrid: Arco Libros, 243-264".

Portolés, J. (1999): Los ordenadores del discurso y el lenguaje periodístico. En Garrico, Joaquín (ed.): *La lengua y los medios de comunicación*. Madrid: Universidad Complutense de Madrid, 160–169.

Portolés, J. (2010): "Los marcadores del discurso y la estructura informativa". En Loureda Lamas, Ó. y E. Acín-Villa (eds.): *Los estudios sobre marcadores del discurso en español, hoy*. Madrid: Arco Libros, 281–326.

Portolés, J. (2014): "Gramática, semántica y discurso en el estudio de los marcadores". Círculo de Lingüística Aplicada a la Comunicación, 62(2015), 203–231.

Core Team. (2022): *R Foundation for Statistical Computing*. https://www.R-project.org/

RAE/ASALE (2009): *Nueva gramática de la lengua españo*la. Madrid: Espasa Libros.

Rayner, K. (1998): "Eye Movements in Reading and Information Processing: 20 Years of Research". *Psychological Bulletin*, 124(3), 372–422. https://doi.org/10.1037/0033-2909.124.3.372

Rayner, K. (2009): "Eye movements and attention in reading, scene perception, and visual search". *The Quarterly Journal of Experimental Psychology*, 62(8), 1457–1506. https://doi.org/10.1080/17470210902816461

Reichle, E., Rayner, K., y Pollatsek, A. (2003): "The E-Z Reader model of eye-movement control in reading: Comparisons to other models". *Behavioral and Brain Sciences*, 26(4), 445–476. https://doi.org/10.1017/S0140525X03000104

Sainz, E. (2021): "El ordenador de cierre *por lo demás*: información no exhaustiva pero suficiente", en Sainz, E.: *El significado procedimental: construcciones seriales, marcadores del discurso*. Berlín: Peter Lang.

Sainz, E. (2022): "El ordenador de cierre *por lo demás*: significado procedimental y definición lexicográfica". En Fuentes Rodríguez, C., Padilla Herrada, M. S., Pérez Béjar V. (Ed.): *El dinamismo del sistema lingüístico: Operadores y construcciones del español*. Sevilla: Universidad de Sevilla, 29–49.

Scholman, M., Rohde, H., y Demberg, V. (2017): "*On the one hand* as a cue to anticipate upcoming discourse structure". *Journal of Memory and Language*, 97, 47–60. https://doi.org/10.1016/j.jml.2017.07.010

Tadros, A. (1994): "Predictive categories in expository text". En Coulthard, Marcolm (ed.): *Advances in Written Text Analysis*. Ámsterdam: Routledge, 69–82.

Van Dijk, T. (2003): *La ciencia del texto*. Barcelona: Paidós.

Van Kuppevelt, J. (1995a): "Discourse structure, topicality and questioning". *Journal of Linguistics*, 31, 109–147.

Van Kuppevelt, J. (1995b): "Main structure and side structure in discourse". *Linguistics* 33, 809–33.

Winter, B. (2020): *Statistics for Linguists: An Introduction Using R.* Ámsterdam: Routledge.

María Soledad Padilla Herrada

Las interferencias entre el adjetivo y el adverbio: el caso de *total* y *totalmente*

Resumen: En este trabajo de investigación nos proponemos poner en evidencia las interferencias entre las categorías adjetival y adverbial a partir del análisis macrosintáctico del par formado por total y totalmente. En primer lugar, describimos los diferentes valores de estas dos unidades en el español actual dentro y fuera del ámbito de la oración. A continuación, nos interesamos por las funciones discursivas que tiene en común, ligadas a la expresión de contenidos afirmativos, ya sea como complementos periféricos o como intervenciones reactivas.

Para realizar esta investigación, utilizamos el Corpus MEsA y los corpus académicos CREA y CORPES XXI. La metodología empleada es la Macrosintaxis de Fuentes Rodríguez (2013, 2017, 2019), desarrollada desde la Lingüística Pragmática (Fuentes Rodríguez 2017 [2000]).

Palabras clave: adverbio, adjetivo, macrosintaxis, operador discursivo

Abstract: In this research we intend to highlight the interference between the adjectival and adverbial categories from the macrosyntactic analysis of the pair formed by total and totalmente. First, we describe the different values of these two units in current Spanish inside and outside the scope of the sentence. Next, we delve into the discursive functions that they have in common, linked to the expression of affirmative contents, either as peripheral complements or as reactive interventions.

To carry out this research, we used the MEsA Corpus and the CREA and CORPES XXI academic corpora. The methodology used is the Macrosyntax of Fuentes Rodríguez (2013, 2017, 2019), developed from Pragmatic Linguistics (Fuentes Rodríguez, 2017 [2000]).

Key Words: adverb, adjective, macrosyntax, discursive operator

1 Introducción[60]

En diversas investigaciones recientes se ha puesto de manifiesto la gran productividad discursiva de las dos categorías gramaticales en las que nos centramos

---

60 Esta investigación se enmarca en el proyecto "Las relaciones en la construcción del discurso: un enfoque multidimensional" (PID2021-122115NB-I00).

110 María Soledad Padilla Herrada

en el presente trabajo: el adverbio (Garcés Gómez 2013; Cornillie 2015) y del adjetivo (Fuentes Rodríguez 2006; Rodríguez Espiñeira 2010; García Pérez 2019). A menudo, estas investigaciones se ocupan de exponer la relación existente entre estas dos categorías (Garcés Gómez 2002; Hummel 2013; Hummel y Valera 2017; Company Company 2017; Gerhalter 2020)[61].

Uno de los aspectos que pone en evidencia esta relación es la existencia de variantes de adjetivos y adverbios en *-mente*, como *preciso/precisamente, justo/ justamente, cabal/cabalmente*, analizados por Gerhalter (2020). En algunos casos, como observa Garcés Gómez (2002), estos pares de variantes pueden desempeñar funciones similares en el discurso, lo cual se debe, en muchos casos, a la gramaticalización de estos adverbios, de manera que adquieren la posibilidad de configurar enunciados reactivos de contenido modal (Fuentes Rodríguez 1994) y, concretamente, están ligados a la afirmación (Garcés Gómez 2014). Se comportan, por tanto, como los adverbios disjuntos clasificados por Greenbaum (1969).

En este trabajo de investigación nos proponemos poner en evidencia las interferencias entre las categorías adjetival y adverbial a partir del análisis macrosintáctico del par adjetivo-adverbio formado por *total* y *totalmente*. Para ello, realizaremos una descripción cualitativa de los diferentes valores de estas dos unidades en el español actual, tomando como referencia el discurso que se recoge en el *Corpus MEsA* y en los corpus académicos sincrónicos *CREA* y *CORPES XXI*. El marco teórico empleado es la Macrosintaxis de Fuentes Rodríguez (2013, 2017, 2019), desarrollado desde la Lingüística Pragmática (2000).

Además de la presente introducción, este trabajo se estructura como sigue: en primer lugar, brindamos una descripción general de nuestro marco teórico; a continuación, exponemos los fundamentos de básicos de la relación existente entre las categorías adverbial y adjetival; seguidamente, nos adentramos en el análisis de *total* y *totalmente*, contemplando su funcionamiento dentro y fuera del ámbito oracional y deteniéndonos en sus empleos comunes. Para finalizar, presentamos las conclusiones extraídas.

2 Marco teórico

En esta investigación, hemos tomado como referencia los principios teóricos de la Macrosintaxis (Fuentes Rodríguez 2013, 2017, 2019), implementada desde

---

61 La relación entre estas dos categorías gramaticales no es exclusiva de la lengua española. Como muestran Hummel y Valera (2017), se da en otras lenguas romances.

Las interferencias entre el adjetivo y el adverbio 111

la Lingüística Pragmática (Fuentes Rodríguez 2000). Dicho marco teórico nos permite profundizar en los límites del enunciado, teniendo en cuenta que el corpus analizado está constituido por muestras de discurso realizado.

Este modelo está desarrollado a partir de los progresos conseguidos en la lingüística europea por parte de autores que consideran que la sintaxis traspasa los límites de la oración, como Berrendoner (2002) o Blanche Benveniste (2002). Así, esta metodología integra los presupuestos de la gramática tradicional junto a las nuevas perspectivas de análisis surgidas desde el nacimiento de la pragmática, en las que se contempla el discurso como unidad de análisis lingüístico.

Fuentes Rodríguez (2013, 2017, 2019) parte de la microsintaxis, es decir, de la descripción tradicional de los componentes de la oración y, además, añade el nivel macrosintáctico, que contempla el examen de las unidades superiores a la oración que solo aparecen en el discurso real. La unidad básica de este análisis macrosintáctico es el *enunciado*, que se considera la unidad de comunicación mínima y se aplica tanto al discurso monologal como dialogal.

A partir de Fuentes Rodríguez (2013: 21), presentamos, a continuación, las unidades de este modelo teórico:

Tabla 1. Unidades de la micro y la macrosintaxis (Fuentes Rodríguez, 2013: 21)

Unidades de la microsintaxis	Unidades de la macrosintaxis
Oración	Texto
Sintagma	Secuencia
Palabra o lexía	Párrafo
Morfema	Intercambio (texto dialogal)
Sema- fonema	Intervención (texto dialogal)
	Enunciado

En la tabla 1, podemos ver que el conjunto de unidades de la microsintaxis está directamente vinculado al análisis sintáctico tradicional, que tiene como unidad máxima la oración. El análisis de dichas unidades en el discurso real nos traslada a las unidades superiores a la oración, contempladas por el nivel macrosintáctico. La separación de ambos niveles de análisis sirve, así, para dar cuenta de la existencia de una sintaxis que supera los límites oracionales.

Fuentes Rodríguez (2013, 2017, 2019) diferencia cuatro planos de la macroestructura textual: el enunciativo, el modal, el informativo y el argumentativo. Los dos primeros están vinculados a la figura del emisor, ya que tienen que ver con el control que tiene el hablante sobre su discurso (plano enunciativo) y con cómo imprime su actitud ante lo dicho en su mensaje (plano modal). Por su

112   María Soledad Padilla Herrada

parte, los planos informativo y argumentativo están relacionados con la figura del receptor, ya que el hablante tendrá en cuenta en el proceso de construcción del discurso la información que este ya sabe o desconoce, para destacar, en función de ello, unos contenidos determinados (plano informativo). A su vez, le proporcionará un conjunto de argumentos para guiarlo hacia una conclusión determinada (plano argumentativo).

Tomando como referencia estos presupuestos, en esta investigación defendemos la existencia de una sintaxis de las unidades superiores a la oración y la presencia de funciones y relaciones propias del nivel macroestructural, que dan lugar a construcciones específicas vinculadas a los cuatro planos de la macroestructura textual (Fuentes Rodríguez2018 [2009]).

3 Las relaciones entre el adverbio y el adjetivo

En las últimas décadas, varios autores han dado cuenta de la estrecha relación existente entre el adverbio y el adjetivo (Seco 1967; Carbonero Cano 1978; Hallebeek 1985; Álvarez Martínez 1986; De Hoyos Rodríguez 1993; Bosque 1989) y así se refleja también en las gramáticas del español (*vid.* Kovacci 1999; NGLE 2009). Estas relaciones se basan en que tanto los adjetivos como los adverbios "proyectan su contenido semántico sobre el segmento oracional al que modifican" (Gerhalter 2020: 12). Además, como se recoge en la NGLE (2009: 248) ambas categorías tienen la posibilidad de actuar como elementos predicativos y modificadores, de manera que admiten gradación, complementación y sufijación cualitativa.

El vínculo existente entre el adverbio y el adjetivo se hacen especialmente notable en los llamados *adverbios cortos o adjetivales*[62] o *adjetivos adverbializados*[63]. Estos adjetivos, que parecen ser más frecuentes en el español de América (NGLE 2009: 579) muestran un comportamiento distribucional y la inmovilización morfológica propia de los adverbios (*hablar claro, correr rápido*, etc.). A su vez, muchas locuciones adverbiales toman como núcleo bases adjetivales (González Montero 1993: 518).

Otro punto de conexión entre estas dos categorías gramaticales son los adverbios en *-mente*[64] que, en nuestra lengua y en otras lenguas romances, como el francés o el italiano, se crean a partir de bases adjetivales.

---

62 Así se denomina, por ejemplo, en Bosque (1989), Kovacci (1999) y en la *NGLE*, 2009.
63 Así los llaman, entre otros, Garcés Gómez (2002), Luján (1980) o Martín Zorraquino (1999).
64 Sobre los adverbios en -mente, véase Hummel (2013) y Company Company (2017), entre otros.

Las interferencias entre el adjetivo y el adverbio   113

Tradicionalmente, la característica que se toma como específica del adverbio frente al adjetivo es su invariabilidad morfológica. No obstante, la innegable conexión existente entre estas dos clases de palabras se pone en evidencia en el hecho de que hay autores que, actualmente, emplean términos comunes para abarcar las funciones realizadas por ambas categorías gramaticales. Así, Hummel (2012) utiliza la denominación *atributo* para hacer referencia a las funciones del adverbio y a las del adjetivo. Por su parte, Hummel y Valera (2017) utilizan la etiqueta de *modificadores* con el mismo fin.

A continuación, vamos a analizar en qué medida esta cercanía entre el adjetivo y el adverbio se observa en el par formado por *total* y *totalmente*, tomando como referencia los usos registrados en el español actual (*Corpus MEsA, CREA y CORPES XXI*). Para ello, describiremos los diferentes valores de estas dos unidades; en el caso de *total*, como adjetivo y conector y, en el caso de *totalmente*, como modificador verbal. Seguidamente, nos interesamos, por las funciones discursivas que tiene en común, ligadas a la expresión de la modalidad epistémica, ya sea como complementos periféricos o como intervenciones reactivas.

4 Funciones propias de *totalmente*

Si atendemos al tratamiento de *totalmente* en los repertorios lexicográficos, vemos que en el DLE (2014) se define como un adverbio que significa "del todo, enteramente". Por su parte, en los diccionarios especializados en marcadores discursivos encontramos información adicional que nos permite aproximarnos a sus posibilidades discursivas. Así, Santos Río (2003: 158) lo define como un adverbio de grado, por una parte, y como un adverbio aspectual, por otra. Por su parte, Fuentes Rodríguez (2018 [2009]: 350) en su repertorio de conectores y operadores del español incluye *totalmente* entre los operadores argumentativos y los operadores modales[65].

En el ámbito oracional, observamos un uso de *totalmente* en el que se evidencian los rasgos propios de los adverbios: la invariabilidad morfológica, la integración entonativa y sintáctica y la función de modificador verbal. En este caso, se incluye dentro del grupo de los adverbios cuantificadores (Bosque 1999), junto a otros como *completamente*. Dado que se trata de un adverbio de modo, sería semánticamente conmutable por una expresión del tipo "de manera total", ya que denota la completitud en la acción verbal expresada. Lo

---

65 *Totalmente* no se recoge en Briz, Pons y Portolés (2008).

114 María Soledad Padilla Herrada

vemos en los siguientes fragmentos, en los que *totalmente* aparece integrado entonativamente en el enunciado y en posición posverbal:

(1) Ahora el individuo gira *totalmente* la cabeza, hasta quedar cara a cara. Alarga el cuello y clava los ojos en la anciana. Durante unos minutos la observa atentamente, con gesto de desprecio. (Cristina Sánchez-Andrade: *Bueyes y rosas dormían*, 2001, *CORPES XXI*).

(2) Usuario 10 (no identificado): El que ha escrito este post no tiene ni idea, me temo. La trama no es lenta, simplemente no es como las repetidas hasta la saciedad series de EEUU. Personalmente, la combinación de la música de Nick Cave y White Stripes con la ambientación en Birmingham de 1920 me parece genial porque describe totalmente el estado de ánimo y los cambios de la trama, es que la música también se puede convertir en un agente narrador. Lo que realmente chirría es la comparación de una bien hecha serie inglesa con bodrios americanos. (Blog, Corpus MEsA)[66].

(3) Usuario 29 (mujer): Hola :) Yo desconocía *totalmente* al autor, pero desde que vi que se publicaba este título me ha atraído por algo en especial que no sé bien lo que es. Creo que me va a resultar una lectura interesante, un abrazo^^ (Blog, *Corpus MEsA*).

Como vemos en el siguiente ejemplo, este adverbio puede verse afectado por modificadores:

(4) Ahí empieza a suprimirse *casi totalmente* el primer tercio, que se lleva con él los quites, dejándonos ayunos incluso de aquellas chiquelinas impenitentes. (Santi Ortiz Trixac: *Lances que cambiaron la Fiesta*, 2001, *CORPES XXI*).

Por otra parte, también encontramos en nuestro corpus el uso de *totalmente* con la función de cuantificador absoluto, de forma que expresa la adecuación con la que se aplica una propiedad determinada (Bosque 1999: 229; NGLE 2009: 239). En estos casos, el adverbio sigue sin mostrar marginalidad sintáctica y aparece en posición antepuesta al elemento al que afecta. Así, actúa de un modo similar a otros operadores argumentativos como *completamente* o *absolutamente* (Fuentes Rodríguez 2018 [2009]):

(5) Usuario 27 (hombre): ¿El fracaso de los Peaky Blinders de Cillian Murphy? Es cierto que todo el mundo puede tener su opinión, y es *totalmente respetable*, pero me parece fatal que una persona con un blog en 20 minutos.es, (supuestamente entendido, aunque lo dudo bastante) critique una serie de esta manera tan inmerecida. […] (Blog, *Corpus MEsA*).

---

66 En este trabajo respetamos la ortografía original de los textos.

Las interferencias entre el adjetivo y el adverbio 115

(6) Precisamente, la Comisión comunicó ayer que el primer informe que la dirección de la empresa de telecomunicaciones le remitió para explicar las circunstancias del escándalo es «*totalmente incompleto e inadecuado*» y pidió nuevos datos contable y operativos. (*El Mundo*, 2002, *CORPES XXI*).

A diferencia de lo que sucedía en los ejemplos anteriores, en los fragmentos 5 y 6, *totalmente* no es conmutable por expresiones del tipo "de manera total", sino que exhibe un significado vinculado a la intensificación, de manera que cuantifica todo el contenido o indica cómo se atribuye dicho contenido al elemento base (Fuentes Rodríguez 2008: 14). Así, "el significado del adverbio afecta a la magnitud o la extensión en que la cualidad se predica" (Bosque 1999: 234) que, en este caso, hace referencia a la "adecuación o la justeza con la que se aplica una propiedad" (NGLE 2009: 240). En estos casos, *totalmente* actúa, siguiendo a Santos Río (2003: 158), como un adverbio aspectual y también puede presentar modificación:

(7) "Antonin Becvár y Josef Stankovský se encontraban en el tejado, caminando entre las estatuas. La tarea no era peligrosa, puesto que dichas estatuas se alzaban sobre una balaustrada y, además, la terraza no tenía inclinación alguna; era *casi totalmente* plana." (Blog, *Corpus MEsA*).

Con frecuencia, *totalmente* también actúa como modificador de la expresión *de acuerdo*. De hecho, Santos Río (2003) recoge *totalmente de acuerdo* en su diccionario de partículas y lo define como una "expresión reactiva semigramaticalizada de aprobación ponderativa". Observamos este uso en el siguiente ejemplo:

(8) Usuario 39 (hombre): *Totalmente de acuerdo* Ford es de los mejores, creo que está muy infravalorado, mereció el Oscar en más de una ocasión (Blog, *Corpus MEsA*).

5 Funciones propias de *total*

El DLE (2014) incluye dos acepciones de *total* que nos interesan: la primera, como adjetivo, que se define como "general, universal y que lo comprende todo en su especie"; la segunda, como adverbio, con el significado de "en suma, en resumen, en conclusión". Santos Río (2003: 663) recoge sus usos como adverbio reformulativo y como adverbio causal explicativo. Por su parte, Fuentes Rodríguez (2018 [2009]) da cuenta de sus empleos como conector conclusivo y justificativo y Briz, Pons y Portolés (2008) incluyen el tratamiento lexicográfico de *total* como una partícula con valor conclusivo, por una parte, y argumentativo, por otra.

En el corpus encontramos *total* como adjetivo, en cuyo caso es conmutable por un adjetivo como *completo/a*. En el siguiente fragmento aparece en posición

116 María Soledad Padilla Herrada

pospuesta en el sintagma nominal, con lo cual delimita la extensión del sustantivo al que modifica. De este modo, realiza una función de especificación del referente del nombre al que modifica (NGLE 2009: 238):

(9) Y cuando hablo de veracidad física, hablo de su completo, instintivo control de la escena, de su *complicidad total* con la cámara, de su naturalidad en los movimientos y en los gestos. Es un anti-método, es decir, un actor puro, alejado de esquemas y lugares comunes, sin rastro de teatralidad ni fingimiento. [...] (Blog, *Corpus MEsA*).

A su vez, también registramos usos de *total* como modificador de un sintagma nominal en posición antepuesta al núcleo, posición en la que se considera que atribuye al sustantivo una cualidad subjetivamente valorada (Gili Gaya 1943; Lapesa 1975), ya que aporta al receptor coordenadas desde las que interpretar el sustantivo (Fuentes Rodríguez 2006):

(10) Es difícil encuadrar este libro en un género literario concreto. "Manual para mujeres de la limpieza" no es un libro de cuentos al uso. Para Laura Freixas es "bastante inclasificable", con unos relatos que no son del todo autónomos porque en ellos se repiten argumentos, personajes, situaciones y escenarios. Tampoco llegan a formar un todo completamente armado. "Se encuentra en el límite entre la autobiografía y la autoficción", considera Laura Freixas. Del estilo de Lucia Berlin se desprende que "la autora escribe con *total libertad*, sin un plan determinado, lo que dota a sus cuentos de una gran autenticidad y riqueza" (Blog, *Corpus MEsA*).

También registramos en el corpus ejemplos en los que *total* funciona como atributo en oraciones copulativas caracterizadoras. Sin embargo, en este uso, más propio de la inmediatez comunicativa (Koch y Oesterreicher 1990 [2007]), el adjetivo no presenta el significado de completud que se recoge en el DLE (2014) y que vimos en los ejemplos anteriormente ofrecidos, sino que vehicula una evaluación, tal y como sucede en el siguiente ejemplo, en el que *total* expresa el grado máximo de una propiedad positiva implícita, por lo que no admite modificadores de grado (Bosque 1999). Así, en estos casos, podría ser conmutable por adjetivos elativos del tipo *genial*:

(11) Usuario 4 (mujer): Guau, muy muy guapa!!! Me encanta la falda, es *total*!!! Grecia es una pasada! Yo estuve en Rodas y Santorini y me enamoré por completo de las dos! (Blog, *Corpus MEsA*).

Su estatuto categorial como adjetivo se observa en su posibilidad de variación morfológica:

(12) Usuario 15 (mujer): Corpus MEsA 2.0 (2021) – Blogs digitales 279 | 1059 ¡Me encanta todo!!!! ¡Las zapas son totales!! ¡Un besazo Corona y camiseta con estrellas! (Blog, *Corpus MEsA*).

Las interferencias entre el adjetivo y el adverbio 117

Al igual que sucedía con *totalmente, total* también actúa como intensificador de adjetivos. En estos casos, aparece siempre en posición pospuesta al adjetivo al que complementa. Lo encontramos en el siguiente ejemplo en el que, como vemos, el enunciado del hablante M1 *cani total* podría conmutarse por *totalmente cani*, en cuyo caso el intensificador del adjetivo sería el adverbio en *-mente* en posición antepuesta:

(13) 16/05/2015 13:11:53: M1: Me han enseñado pablo el tatuaje
16/05/2015 13:11:54: M1: Diu
16/05/2015 13:12:00: M1: *Cani total* jajaja (WhatsApp, *Corpus MEsA*).

Un caso similar se da en el siguiente fragmento:

(14) ¡Hoy toca maniobras! Tú no hiciste la mili, ¿verdad papá? No, a mí me declararon *inútil total*, en la cómoda tengo un certificado que lo pone. (Oral, 1998, *CREA*).

Por otra parte, *total* presenta otras funciones ligadas a su estatuto como adverbio. Nos referimos a los casos en los que se emplea como conector discursivo en la macroestructura textual, en cuyo caso ya no presenta la posibilidad de variación morfológica de número propia del adjetivo y no se integra entonativamente en el enunciado.

En primer lugar, *total* actúa como conector conclusivo en los siguientes fragmentos, en los que supone el cierre de una serie explícita de argumentos que apuntan a una determinada conclusión (Fuentes Rodríguez 2018 [2009]):

(15) […] A lo que iba, la serie está bien y mola. Y es de pringaos comentar series describiéndolas y diciendo que por eso son malas (aunque eso me convierte en pringao a mi por dedicarte mi tiempo, pero me la sopla) *total*, ke ya me he cansado de escribir. Marica (Blog, *Corpus MEsA*).

(16) Usuario 6 (mujer): En verdad Alfonso que todas tus recetas están de "Rechupete", todas riquísimas, veo una y me digo ésta la voy a hacer, enseguida veo la siguiente y digo lo mismo, *total* que todas me gustan luego te digo con cual empiezo. Un fuerte abrazo. Elisa. (Blog, *Corpus MEsA*).

También registramos casos en los que *total* se emplea para marcar el fin de una digresión y retomar el hilo discursivo:

(17) Bueno, empezamos a, o sea, imagínate, estaba toda la carretera, toda la autopista esa, porque pasamos por cómo se llama este sitio de los vinos? No me suena porque tiene un nombre de no me acuerdo, ahora. No. No. Champagna no. bueno, no me acuerdo. Es que el sitio es la ciudad es famosa, pero es que ahora no me acuerdo. Pues no me acuerdo. Bueno, *total*, una autovía o autopista hacia París (entrevista oral, *CREA*).

Total también puede actuar como conector justificativo (Fuentes Rodríguez 2018 [2009]), en cuyo caso sirve para introducir un argumento reforzado que

118 María Soledad Padilla Herrada

justifica una conclusión (Briz, Pons y Portolés 2008) expresada anteriormente. En casos como este, Santos Río (2003) le atribuye un valor causal-explicativo. Lo vemos el siguiente ejemplo, en el que *total* introduce una estructura con *para*:

(18) Karlos.- Vamos trate de animarse, *total para cuatro días que va a vivir uno...* No hay que perder la esperanza. Fíjese en mí. Hace unas horas no era nadie, y ahora medio mundo daría lo que fuera por estar en mi lugar. (Susana Sánchez: «Zaturecky». Blanca Baltés [et al.]: *Teatro. Piezas breves*, 2001, *CORPES XXI*).

Por otra parte, hay un uso de *total* como conector que no se contempla en los repertorios lexicográficos y que hemos registrado en el corpus. Nos referimos a los casos en los que se utiliza con un valor continuativo dentro de la intervención de un mismo hablante. Lo hallamos en los siguientes fragmentos, en los que el hablante parece utilizar el conector para introducir las partes más relevantes de su narración, por lo que parece tener incidencia en el plano informativo (Fuentes Rodríguez 2000):

(19) 17/11/16, 11:34 – M3: Y el otro italiano se alteró y empezó a decirle a los eslovacos sabéis de donde vengo sicilia Sicilia sabes lo que significa eso.. mafia mafia [...]
17/11/16, 11:34 – M3: Y de repente uno de los de atrás le suelta un puñetazo en la cara a [mención a otro usuario]
[...]
17/11/16, 11:34 – M3: *Total* que peleándose en la puerta de Río el otro en el suelo y cuatro eslovacos dándole patadas
17/11/16, 11:35 – M3: Fui a llamar a los de Río para que separaran
17/11/16, 11:35 – M3: Medio separaron y me lleve a uno y luego a otro (WhatsApp, *Corpus MEsA*).

(20) El fin de semana pasado, le dije a Andrés: "¿Por qué no vamos y por lo menos" bueno, *total*, que llegamos allí, estaba así de gente el sábado por la mañana, que además me parece que tú nos dijiste: "No vayáis un sábado" ¿no? No sé, nosotros cuando fuimos a ver estaba llenísimo de gente. (oral, 1991, *CREA*).

6 *Total* y *totalmente*. Funciones comunes

Como vamos a mostrar a continuación, más allá del ámbito oracional, existe una correspondencia semántica y funcional entre *total* y *totalmente*, tanto cuando aparecen en la intervención de un mismo hablante como complementos periféricos, como cuando ocupan el hueco funcional de un operador modal en intervención reactiva.

6.1 *Total* y *totalmente* como complementos periféricos

Tanto *total* como *totalmente* pueden actuar en el plano de la macroestructura textual como complementos periféricos (Fuentes Rodríguez 2007), externos al

Las interferencias entre el adjetivo y el adverbio   119

contenido proposicional, del que están separados por pausas. En cuanto a sus propiedades distribucionales, se sitúan en los márgenes del enunciado y disfrutan de independencia sintáctica y entonativa. Aunque creemos que pueden aparecer en otra posición, en el corpus, se registra tanto *total* como *totalmente*, sobre todo, en el margen derecho del enunciado, afectando a lo dicho anteriormente y presentando, por tanto, un valor anafórico.

En estos casos, estas dos unidades presentan un valor similar vinculado al plano modal y enunciativo, ya que, a través de su uso el hablante expresa su compromiso con lo dicho anteriormente por él mismo y su seguridad frente a la información proporcionada. Ocupan, por tanto, el hueco funcional de un operador de modalidad epistémica que, al mismo tiempo, tiene como consecuencia un efecto de ponderación de lo dicho:

(21) -nada / ustedes [...] son los que más daño nos han hecho a los autónomos // *totalmente* / y son tan demagogos que fíjese si son ustedes demagogos / que dicen que Felipe González fue un estadista (Oral, 2002, *CORPES XXI*).

(22) -¿Era posible llevarse bien con Jesús Gil? O, al revés, ¿era posible llevarse mal con Jesús Gil?
-Era una montaña rusa, *total*. A mí me llegó a echar del palco (Pereda, Marcos: «José Ramón de la Morena: «La radio es el medio más puro, más rápido, más de verdad. Todo lo demás se puede maquillar»», 2022, *CORPES XXI*).

Como vemos, en estos casos, *total* y *totalmente* son conmutables desde un punto de vista funcional y no se comportan como núcleos de un sintagma adverbial o adjetival, sino que adquieren una distribución sintáctica y una función en el discurso propia de los operadores discursivos (Fuentes Rodríguez 2003). Así las cosas, creemos que, frente a *totalmente*, *total* es más propio de una situación de inmediatez comunicativa (Koch y Oesterreicher 1990 [2007]), teniendo en cuenta que, como ya han señalado varios autores (Fuentes Rodríguez y Alcaide Lara 1996: 74; Martín Zorraquino 1999: 50; Hummel 2012: 303) los correlatos adverbiales son más propios de un registro más culto.

6.2 *Total* y *totalmente* **como intervenciones reactivas**

Total y *totalmente* constituyen enunciados reactivos independientes de contenido modal. En estos casos ambos expresan confirmación y acuerdo respecto a la intervención iniciativa precedente. Por tanto, disfrutan de autonomía sintáctica y entonativa. Actúan, así, como los operadores discursivos del español, inventariados en los repertorios lexicográficos (Fuentes Rodríguez 2018 [2009]) y ocupan el hueco funcional del operador de afirmación *sí*. Frente a este, *total* y *totalmente* configuran una respuesta afirmativa intensificada.

120   María Soledad Padilla Herrada

Estas expresiones actúan como formas de acuerdo cuando configuran el segundo miembro de un par adyacente en el que la intervención iniciativa está ocupada por un enunciado o enunciados de carácter asertivo, de manera que el hablante, al utilizar *total* o *totalmente* en intervención reactiva, manifiesta compartir el mismo punto de vista que su interlocutor. Lo vemos en los siguientes ejemplos:

(23) 2015/08/06, 19:41 – H6: Dios mío, mis brutales ronquidos de futuro síndrome de apnea del sueño.
      2015/08/06, 19:42 – H6: El estar dormido y despertarme como si nada es muy yo.
      2015/08/06, 19:44 – H3: ☺
      2015/08/06, 20:19 – H2: XD
      2015/08/06, 20:19 – H2: *Total* (WhatsApp, *Corpus MEsA*).
(24) 11/09/2017 21:54:20: M1: Pero cuesta ida y vuelta casi 300€
      11/09/2017 21:54:25: M1: Es la cosa
      11/09/2017 21:54:27: H1: Uf
      11/09/2017 21:54:48: H1: Bueno este mes se come menos y ya esta >.<
      11/09/2017 21:55:20: M1: Jaja, *total* (WhatsApp, *Corpus MEsA*).
(25) 5/3/2016, 11:09 – M2: Que voz de pito tiene
      5/3/2016, 11:10 – M1: Jajajajaja
      5/3/2016, 11:10 – M1: *Totalmente* (WhatsApp, *Corpus MEsA*).
(26) -Usuario 3 (no identificado): En España se hablan varias lenguas (catalán, valenciano, gallego, etc.) Por eso, creo que lo correcto es llamar castellano a lo que hablamos en Madrid. Mi modesta opinión.
      -Usuario 4 (no identificado): *Totalmente*, como ha dicho Usuario 3 castellano se utiliza para diferenciarlo de otras lenguas españolas (catalán, euskera y gallego). (Foros, *Corpus MEsA*).

En los cuatro fragmentos anteriores, tanto *total* como *totalmente* ocupan el hueco funcional de un operador de afirmación. En todos los casos, se utilizan tras intervenciones iniciativas en las que el interlocutor expone su opinión o juicio, que el hablante apoya voluntariamente a través de una de estas dos unidades.

Estas expresiones también se utilizan como respuestas confirmativas, de manera que las encontramos en intervenciones reactivas para ratificar la hipótesis expresada por el interlocutor en la intervención de inicio. Suelen aparecer, así, tras intervenciones iniciativas en las que hay una pregunta confirmativa (como en 27) o un enunciado interrogativo orientado (como en 28). Este tipo de enunciados no constituyen *preguntas reales* (Escandell Vidal 1999) en las que se solicita una determinada información al interlocutor, sino que se usan como peticiones de corroboración de la información consabida y expresada por el interlocutor en la intervención anterior. Lo vemos en los siguientes ejemplos:

Las interferencias entre el adjetivo y el adverbio   121

(27) 2015/07/14, 19:23 – M1: Yo soy la exotica a q si H2?
     [...]
     2015/07/14, 20:48 – H2: *Total* cari (WhatsApp, Corpus MEsA).
(28) -¿ES VERDAD QUE PEDRO RUIZ INVENTÓ "LA MOVIOLA"?
     -*Totalmente*. Poca gente se acuerda ya, pero Pedro Ruiz, además de haber jugado
     al fútbol en los juveniles del Barça, estuvo también ligado en los años 70 a uno de
     los grandes inventos de un programa deportivo ya mítivo, "Estudio Estadio" [...]
     (Javier Pérez de Silva, Pedro Jiménez Hervás: La televisión contada con sencillez,
     2002, *CORPES XXI*).

En el caso de *totalmente*[67], también se registra en el corpus como respuesta a
un enunciado interrogativo total, de manera que constituye una respuesta afirmativa categórica propia del operador de afirmación *sí*. Sucede en fragmentos
como el siguiente:

(29) Dice Fernando Martín Iniesta que algunos de los problemas de los jóvenes direc-
     tores es la falta de conciencia social y de tradición. ¿Estás de acuerdo?
     -*Totalmente*. Pero también quiero romper una lanza por estos directores jóvenes
     entre los que me incluyo, diciendo que no es que no tengamos conciencia social,
     sino que no podemos mostrarla muy a menudo sin ser condenados al ostracismo
     más absoluto («José Manuel Serrano Cueto». La Ratonera, 2002, *CORPES XXI*).

Tanto *total* como *totalmente* aparecen junto con operadores modales como *sí*,
claro, etc. Dicha coaparición nos muestra que manifiestan un contenido modal
similar. Sin embargo, nuestras formas expresan un contenido modal más inten-
sificado:

(30) [...]
     -es que en mis tiempos de fumadora / la cosa no era tan estricta ni mucho menos
     -*total* / *claro* (Oral, 2007, *CORPES XXI*).
(31) 2015/10/18, 23:55 – H6: Muy flojito el Iglesias frente al Rivera, ¿No, H2?
     2015/10/19, 00:19 – H2: si *totalmente* (WhatsApp, *Corpus MEsA*).

Como hemos visto en los fragmentos anteriores, *total* y *totalmente* presentan un
comportamiento funcional y distribucional propio de los operadores de modalidad epistémica inventariados en los repertorios lexicográficos (Briz, Pons y
Portolés 2008; Fuentes Rodríguez 2018 [2009]; Santos Río 2003) y en las gramáticas del español (Bosque y Demonte 1999; NGLE, 2009), como *por supuesto*,
desde luego, *claro*, etc. Al igual que estos, *total* y *totalmente* actúan en el plano

---

67 Aunque no hemos registrado el uso de *total* como respuesta afirmativa categórica,
   creemos que, al igual que *totalmente*, podría realizar esta misma función, teniendo
   en cuenta que el uso de *total* es más propio de un registro informal.

modal y enunciativo y disfrutan de independencia entonativa y sintáctica, de manera que pueden ocupar por sí solos una intervención reactiva.

Sin embargo, hay un aspecto que distingue a *total* y *totalmente* de estos operadores, y es que no pueden introducir enunciados a través de la conjunción *que*, posibilidad que sí se da en los operadores de modalidad epistémica. La posibilidad de introducir dicha estructura se da en las expresiones *modalizadoras*, en términos de Fuentes Rodríguez y Alcaide Lara (1996: 21), pero no es compatible con los elementos *formuladores*, relacionados con contenidos como la certeza.

7 Conclusiones

La investigación realizada nos ha permitido analizar las funciones de *total* y *totalmente* dentro y fuera del ámbito oracional y constatar, así, que las fronteras entre las categorías gramaticales del adverbio y el adjetivo no siempre son nítidas, como muchos investigadores ya han observado (Seco 1967; Hallebeek 1985; Bosque 1989; NGLE 2009, etc.).

Con respecto a las funciones específicas de *totalmente*, hemos documentado en nuestro corpus su empleo como modificador verbal y como parte de la expresión *totalmente de acuerdo*, recogida por Santos Río (2003).

En el caso de *total* hemos registrado sus usos como adjetivo calificativo, tanto en posición antepuesta como pospuesta respecto al núcleo al que complementa, y como atributo en oraciones copulativas caracterizadoras. Fuera del ámbito oracional también hemos registrado sus usos como conector. Además de sus empleos como conector con valor conclusivo y reformulativo, hemos detectado un uso continuativo que sirve al hablante para destacar informativamente la parte más relevante de su intervención. Parece un uso propio de intervenciones ocupadas por secuencias narrativas (Fuentes Rodríguez 2000).

Tanto *total* como *totalmente* actúan como intensificadores de adjetivos. Sin embargo, en este contexto no son intercambiables, ya que el adjetivo *total* mantiene su propiedad de variación morfológica de número y aparece en posición pospuesta al adjetivo al que intensifica; mientras que *totalmente*, además de presentar la invariabilidad morfológica propia de los adverbios, aparece en posición antepuesta al adjetivo al que complementa.

Las funciones comunes realizadas por *total* y *totalmente*, y en las que estas unidades son funcionalmente conmutables, se circunscriben al ámbito de la macroestructura textual: ambas actúan como complementos periféricos en la intervención de un mismo hablante y como intervenciones reactivas con valor modal en el discurso dialogal, en cuyo caso pueden constituir respuestas

Las interferencias entre el adjetivo y el adverbio

afirmativas categóricas o expresar acuerdo o confirmación, en función de si constituyen el segundo miembro de un par adyacente cuya intervención iniciativa está ocupada por una aserción o una pregunta confirmativa.

En estos contextos, tanto como complementos periféricos como en su empleo como intervenciones reactivas, *total* y *totalmente* son funcional y distribucionalmente equivalentes, de manera que ambas unidades están ligadas a la modalidad epistémica y sirven para manifestar el compromiso del hablante con lo dicho. De este modo, al igual que sucede con pares como *exacto* y *exactamente* (Muniz Da Cuhna Moreno 2000: 626), estas dos unidades actúan como refuerzo de una profase. En el caso de *total* y *totalmente*, se registran en el margen derecho del enunciado, por lo que tienen una función anafórica.

En intervención reactiva, expresan acuerdo y confirmación de manera intensificada y pueden coaparecer junto a otros operadores de modalidad epistémica descritos en la bibliografía y gramáticas del español, tales como *claro*, por *supuesto*, etc., lo cual muestra que, en estos contextos, *total* y *totalmente* expresan un contenido modal similar.

Consideramos que la diferencia entre ambas unidades está vinculada a su marcación diafásica, ya que la forma *total* parece más ligada a una situación de inmediatez comunicativa, mientras que *totalmente* es más propia de un discurso con un mayor grado de formalidad (Fuentes Rodríguez y Alcaide Lara 1996; Martín Zorraquino 1999 y Hummel 2012). Con todo, el uso de ambas unidades se registra en el *Corpus MEsA*, donde se recoge un discurso que cuenta con muchos rasgos propios de la inmediatez comunicativa (Koch y Oesterreicher 1990 [2007]), tales como la escasa planificación o la relación de familiaridad entre los interlocutores, entre otros.

Téngase en cuenta que esta investigación también nos ha permitido observar la productividad del marco teórico de la Macrosintaxis (Fuentes Rodríguez 2013, 2017, 2019) para analizar el comportamiento de determinadas unidades atendiendo a su uso real, de manera que podamos contemplar sus funciones dentro y fuera del ámbito de la oración. Así, en esta ocasión, nos ha permitido seguir indagando en las posibilidades discursivas del adverbio y del adjetivo, aspectos en los que los lingüistas aún tenemos mucho por investigar.

Referencias bibliográficas

Álvarez Martínez. M. A. (1986): "Sustantivo, adjetivo y adverbio: caracterización funcional", *Verba*, 13, 143–162.

Berrendonner, A. (2002): "Les deux syntaxes". *Verbum XXIV* (1–2), 23–36.

Blanche-Benveniste, C. (2002): "Macro-syntaxe et macro-syntaxe: les dispositifs de la rection verbale". En: Andersen, H.L. y Nølke, H. (eds). *Macrosyntaxe et micro-sémantique: actes du colloque international d'Arhus, 17–19 mai 2001*. Berne: Peter Lang, 95–118.

Bosque, I. (1989): *Las categorías gramaticales. Relaciones y diferencias*. Madrid: Síntesis.

Bosque, I. (1999): "El sintagma adjetival. Modificadores y complementos del adjetivo. Adjetivo y participio". En: Demonte, V. y Bosque, I. (dirs.) *Gramática descriptiva de la lengua española*. Madrid: Espasa, 217–310.

Briz, A., Pons, S. y J. Portolés (coords.) (2008): *Diccionario de partículas discursivas del español*. En línea, www.dpde.es.

Carbonero Cano, P. (1978): "Criterios para una caracterización de los adverbios" *R.S.E.L*, 8 (1), 169–197.

Company Company, C. (2017). "Adverbial adjectives and -mente adverbs face to face. Diachronic evidence from Spanish". En: Hummel, M. y Valera, S. (eds). *The adjective adverb interface in Romance*. Ámsterdam: John Benjamins, 257–286.

Cornillie, B. (2015): "Más allá de la epistemicidad: Las funciones discursivas de los adverbios epistémicos y evidenciales en el español conversacional". *Spanish in Context*, 12 (1), 120–139.

De Hoyos Rodríguez, M. (1993): "Un aspecto de la relación entre adjetivo y adverbio: adverbios cortos y locuciones adverbiales. Implicaciones didácticas". *Didáctica*, 5, 115–145.

Escandell Vidal, M. V. (1999): "Los enunciados interrogativos. Aspectos semántico y pragmático". En: Demonte, V. y Bosque, I. (dirs.). *Gramática descriptiva de la lengua española*. Madrid: Espasa, 3929–3992.

Fuentes Rodríguez, C. (1994): "Los Adverbios en el Entorno Pregunta-Respuesta". *Anuario de Lingüística Hispánica*, 10, 131–161.

Fuentes Rodríguez, C. (2000): *Lingüística Pragmática y Análisis del discurso*. Madrid: Arco Libros.

Fuentes Rodríguez, C. (2003): "Operador/Conector, un Criterio para la Sintaxis Discursiva". *Revista de Filología Hispánica (RILCE)*, 19 (1), 61–85.

Fuentes Rodríguez, C. (2006): "Un acercamiento pragmático a la posición del adjetivo". En: Casado Velarde, M. *et alii* (eds). *Análisis del discurso: lengua, cultura, valores*. Madrid: Arco Libros, 1293–1309.

Fuentes Rodríguez, C. (2007): *Sintaxis del enunciado: los complementos periféricos*. Madrid: Arco Libros.

Fuentes Rodríguez, C. (2008): "Operadores de intensificación del adjetivo: cantidad y evaluación", *Revista de filología hispánica (RILCE)*, 24 (1), 1–24.

Las interferencias entre el adjetivo y el adverbio 125

Fuentes Rodríguez, C. (2013): "La gramática discursiva: niveles, unidades y planos de análisis". *Cuadernos AISPI*, 2, 15–36.

Fuentes Rodríguez, C. (2017): "Macrosintaxis y lingüística pragmática". *Círculo De Lingüística Aplicada a La Comunicación*, 71, 5–34.

Fuentes Rodríguez, C. (2018 [2009]): *Diccionario de conectores y operadores del español*, 2ª ed. Madrid: Arco Libros.

Fuentes Rodríguez, C. (2019): "Categorías discursivas y segmentación en macrosintaxis". En: Fuentes Rodríguez, C. y Gutiérrez Ordóñez, S. (eds.). *Avances en Macrosintaxis*. Madrid: Arco Libros, 15–65.

Fuentes Rodríguez, C. y Alcaide Lara, E. (1996): *La expresión de la modalidad en el habla de Sevilla*. Sevilla: Servicio de Publicaciones del Ayuntamiento de Sevilla.

Garcés Gómez, M. P. (2002): "Adjetivos adverbializados y adverbios en -*mente*: relaciones y diferencias". En: Casas Gómez, M., Tadea Díaz Hormigo, M. y Muñoz Núñez, M. D. (eds.). *IV Congreso de Lingüística General*. Cádiz: Servicio de publicaciones de la Universidad de Cádiz, 1153–1166.

Garcés Gómez, M. P. (ed.). (2013): *Los adverbios con función discursiva. Procesos de formación y evolución*. Madrid/Frankfurt: Iberoamericana/Vervuert.

Garcés Gómez, M. P. (2014): "Gramaticalización y tradiciones discursivas: el proceso de creación de los marcadores de confirmación". *Revue Romane*, 49 (2), 264–292.

García Pérez, J. (2019): "Hacia una macrosintaxis del adjetivo calificativo". *Estudios de Lingüística de la Universidad de Alicante (ELUA)*, VI. Número especial: *Macrosintaxis en construcción*, 91–109.

Gerhalter, K. (2020): *Paradigmas y polifuncionalidad. Estudio diacrónico de «preciso»/«precisamente», «justo»/«justamente», «exacto»/«exactamente» y «cabal»/«cabalmente»*. Publicación en acceso abierto en www.degruyter.com.

Gili Gaya, S. (1943): *Curso superior de sintaxis española*. México: Minerva.

González Montero, J. A. (1993): "Interferencias entre el adjetivo y el adverbio de la gramática tradicional. Posibles soluciones". En: Rodríguez López-Vázquez A. (ed.). *Simposio Didáctica de Lenguas y Culturas*, 517–525.

Greenbaum, S. (1969): *Studies in English adverbial usage*. London: Longmans.

Hallebeek, J. (1985): "El adverbio, Bosquejo de una morfosintaxis del elemento adverbial en español". *Dicenda*, 4, 35–51.

Hummel, M. (2012): *Polifuncionalidad, polisemia y estrategia retórica. Los signos discursivos con base atributiva entre oralidad y escritura*. Berlin/Boston: De Gruyter.

Hummel, M. (2013): "La dimensión intercultural de la expansión diacrónica de los adverbios en –mente". En: Garcés Gómez, M. P. (ed.). *Los adverbios con función 34 discursiva. Procesos de formación y evolución.* Madrid y Frankfurt: Iberoamericana / Vervuert, 15–41.

Hummel, M. y Valera, S. (2017) (eds.): *Adjective Adverb Interfaces in Romance.* Philadelphia: John Benjamins.

Koch, P., y Oesterreicher, W. (1990 [2007]): *Lengua hablada en la Romania: español, francés, italiano.* Madrid: Gredos. Traducción de Araceli López Serena.

Kovacci, O. (1999): "El adverbio". En: Demonte, V. y Bosque, I. (dirs.). *Gramática descriptiva de la lengua española.* Madrid: Espasa, 705–786.

Lapesa, R. (1975): "La colocación del calificativo atributivo en español". En Homenaje a la memoria de Don Antonio Rodríguez Moñino: 1910–1975. Madrid: Castalia, 329–346.

Luján, M. (1980): *Sintaxis y semántica del adjetivo.* Madrid: Cátedra

Martín Zorraquino, M. A. (1999): "Aspectos de la gramática y de la pragmática de las partículas de modalidad en español actual". En: Losada Aldrey, M.C., Márquez Caneda, J.F. y Jiménez Juliá, T.E. (coords). *Español como lengua extranjera, enfoque comunicativo y gramática: actas del IX congreso internacional de ASELE.* Santiago de Compostela: Universidad de Santiago de Compostela, 25–56.

Muniz da Cunha Moreno, A. L. (2000): "Algunas señales discursivas de acuerdo "exacto, exactamente, así es, efectivamente"". En: de Bustos Tovar, J.J. (coord.). *Lengua, discurso, texto: I simposio internacional de análisis del discurso.* Madrid: Visor, 621–632.

Real Academia Española (2014): *Diccionario de la lengua española,* 23.ª ed., [versión 23.4 en línea]. https://dle.rae.es.

Real Academia Española (2009): *Nueva Gramática de la Lengua Española (NGLE).* Madrid: Espasa.

Rodríguez Espiñeira, M. J. (coord.). *Adjetivos en discurso: emociones, certezas, posibilidades y evidencias.* Santiago de Compostela: Servicios de Publicaciones de la Universidad de Santiago de Compostela.

Santos Río, L. (2003): *Diccionario de partículas.* Salamanca: Luso-Española de ediciones.

Seco, R. (1967): *Manual de gramática española,* Madrid: Aguilar.

Ariana Suárez Hernández

Modalidad deóntica: un acercamiento a los adverbios con terminación en -*mente* desde una perspectiva diacrónica

Resumen: El propósito fundamental de este trabajo es hacer un estudio sobre la modalidad deóntica a través de una serie de adverbios con terminación en -*mente* que pertenecen a la subcategoría de directivos. Nuestro objetivo es conocer su evolución y describir el proceso de cambio que han experimentado, partiendo de la hipótesis de que se trata de un proceso de gramaticalización mediante subjetivización. Detallaremos también sus características sintácticas, semánticas y pragmáticas, a fin de comprobar si han desarrollado funciones discursivas. Como consecuencia de esta investigación, podremos detallar, con una perspectiva diacrónica, las características y el funcionamiento de los adverbios *necesariamente, obligatoriamente, irremediablemente, imperiosamente, ineludiblemente* e *indefectiblemente*.

Palabras clave: adverbio, modalidad deóntica, gramaticalización, subjetivización, diacronía

Abstract: The main purpose of this work is to make an approach to the deontic modality through a series of adverbs ending in -*mente* that belong to the subcategory of directives. Our objective is to know their evolution and describe the process of change they have experienced, based on the hypothesis that it is a process of grammaticalization through subjectivization. We will also describe their syntactic, semantic and pragmatic characteristics, in order to discover if they have developed discursive functions. As a consequence of this investigation, we will be able to explain, with a diachronic perspective, the characteristics and function of the adverbs *necesariamente, obligatoriamente, irremediablemente, imperiosamente, ineludiblemente* and *indefectiblemente*.

Keywords: adverb, deontic modality, grammaticalization, subjectivization, diachrony

1 Introducción

Los adverbios con terminación en -*mente* que forman parte del grupo de directivos se utilizan para expresar una condición externa o una imposición de obligado cumplimiento. El hablante se desliga de la responsabilidad sobre la acción descrita y apela a su carácter irremediable: pertenecen, por lo tanto, a la modalidad deóntica. En este trabajo vamos a analizar seis de esos adverbios, a saber: *necesariamente, obligatoriamente, irremediablemente, imperiosamente, ineludiblemente* e *indefectiblemente*. La hipótesis de la que partimos es que estos elementos presentarán una evolución que no será necesariamente lineal, desde sus primeros registros hasta la actualidad, momento en el que, previsiblemente, habrán desarrollado una función discursiva. Nos proponemos analizar si en la evolución de estos adverbios interviene el proceso de gramaticalización o si es un proceso de pragmaticalización el que está detrás del cambio semántico (Traugott y Dasher 2002), que tiene lugar a través de un proceso de subjetivización: "la formación y evolución de una gran parte de los marcadores discursivos viene motivada por un proceso de cambio semántico originado en las situaciones concretas de uso en que se emplean las unidades o construcciones cuyo significado se modifica" (Garcés Gómez 2014: 22). Nos interesa hacer una descripción diacrónica de las distintas etapas por las que han pasado estos elementos, además de establecer en qué estadio se encuentran en la actualidad y si el desarrollo de nuevas funciones discursivas implica la desaparición de los valores semánticos originales o si, por el contrario, se produce una convivencia de estos.

En definitiva, con este estudio buscamos responder a las siguientes preguntas: ¿cómo tiene lugar el proceso de cambio semántico? ¿los elementos analizados desarrollan funciones discursivas? ¿qué evolución puede trazarse en las distintas etapas evolutivas? ¿funcionan todos los adverbios por igual, o alguno de ellos no desarrolla el esperado valor discursivo?

2 Marco teórico y metodológico

A continuación, estableceremos el marco teórico y metodológico que sentará las bases de nuestro estudio, a fin de presentar un breve estado de la cuestión sobre los adverbios con terminación en -*mente*, así como sobre los procesos de cambio que tienen lugar en la creación y evolución de los adverbios que analizamos aquí.

2.1 Adverbios con terminación en -*mente*

El origen de los adverbios con terminación en -*mente* se encuentra en el ablativo latino del sustantivo *mens, mentis* (Alcina y Blecua 1975: § 4.9.1). Para su creación resulta necesaria la existencia previa de la forma adjetival correspondiente (Mayoral 1982). Estos adverbios suelen estar limitados en la oralidad, que no descartados, pero es en la escritura, y especialmente en la literatura, donde encuentran su lugar: "la gramaticalización de los adverbios en -*mente*

Modalidad deóntica: los adverbios con terminación en -*mente*   129

está asociada a la lengua literaria, donde permanece con plena productividad léxica y de uso hasta la fecha" (Company Company 2012: 23). Este tipo de adverbios ha sido considerado desde tres perspectivas: como compuestos (Alonso y Henríquez Ureña 1964; Seco 1972, Zagona 1990); como sintagmas, debido a su origen en el sustantivo latino *mens* (Alcina y Blecua 1975, Bello 1988); y como derivados por sufijación, entendiendo -*mente* como un sufijo derivativo fosilizado (Alarcos Llorach 1970, Egea 1979, Karlsson 1981, Rodríguez Ramalle 2003). Esta última perspectiva es la que compartimos en este trabajo, pues a nuestro juicio parece claro que el segmento -*mente* se ha comportado como un sufijo, ya fosilizado, que ha formado nuevos derivados a partir de un adjetivo preexistente; no obstante, esta postura también ha recibido críticas, como la de Gregores (1960) que ofrecía una serie de características estructurales que explicarían por qué no puede tratarse de un fenómeno derivativo[68].

En cuanto a la clasificación que reciben, "los adverbios en -*mente* se suelen dividir en una clasificación bipartita amplia, con nomenclaturas diversas, que atiende tanto a la función como al significado cuanto al lugar de aparición del adverbio en su oración o tramo discursivo: adverbios del enunciado vs. adverbios de la enunciación" (Company Company 2014: 465). Esta nomenclatura se corresponde también con la más sencilla "adverbios de manera" y "adverbios de modo", respectivamente: los primeros operan como modificadores del texto o enunciado; los segundos operan en el nivel de la enunciación realizada por el hablante (ibidem)[69]. Los seis adverbios analizados en este trabajo pertenecen a la categoría de adverbios de modo.

---

68 Gregores (1960) señala, por ejemplo, que, de tratarse de un sufijo derivativo, podría unirse también a bases femeninas adjetivas o que, mientras que los sufijos son inseparables, -*mente* sí puede separarse de su base. En su opinión, la opción más plausible es que se trate de frases adverbiales sustantivas (Gregores 1960).

69 Tal y como señala Company Company (2014), en el estudio de los adverbios en -*mente* existen cinco problemas: el estatus morfológico de -*mente*; las categorías modificadas por estos adverbios; el alcance o ámbito de la modificación; la polisemia de estas formas y sus muchos significados modales y la flexibilidad funcional de este tipo de adverbios; el problema principal, a juicio de Company Company es "a qué categoría o clase de palabra pertenecen y si es posible aportar una definición única o, al menos, unificadora para todas las voces que integran la clase" (Company Company 2014: 473).

2.2 Modalidad

La modalidad deóntica es uno de los subtipos en los que puede dividirse la modalidad -concepto amplio, más allá de la expresión de duda, que "tiene que ver con la cognición" (Espinosa Elorza 2014: 1065)-. Las clasificaciones que se han hecho son diversas: Palmer (2001: 86) manifiesta que "epistemic modality is concerned solely with the speaker's attitude to the truth value or factual status of the proposition, whereas deontic and dynamic modality refer to events thar are not actualized, events that have not taken place but are merely potential"; Lyons (1977) hacía una distinción simple entre modalidad epistémica y modalidad deóntica; Martín Zorraquino y Portolés (1999) hablan también de esta distinción simple entre modalidad epistémica y modalidad deóntica, en consonancia con lo que propone asimismo Benveniste (1974); Cornillie (2009) incluye también la modalidad evidencial junto con la modalidad epistémica; Gutiérrez Ordóñez (1997) distingue tres tipos de modalidad: epistémica, axiológica y emotiva; Rodríguez Ramalle (2003) establece una distinción entre modalidad epistémica, factivos o evaluativos, modalidad deóntica y modalidad evidencial; Espinosa Elorza (2014: 1066) opta por clasificar los adverbios de modalidad en cuatro tipos: epistémicos (indicadores o reforzadores de actitud); evidenciales restrictivos del valor de verdad de la aserción; evidenciales reforzadores del valor de verdad de la aserción; y deónticos (dentro de los cuales, siguiendo a Palmer (2001) distingue directivos, volitivos y evaluativos). Señala, asimismo, que "los directivos corresponden a nociones ligadas a la propia necesidad deóntica (obligatorio-aceptable-permisible-inaceptable-prohibido)" (Espinosa Elorza 2014: 1088). No faltan, sin embargo, las voces críticas a los distintos tipos de clasificaciones, como la de Kovacci (1999: 755), quien manifiesta que el criterio morfológico "es insuficiente por sí solo para caracterizar a la categoría", pero sí podría hacerse desde el punto de vista sintáctico, a la vez que habla de tres tipos de adverbios atendiendo a la modalidad: indicadores o reforzadores de actitud; restrictivos del valor de la verdad de la aserción; reforzadores del valor de verdad de la aserción. Así pues, a pesar de que no existe un único criterio, en este trabajo, en consonancia con otras voces del ámbito hispánico (Martín Zorraquino y Portolés 1999; Villar Díaz 2013), sostenemos la distinción entre modalidad epistémica y modalidad deóntica.

Por otro lado, mientras en estudios anteriores hemos abordado la modalidad epistémica (Suárez Hernández 2017; Suárez Hernández en prensa), en el presente trabajo nos centraremos en la modalidad deóntica, y en aquellos elementos que pertenecen a la subcategoría de "directivos", esto es, aquellos

Modalidad deóntica: los adverbios con terminación en -*mente*   131

que "supeditan la veracidad de las proposiciones a condiciones externas relativas a la necesidad, la obligación u otros factores de naturaleza normativa o impositiva" (RAE-ASALE 2009: § 30.11m). Adverbios como *necesariamente, obligatoriamente, irremediablemente, imperiosamente, ineludiblemente* o *indefectiblemente* forman parte de este grupo, que implica la no volición y la imposición de determinada acción.

2.3 Procesos de gramaticalización, lexicalización y otros

En este trabajo partimos de la hipótesis de que "la creación de los adverbios en -*mente* es un caso paradigmático de gramaticalización[70] y de reanálisis" (Company Company 2014: 488)[71], de manera que trataremos de describir estos procesos para ver si tienen lugar de la misma manera en todos los adverbios analizados.

El proceso de gramaticalización ha sido estudiado tradicionalmente junto con el de lexicalización: Girón Alconchel (2008) manifiesta que ambos están relacionados e involucrados en un proceso más amplio que debe llamarse gramaticalización; Elvira (2009) puntualiza que no se trata de fenómenos necesariamente contrapuestos, sino que pertenecen a niveles diferentes. También Sáez indica que "lexicalización y gramaticalización no tienen por qué ser procesos opuestos, sino que tienen mucho en común como procesos de rutinización lingüística y muchas veces interaccionan en los procesos de cambio lingüístico" (Sáez Rivera 2014: 180). No han faltado las divergentes opiniones al respecto: Brinton distingue tres procesos diferenciados, a saber,

---

70 Company Company (2014: 489–492) describe los estadios fundamentales en este proceso de gramaticalización como los siguientes: gramaticalización de construcción; pérdida de libertad posicional; pérdida de autonomía y adquisición de cohesión; pérdida de variación; pérdida de significado referencial; paradigmatización; proceso semántico metonímico.

71 "Sintácticamente pierden la libertad o movilidad posicional originarias y adquieren otra distribución; semánticamente debilitan o incluso pierden su significado referencial etimológico; suelen, aunque no necesariamente, erosionarse fónicamente y perder peso fonológico; cambian por lo regular su estatus categorial; suelen integrarse en nuevos paradigmas; avanzan a nuevos contextos, semánticamente menos afines a los contextos etimológicos, y, en consecuencia, al independizarse o liberarse del contexto originario, incrementan su frecuencia léxica y/o de uso; en muchos casos, pasan de ser formas optativas a ser obligatorias. Todos estos cambios, con excepción del último, tuvieron lugar, en mayor o menor medida, en la creación de los adverbios en -mente" (Company Company 2014: 489).

gramaticalización, pragmaticalización y lexicalización (Brinton 2010: 302). Lipka (2002:112), por su parte, da gran importancia al proceso de lexicalización, que define como "the integration of a lexical item, with a particular form and meaning, into the existing stock of words as a generally acceptable and current lexeme". Otros autores que han tratado el fenómeno de la lexicalización son Bauer (1992) o Brinton y Traugott (2005) quienes definen sus características y ofrecen una manera simple de distinguirlos: una vez finalizado el proceso, si el resultado pertenece al ámbito de los lexemas, se trataría de lexicalización, mientras que si pertenece al ámbito de los morfemas, se trataría de gramaticalización.

Algo en lo que coinciden los estudiosos es en que la característica principal de ambos fenómenos en la gradualidad (Brinton y Traugott 2005). Sin embargo, esta gradualidad no está presente siempre en todos los procesos evolutivos, pues en ocasiones el cambio puede tener lugar de manera abrupta. Cuando esto ocurre, estaríamos ante el fenómeno de *cooptation* (Kaltenböck et al. 2011, Heine et al. 2013), que da cuenta de cómo las formas pasan del marco oracional al marco extraoracional de una forma instantánea, no gradual: se trata del paso de elementos de un dominio del discurso a otro: "a strategy employed for the transfer of pieces of iscourse from one domain of discourse to another" (Heine 2017: 842). Este fenómeno explica que el paso de las funciones oracionales a las discursivas se produzca de manera abrupta, mientras la gramaticalización se define por su gradualidad: "el surgimiento de los marcadores pragmáticos requiere de dos procesos diferenciados, el de gramaticalización y el de la cooptación" (Del Barrio de la Rosa 2022: 66).

Por último, es preciso tener presente que el proceso de evolución puede no estar culminado, y podemos encontrarnos ante casos en los que una unidad permanezca en un estadio intermedio entre la oración y el discurso. Estos casos, en los que el significado original aún puede ser recuperado, pero el nuevo ya puede intuirse, son conocidos como contextos puente (Heine 2002) o "critical contexts" (Diewald 2002: 109), es decir, casos intermedios donde una doble interpretación es posible. Cuando se supera este estadio pero no desaparece el valor original, sino que este convive con los nuevos valores, nos encontramos ante una estratificación o *layering* (Hopper 1991).

En todo caso, el proceso mediante el que las unidades adquieren nuevas funciones semánticas y pragmáticas y amplían su influencia hasta el discurso –se llame gramaticalización, lexicalización o pragmaticalización– tiene lugar mediante un proceso de subjetivización, por el que las unidades desarrollan nuevos significados relacionados con las creencias, actitudes o valoraciones (Traugott 2010).

Modalidad deóntica: los adverbios con terminación en -*mente*   133

2.4 Fundamentos metodológicos

Dado que este trabajo parte de una perspectiva diacrónica, el funcionamiento de las unidades objeto de análisis se analizará a partir de los principales corpus históricos de la lengua española, esto es, Corpus Diacrónico del Español y el Corpus del Nuevo Diccionario Histórico de la Lengua Española –ahora Diccionario Histórico de la Lengua Española–, en adelante CORDE y CDH respectivamente. Se realizará una búsqueda masiva de las concurrencias y posteriormente se hará una selección manual de los ejemplos más representativos para cada estadio. A continuación, analizaremos los ejemplos a fin de describir sus características y los distintos estadios por los que transitan en cada etapa, hasta llegar al momento actual. Ofreceremos también una visión detallada sobre la posición que ocupan, los tipos de verbos a los que acompañan o los tipos de textos en los que aparecen con mayor frecuencia.

3 Análisis de un grupo de adverbios de modalidad deóntica directiva

A continuación, llevaremos a cabo el análisis de los adverbios con terminación en -*mente necesariamente, obligatoriamente, irremediablemente, imperiosamente, ineludiblemente, indefectiblemente*.

3.1 *Necesariamente*

El adverbio *necesariamente*, procedente de *necesario*, derivado a su vez de *necesidad* (Coromines y Pascual 2001) "se comporta como adverbio de modo desde el siglo XV, modifica adjetivos desde el siglo XVI, centuria en la que también se va colocando en primera posición, y llega a ofrecer usos extraoracionales desde el XVII" (Espinosa Elorza 2014: 1089). Fuentes lo describe como un operador modal con el que el hablante refuerza su aserción (Fuentes 2018). También Santos Río (2003) lo describe como un adverbio oracional modalizador deóntico.

Los primeros registros datan del siglo XV, si bien resultan muy escasos aún. Llama la atención el tipo de textos en los que aparece, pues suelen ser religiosos: *necesariamente* aparece con frecuencia relacionado con una imposición divina. El alcance del adverbio es oracional, y su posición es anterior al verbo:

(1) Por lo cual es manifiesto que los hombres han libertad, pues vemos que todos pueden pensar y obrar bien y mal, porque la justicia de Dios pueda derechamente juzgar; que si así no fuese y que hombre predestinado, ora hiciese bien o mal, *necesariamente* se hubiese de salvar, la predestinación habría mayor poder que la justicia de Dios; lo cual es imposible (Fray Diego de Valencia, *Sobre la predestinación y sobre la Trinidad y la Encarnación*, España, 1486–1487, CORDE).

A partir del siglo XVI comienzan a aumentar los casos. El tipo de incidencia sigue siendo oracional. Se observa, no obstante, una gran movilidad del adverbio, pues puede situarse entre el sujeto y el verbo o tras el verbo:

> (2) El león *necesariamente* ha de engendrar león y el caballo caballo, y el hombre animal ha de engendrar hombre animal (Fray Pedro Malón de Chaide, *La conversión de la Magdalena*, España, 1588, CORDE).
>
> (3) De lo dicho se colige *necesariamente* la recreación honesta y lícita que para el desenfado de una ciudad se requiere, para alivio y desahogo de los ciudadanos (Juan Jerez, *Razón de Corte*, España, c 1601–1621, CORDE).

A partir del siglo XVIII ya es cada vez más frecuente su uso. Si bien Espinosa Elorza (2014) señalaba la aparición de valores extraoracionales desde el siglo XVII, nosotros no vemos ese uso tan claro, al menos, hasta el siglo XVIII, periodo en el que el adverbio continúa gozando de gran movilidad en el enunciado:

> (4) Después de aquel tiempo, el estado de la agricultura fue *necesariamente* de mal en peor, porque España, sujeta, como las demás provincias, al canon frumentario, era, por más fértil, más vejada que otras con tasas y levas (Gaspar Melchor de Jovellanos, *Informe de la Sociedad Económica de Madrid al Real y Supremo Consejo de Castilla*, España, 1794, CORDE).
>
> (5) Si se dejan perecer los caminos, el comercio caerá *necesariamente* (José Donato de Austria, *Memoria sobre la necesidad y utilidades de la construcción de un camino carretero*, México, 1800, CORDE).
>
> (6) Cualquier demanda contra el Estado deberá *necesariamente* interponerse ante los Jueces de la capital de la República (José Merino Reyna, *Código de procedimientos civiles*, Perú, 1896–1964, CORDE).

Además, en el mismo momento siguen documentándose casos en los que la función del adverbio es sin duda oracional:

> (7) Sofrónia. Me parece, que se pueden reducir á esta tercera clase todas las composiciones poéticas del mundo, porque de qualquier modo que se hagan, han de ser todas *necesariamente* ó jocosas ó sérias. (Juan Francisco de Masdeu, *Arte poética fácil*, España, 1801, CORDE).

Será a mediados del siglo XIX cuando, por vez primera, se registre un adverbio con una función discursiva que, claramente, ha dejado atrás el nivel oracional. Este nuevo valor, posible en los casos anteriores en un contexto puente, es ahora ya seguro, y el adverbio con función discursiva se sitúa entre pausas que se marcan gráficamente mediante el empleo de comas:

> (8) El partido progresista se encontró, *necesariamente*, débil en esta lucha (Nicomedes Pastor Díaz, *A la corte y a los partidos*, España, 1846, CORDE).

Modalidad deóntica: los adverbios con terminación en -*mente*   135

Ya en el siglo XX continúan registrándose ejemplos en los que el adverbio mantiene una función oracional, que no se ha ampliado al discurso. En (10) lo vemos acompañando a un sintagma adjetival y en (11) en un marco oracional. No es de extrañar si tenemos en cuenta la posibilidad de que los nuevos valores convivan con los anteriores, lo que da buena cuenta de los amplios periodos, a veces inconclusos, en los que pueden convivir los distintos significados:

(9) Esta explicación, *necesariamente vaga*, dada nuestra ignorancia del verdadero papel desempeñado por el pigmento y los rabdomas en los fenómenos de recepción y transformación de la energía cinética de la luz, tiene la ventaja de concordar bastante bien con lo más esencial de los resultados experimentales de Lubbock y de otros autores (Santiago Ramón y Cajal, *Las sensaciones de las hormigas*, España, 1921, CORDE).

(10) El costarricense ha comprendido que, para que le oigan, *necesariamente* tiene que estar incorporado a una asociación, cooperativa, cámara o sindicato (Óscar Arias Sánchez, *Grupos de presión en Costa Rica*, Costa Rica, 1967–1971, CORDE).

Finalmente, en el siglo XX seguimos documentando el adverbio con función discursiva, como puede verse en 11 y 12:

(11) La juventud no es, *necesariamente*, revolucionaria. (José Carlos Mariátegui, *La juventud española contra Primo de Rivera*, Perú, 1930, CORDE).

(12) No voy a afirmar que cualquier mujer pueda adquirir en los libros todos los conocimientos indispensables para la dirección de un niño, ya que muchos puntos importantes deben, *necesariamente*, estar a cargo de médicos y educadores (Josefina Marpons, *Las mujeres y las bibliotecas*, Argentina, 1935, CORDE).

3.1.1 *Sobre* necesariamente

El adverbio *necesariamente* se documenta como adverbio de modo desde el siglo XV. Durante los siglos XVI y XVII aparece frecuentemente acompañando a verbos y adjetivos, funciones que siguen encontrándose durante el siglo XIX. A partir del siglo XVIII empezamos a documentar ejemplos de contextos puente en los que el valor puede ser dudoso entre una función oracional y una función extraoracional. Finalmente, el valor discursivo se documenta ya sin duda en el siglo XIX, pero no desaparecen los valores oracionales, produciéndose una situación de convivencia indefinida entre los nuevos valores y los originales, en lo que se conoce como *layering* o estratificación (Hopper 1991). El proceso por el que el adverbio llega a desarrollar nuevos significados, más alejados del significado originario y más relacionados con las valoraciones del hablante, es un proceso de subjetivización, pues *necesariamente* deja de expresar 'de manera necesaria' para referirse a una acción inevitable.

136 Ariana Suárez Hernández

La movilidad que presenta este adverbio en el enunciado es relativamente grande y puede aparecer tanto en posición anterior como posterior al verbo principal. Cuando funciona como un marcador discursivo tiene también movilidad, aunque la posición preferida es tras el verbo principal de la oración en la que se inserta. Precisamente en su función de marcador discursivo presenta una independencia del discurso muy marcada, tanto por la entonación y el contexto como mediante marcas gráficas, las comas. En cuanto al tipo de verbos con los que suele combinarse, destacan los verbos de obligación como "deber de" o "haber de". También destacan, especialmente en los primeros periodos, los contextos religiosos, en los que *necesariamente* acompaña a mandatos divinos.

Finalmente, en cuanto a los tipos de textos en los que se registra con más frecuencia, destaca la prosa científica, la prosa histórica, la prosa didáctica, la prosa jurídica y la prosa religiosa[72].

3.2 *Obligatoriamente*

Obligatoriamente, que en su origen guarda relación con el verbo *ligar* como un derivado culto de este (Corominas y Pascual 2001) "se emplea con función oracional desde el siglo XIX, se antepone a adjetivos y se coloca en la primera posición oracional en el XX, pero no obtenemos ejemplos extraoracionales en los corpus utilizados" (Espinosa Elorza 2014: 1090). Santos Río (2003: 117) destaca su valor modalizador deóntico con el significado de "obligadamente, imprescindiblemente" y Fuentes (2018), quien lo describe como un refuerzo de la modalidad de obligación, añade que, aunque mantiene su valor léxico originario, aumenta la fuerza de la modalidad.

El adverbio *obligatoriamente* no se registra hasta bien entrado el siglo XIX, en casos en los que aparece tras un verbo, en función oracional:

(13) Y una sociedad donde no se enseña *obligatoriamente* la religión, se desmorona, se derrumba, se destruye, porque la ignorancia conduce al error, el error al vicio, el vicio al aniquilamiento social (Eulogio Horcajo Monte de Oria, *El cristiano instruido en su ley, España*, 1883, CORDE).

(14) El procurador propuso que la ciudad tuviese una balanza en ese puerto, y que allí se pesasen *obligatoriamente* todas las mercaderías, debiendo pagar sus dueños medio real de plata por cada seis arrobas (Diego Barros Arana, *Historial general de Chile*, Chile, 1885, CORDE).

---

72 Todos los datos referentes a los tipos de textos en los que aparecen los adverbios han sido extraídos de las estadísticas que ofrece el Corpus Diacrónico del Español (CORDE).

Modalidad deóntica: los adverbios con terminación en -*mente*   137

Ya en el siglo XX aumentan tímidamente los registros, pero su valor continúa siendo oracional. Su movilidad en el enunciado es grande, aunque suele permanecer junto al verbo:

> (15) Las personas individuales o jurídicas que presten servicios profesionales o de otra índole y que no estén obligadas a llevar el Registro de Ventas a que se refiere el art. 2.º, al otorgar recibos o constancias de pago por tales servicios, lo harán, *obligatoriamente*, en formularios impresos y talonados (Colegio de abogados de Lima, *Legislación del abogado 1967*, Perú, 1950–1967, CORDE).

El uso más habitual durante el siglo XX continúa siendo de alcance oracional:

> (16) Por otra parte, el edificio del Centro Americano, al que *obligatoriamente* tenían que acudir, era tan suntuoso que dichos enfermos se sentían cohibidos y violentos (José María Gironella, *El Japón y su duende*, España, 1964, CORDE).

Es frecuente también documentar el adverbio junto a un adjetivo:

> (17) Las universidades públicas serán *obligatoriamente* subvencionadas por el Fisco con fondos nacionales independientes de sus recursos departamentales, municipales y provinciales creados y por crearse (Mario Alzamora Valdez, *El derecho a la educación en América Latina*, Perú, 1972, CORDE).
>
> (18) También debería considerarse el pago de un interés, no mayor al 2%, sobre las aportaciones hechas por los socios con los montos de sus beneficios sociales, interés que sería *obligatoriamente* capitalizado (José Manuel Mejía, *Sindicalismo y reforma agraria en el valle de Chancay*, Perú, 1975, CORDE).

Espinosa Elorza (2014) señalaba que no se documenta el valor extraoracional. En nuestra opinión, en los ejemplos (19) y (20) podemos estar ante un contexto puente, pues el valor oracional no parece claro del todo, y se percibe cierto desligamiento del contexto, no solo gráficamente, mediante el empleo de comas, sino también mediante la entonación y la interpretación de la oración. No está, sin embargo, culminado este paso, por lo que no podemos hablar de valor discursivo claro:

> (19) En cada asalto se deberá, *obligatoriamente*, tolerar un número de puntos (J.A.C., *El valenciano Enrique Peiró, árbitro internacional de boxeo*, España, 1944, CORDE).
>
> (20) Cuando se habla de adicción a los videojuegos o a los juegos por ordenador, hay que referirse, *obligatoriamente*, a los niños (El Mundo, *Su ordenador*, 16/03/1997, España, 1997, CDH).

3.2.1 *Sobre* obligatoriamente

Obligatoriamente destaca por ser un adverbio reciente, pues no se registra hasta el siglo XIX. Todos los ejemplos que se documentan presentan un uso

138   Ariana Suárez Hernández

dentro de la oración: acompaña frecuentemente a un verbo o a un adjetivo, de los que aparece adyacente. Aunque en el corto periodo de tiempo de su existencia no se documenta el paso de una función oracional a una función discursiva, podemos estar ante sendos casos de contextos puente en los ejemplos (19) y (20), en los que se percibe cierto valor semántico diferente, así como un uso más desligado del contexto. En cuanto a su posición, la más habitual es posterior al verbo principal. La combinatoria verbal es bastante amplia, pero podríamos señalar como destacable la combinación con verbos que expresan obligación, como "deber +". En relación con los textos en los que aparece con más frecuencia, destaca la prosa jurídica, la prosa de sociedad y la prosa científica.

3.3 *Irremediablemente*

El adverbio *irremediablemente* procede del adjetivo *irremediable*, cuyo origen se encuentra en *remedio*, del latín *remĕdĭum*, derivado de *medēri* (Corominas y Pascual 2001). Según indica Espinosa Elorza (2014: 1089), "*irremediable* ya se conoce en el siglo XV, pero *irremediablemente* se emplea un siglo después con función intraoracional, ante adjetivo o participio desde el siglo XVII, y se acerca al límite oracional y lo traspasa en el siglo XX". Santos Río (2003) lo categoriza como un adverbio de modo y como adverbio oracional modalizador equivalente a *inevitablemente*.

Los primeros registros aparecen en el siglo XVI con un valor claramente oracional, que continúa afectando a adjetivos o verbos hasta el siglo XVIII:

(21) y, en viéndose amenazar, lloran *irremediablemente* por se ver menospreciar, pues por entonces no saben temer. (Juan de Pineda, *Diálogos familiares de la agricultura cristiana*, España, 1589, CORDE)

(22) Porque, supuesto que caídos una y muchas veces podían librarlos con las armas que del cielo habían recibido, con todo eso, como enseñaba la experiencia, mil veces los burlaba su necia confianza; y quedaban *irremediablemente* cautivos muertos y despedazados a sus manos (Cosme Gómez de Tejada, *León prodigioso*, España, 1636, CORDE).

(23) Teníanle ya preso e *irremediablemente* se lo llevaran, si su gente, al rumor que luego se esparció de su prisión, no hubiese acudido prontamente a salvarle (Francisco Javier Clavijero, *Historia antigua de México*, México, 1780, CORDE).

En el siglo XIX el adverbio continúa funcionando como un elemento oracional que afecta al verbo al que precede. Sin embargo, lo que resulta interesante del ejemplo (24) es la coordinación de adverbios que se produce: "la coordinación de adverbios en -*mente* es una posibilidad estructural del sistema del español en

Modalidad deóntica: los adverbios con terminación en -*mente*   139

cualquier época, pero en el uso real de los textos -literarios y no literarios- son escasísimas las ocurrencias de coordinación" (Company Company 2014: 559)[73]:

> (24) La sociedad es hecho necesario, fatal, irremediable, producto de una determinación de la Naturaleza; el hombre se halla dentro de ella, y necesaria, fatal, é *irremediablemente* ha de verse sujeto á todas las consecuencias que de tal hecho se derivan (Adolfo Bonilla y San Martín, *Concepto y teoría del derecho*, España, 1897, CORDE).

Desde finales del siglo XIX y ya entrados en el XX pueden documentarse casos en los que la función extraoracional del adverbio parece cada vez más clara:

> (25) Fijando la vista en el desgraciado anciano, pensó en la serie de desventuras que sin duda le trajeron a tan miserable estado y en la triste historia que *irremediablemente* había precedido a su enajenación. (Benito Pérez Galdós, *El audaz. Historia de un radical de antaño*, España, 1871, CORDE).
>
> (26) En habiendo dos causas promotoras de este terrible mal, las causas profesionales y las mecánicas, una de las dos, *irremediablemente*, debe haber operado sobre mi organismo (Pablo Palacio, *Un hombre muerto a puntapiés*, Ecuador, 1927, CORDE).
>
> (27) Entonces nos despedimos en paz y para siempre. Lo que no puedo es irme contigo a pasar una noche que ha de ser, *irremediablemente*, la primera y la última (Walter Beneke, *Funeral Home*, El Salvador, 1956, CORDE).

No han desaparecido, no obstante, los casos en los que el adverbio mantiene su incidencia sobre un adjetivo al que precede –lo que da buena cuenta de que el proceso evolutivo de este adverbio no está culminado–:

> (28) Creía en la buena fe del jefe de la revolución, creía en su probidad, pero lo suponía, entonces como antes, *irremediablemente* subalternado a las ambiciones muy enérgicas, pero muy estrechas, de un grupo de sus consejeros (Justo Sierra, *Evolución política del pueblo mexicano*, México, 1900–1902, CORDE).
>
> (29) Sólo ahora me di cuenta de que me he acostumbrado a vivir en calles sin árboles. Y qué *irremediablemente* frías pueden llegar a ser (Mario Benedetti, *La tregua*, Uruguay, 1960, CORDE).

---

73 Sobre la coordinación de adverbios en -*mente* puede verse Company Company donde se desarrollan los tipos de coordinación que pueden encontrarse en español, esto es: -*mente* en el último miembro de la coordinación, -*mente* repetido en cada miembro y -*mente* en el primer miembro de la coordinación (Company Company 2014: 559 y ss.). Sobre las posibilidades de combinación y yuxtaposición puede verse también Porroche (2018).

140   Ariana Suárez Hernández

(30) De cuantos pavores me aquejaron, el más intenso ha sido el de la soledad. Y
     ahora me sentía *irremediablemente* solo, entre fantasmas (Manuel Mujica Lái-
     nez, *Bomarzo*, Argentina, 1962, CORDE).

O acompañando al verbo principal de la oración:

(31) Nuestros esfuerzos serian en balde; porque por su propio peso volverían *irre-
     mediablemente* á caer en el mar de olvido donde su nulidad los tiene anegados
     (Manuel José Quintana, *Sobre la poesía épica castellana*, España, 1833, CORDE).
(32) Tengo fe en el futuro, en la historia y en el hombre, pero no me cabe ninguna
     duda de que, mientras ese futuro llega -que llegará-, lo que se ha perdido *irre-
     mediablemente* es mi propia vida (Max Aub, *La gallina ciega. Diario español*,
     España, 1971, CORDE).

3.3.1 *Sobre* irremediablemente

El adverbio *irremediablemente* se documenta desde el siglo XVI con un ámbito
de incidencia muy reducido que se limita al verbo o al adjetivo que acompaña,
valores que seguimos viendo todavía en el siglo XVIII. Será desde finales del
siglo XIX cuando empiecen a registrarse ejemplos en los que el adverbio parece
abandonar el ámbito oracional y acercarse al ámbito discursivo. Sin embargo,
durante el siglo XX siguen documentándose ejemplos en los que el adverbio
continúa con una función limitada dentro del discurso, en una clara convivencia de valores por tiempo indefinido. Nuevamente vemos cómo se altera el valor
semántico originario y se traslada hasta una esfera más subjetiva, relacionada
con el hablante, mediante un proceso de subjetivización. Su posición suele ser
tanto anterior como posterior al verbo o adjetivo al que acompaña; como marcador discursivo goza de movilidad en el discurso, aunque no suele tender a una
posición inicial ni final, sino interior. En cuanto a los tipos de textos en los que
aparece, se registra con mayor frecuencia en prosa narrativa, prosa histórica y
prosa científica.

3.4 *Imperiosamente*

Imperiosamente, que procedería de *imperioso*, y este de *imperio*, que a su vez
procede del latín *impěrare* (Corominas y Pascual 2001: 444) "se tomó prin-
cipalmente con el objeto de crear un verbo que correspondiera al sustantivo
emperador, en el sentido de 'ejercer la dignidad imperial'". Santos Río (2003) lo
describe como un adverbio de modo con dos acepciones: una como 'con imperio o altanería'; otra como 'de modo imperioso, con urgencia inaplazable y con
gran necesidad'. Por su parte, Espinosa Elorza (2014: 1089) señala que, aunque

Modalidad deóntica: los adverbios con terminación en -*mente* 141

comienza a utilizarse como adverbio desde el siglo XVII, no llega a desarrollar un valor extraoracional.

Los primeros registros se remontan al siglo XVII, cuando el adverbio desempeña su función en el ámbito reducido, acompañando al verbo[74] principal:

(33) La reina se levantó; / en pie se puso la esfera, / y al firmamento siguieron / imágenes y planetas. / Como, creciente, la luna / disimula las tinieblas, / y en pueblos de luz, monarca, / *imperiosamente* reina, / la infanta doña María / vivo milagro se muestra (Francisco de Quevedo y Villegas, *Poesías*, España, 1597–1645, CORDE).

Ya en los siglos XVIII y XIX el adverbio continúa con una función oracional:

(34) La naturaleza que arrastra al hombre tan *imperiosamente* ácia este estado, que asegura la permanencia de la especie, le indica la primera sus intenciones: el legislador la observa, las consulta (Juan Meléndez Valdés, *Discursos forenses*, España, 1701–1809, CORDE).

(35) Siéntate, -ordenó el misántropo *imperiosamente*, hablando conforme a su carácter (Benito Pérez Galdós, *Tormento*, España, 1884, CORDE).

(36) ¡Largo de ahí! A buscarlo -gritó Saldaña *imperiosamente*-, y basta de refunfuñar. (José de Espronceda, *Sancho Saldaña o El Castellano de Cuéllar*, España, 1834, CORDE).

En el siglo XX, el adverbio aún actúa dentro de un marco oracional, con gran movilidad en la oración, pero sin llegar a desligarse del todo de esta, pues no parece que alcance el ámbito discursivo:

(37) ¿Estás solo? / – Ya no -respondió él cariñosamente, abriendo y haciendo los honores. Sin conceder tiempo a ninguna zalamería, *imperiosamente*, la dama exclamó: / – Da orden de que no recibes a nadie. Tengo que hablar contigo cosas reservadas (Emilia Pardo Bazán, *La Quimera*, España, 1905, CORDE).

(38) Con el cañón de la pistola, el coronel golpeó la tapa del cajón, *imperiosamente* (Miguel Ángel Asturias, *Hombres de maíz*, Guatemala, 1949–1953, CORDE).

(39) Para reconquistar su papel en el parlamento y en el poder, necesitaban *imperiosamente* presentarse a las masas electoras en oposición y contraste con la política del bloque nacional (José Carlos Mariátegui, *El gabinete Brian*, Perú, 1925, CORDE).

---

74 Destaca especialmente el tipo de verbos junto a los que aparece el adverbio imperiosamente, pues estos verbos suelen estar relacionados con el *dictum*: "decir", "ordenar", "mandar".

142   Ariana Suárez Hernández

3.4.1 *Sobre* imperiosamente

Imperiosamente se registra desde el siglo XVII, acompañando siempre al verbo principal de la oración. Este mismo tipo de función seguirá documentándose en los siglos siguientes. Aún en el siglo XX el adverbio continúa en el ámbito oracional y no llega, de hecho, a desligarse de este ni a desarrollar valores discursivos. En cuanto a la posición que ocupa en el contexto, tiene una movilidad relativamente amplia, pero suele preferir una posición posterior al verbo. Destaca en el caso de este adverbio el tipo de verbos con los que se combina, pues frecuentemente acompaña a verbos que expresan acciones de mandato, como *mandar, ordenar, hacer* o *reinar*. En cuanto a los tipos de textos en los que se registra con mayor frecuencia destaca la prosa narrativa, prosa histórica y prosa científica.

3.5 *Ineludiblemente*

Corominas y Pascual (2001:707) se acercan a la etimología de *ineludible* a través de *ineluctable*, cultismo derivado de *lucha*, del latín tardío LUCTA. Espinosa Elorza (2014: 1089) señala que "ineludible e ineludiblemente remiten al siglo XIX; el adverbio adquiere las demás funciones en el XX"; por su parte, Santos Río (2003) lo describe como adverbio oracional modalizador, 'sin que se pueda eludir'.

Los primeros registros de *ineludiblemente* son bastante tardíos, de finales del siglo XIX, en ambos casos incidiendo sobre un verbo que, además, es el mismo, *obligar*[75]:

> (40) Yo siento infinito que las exigencias orgánicas de mi libro, la necesidad en que me veo de atender a mi defensa, las severas censuras de que han sido objeto mis actos, y la deuda de honor de responder, como a mi carácter cumple, a injustos y violentos ataques, que yo me he provocado, me obliguen imperiosamente e *ineludiblemente* a ocuparme de este personaje, sobre todo cuando no me es dado tributarle las alabanzas que bajo otros aspectos merece (Julián Zugasti y Sáenz, *El bandolerismo. Estudio social y memorias históricas*, España, 1876–1880, CORDE).
>
> (41) Mi don será también muy mezquino, porque esto es caro, el Gobierno me quita ahora mil pesetas o más cada mes para hacer economías, y yo no sé cómo atinaré a arreglarme para vivir aquí con todo el aparato que el argumento requiere y haciendo todos los gastos a que el Gobierno mismo *ineludiblemente* me obliga,

---

75 Volvemos a ver en el ejemplo 40 un caso de coordinación de adverbios con terminación en -*mente*, en este caso, conservando los dos la terminación.

Modalidad deóntica: los adverbios con terminación en -mente   143

empezando por el alquiler de la casa, que importa 4.000 duros al año (Juan Valera, *Carta de 17 de noviembre de 1893*, España, 1893, CORDE).

Ya en el siglo XX el adverbio sigue dentro del marco oracional, en unos casos junto al verbo:

(42) ¿Qué iba a decir Crispín? ¿Cómo ocultarle aquel hecho que *ineludiblemente* significaba el deshonor para él? (Rogelio Sinán, *Plenilunio*, Panamá, 1943, CORDE).

(43) Esa cosecha no la recogeríamos nunca de persistir en la pretensión insensata que quiere ver el crecimiento de las cosas operarse antes de su nacimiento, sin advertir que, para alcanzar la plenitud, deben pasar *ineludiblemente* por un período embrionario (Carlos Federico Mora, *Práctica de la Reforma Universitaria*, Guatemala, 1937, CORDE).

Y en otros casos junto al adjetivo al que modifica:

(44) Miradas tales realidades según lo que ellas son, se impone una respuesta afirmativa: todo lo que espera el progresista pertenece a este mundo y está *ineludiblemente* sometido al tiempo (Pedro Laín Entralgo, *La Espera y la Esperanza. Historia y teoría del esperar humano*, España, 1957, CORDE).

(45) Lo cierto es que el proceso de formación de la opinión pública se nos da *ineludiblemente* ligado a un cierto número de factores sociales que actúan también sobre los mismos medios de información (Jesús García Jiménez, *Teoría de los contenidos de la Televisión*, España, 1965, CORDE).

Pero también es posible documentar registros, en el siglo XX, en los que el adverbio ha abandonado el ámbito oracional y actúa en el ámbito discursivo, desligado del contexto:

(46) Al trabajar sobre nuestra Geografía de los paisajes humanizados, los temas habrían de versar, *ineludiblemente*, sobre la realidad circundante, en la cual tomaría su pie la investigación (Leoncio Urabayen, *La tierra humanizada*, España, 1949, CORDE).

(47) Pero también es cierto que cada nueva generación interpreta el Quijote, *ineludiblemente*, desde su tiempo. Es (Luis Rosales, *Cervantes y la libertad*, España, 1960, CORDE).

(48) En suma, intentar recorrer el trasfondo culturalista en la lírica de Gerardo Diego nos conduciría, *ineludiblemente*, a la revisión de su obra total. (Guillermo Díaz-Plaja, *Discurso de recepción en la Real Academia Española*, España, 1967, CORDE).

3.5.1 *Sobre* ineludiblemente

El adverbio *ineludiblemente* no se registra hasta finales del siglo XIX, por lo que nos encontramos ante un elemento bastante tardío. Los primeros usos remiten

144 Ariana Suárez Hernández

siempre a una incidencia limitada al verbo o al adjetivo al que modifica, lo que se mantiene durante el siglo XX. Sin embargo, también en el siglo XX es posible documentar el paso del ámbito oracional al ámbito discursivo, aunque la incidencia oracional no llega a desaparecer. El adverbio presenta libertad de movimiento, pero suele preferir una posición posterior al verbo principal. Como hemos visto en los casos anteriores, los valores discursivos conviven de manera indefinida con los valores oracionales en un estadio de estratificación. Además, es mediante un proceso de subjetivización que el adverbio se desprende del significado de 'que no se puede eludir' para acercarse más a una valoración subjetiva relacionada con las actitudes del hablante. Los tipos de textos en los que aparece más frecuentemente son prosa didáctica, prosa científica y prosa narrativa.

3.6 Indefectiblemente

El adverbio *indefectiblemente* encuentra su origen en *afecto, defectible,* del latín *defectibĭlis* (Corominas y Pascual 2001). Espinosa Elorza (2014: 1090) manifiesta que *indefectiblemente* se documenta desde el siglo XVII pero que no será hasta el siglo XX cuando desarrolle valores discursivos. Santos Río (2003), por su parte, describe el adverbio en dos entradas, como adverbio oracional de habitualidad ('sin que deje de producirse') y como adverbio oracional modalizador de necesidad ('inevitablemente').

Los primeros registros de *indefectiblemente* corresponden al siglo XVII, y continúa en el siglo XVIII, siempre en ejemplos en los que su incidencia se limita al verbo o al adjetivo al que acompaña:

(49) Al movimiento de cada hoja asiste, al lugar que le toca en el número a la más menuda arena atiende; los gustos, los disgustos, los instantes de cada hormiga los tiene *indefectiblemente* tanteados. (Juan de Zabaleta, *Errores celebrados,* Espala, 1653, CORDE).

(50) Al principio creí que aquellos pacíficos animales se ahogaban *indefectiblemente,* viéndolos casi una hora debajo del agua y divisando sólo las puntas de sus orejas, pero las repetidas experiencias me hicieron ver la co[n]stancia de tan útiles animales y el aprecio que se debe hacer de su importante servicio (Concolorcorvo, *El lazarillo de ciegos caminantes,* Perú, c1775, CORDE).

(51) Continuaba entre tanto en el estudio de la lengua griega, a la cual dedicaba las mañanas, pues las tardes estaban *indefectiblemente* destinadas para el trabajo de la tienda (Pedro Montengón, *Eusebio,* España, 1786, CORDE).

En el siglo XIX su incidencia se amplía un poco más, hasta la oración:

(52) La inscripcion del padre i madre del bautizado deberá hacerse *indefectiblemente* cuando consta al Párroco que el dicho bautizado es hijo lejítimo. (Anónimo, *Ordenanza arzobispal,* Chile, 1853, CORDE).

Modalidad deóntica: los adverbios con terminación en *-mente*   145

(53) Siempre que salía yo con doña Rita, a la iglesia, de paseo, o para ir en casa de alguna amiga, ¡zas! *indefectiblemente*, como si le evocasen, se mostraba él y casi tropezaba con nosotras. (Juan Valera, *Los telefonemas de Manolita*, España, 1896, CORDE).

(54) El hombre fuerte resiste el cambio del clima, las fatigas de la larga navegación, los trabajos del penoso establecimiento; puede vivir y aun hacer fortuna; el débil sucumbe *indefectiblemente* (Concepción Arenal, *Examen de las bases aprobadas por las Cortes para la reforma de las prisiones*, España, 1869, CORDE).

Será en el siglo XX cuando el adverbio puede abandonar el marco oracional y pasar al marco discursivo:

(55) Además, *indefectiblemente*, para cada uno de sus amores componía una habanera en honor de la bella ingrata: música y letra (Armando Palacio Valdés, *La novela de un novelista*, España, 1921, CORDE).

(56) Ya hemos dicho (capítulo i) que la fase femenina de la evolución sexual va, *indefectiblemente*, seguida de una fase masculina (Gregorio Marañón, *Climaterio de la mujer y el hombre*, España, 1919–1936, CORDE).

(57) Los amigos de don Juan eran dos: el cura, que se llama don Nicolás, y el registrador, que se llamaba don Ernesto. Por las tardes, don Nicolás y don Ernesto iban, *indefectiblemente*, a casa de don Juan (Camilo José Cela, *Esas nubes que pasan*, España, 1945, CORDE).

(58) Cuando uno se brinda tanto a los demás, *indefectiblemente*, tiene que desatender a las personas que le rodean (Juan Pérez Carmona, *Piedra libre*, Argentina, 1970, CORDE).

Sin embargo, la función discursiva convive con una función oracional, que no desaparece:

(59) Dicha prórroga vencerá *indefectiblemente* el día 20 de Marzo de 1967 (Colegio de abogados de Lima, *Legislación del abogado*, 1967, Perú, 1950–1967, CORDE).

(60) En el cine americano de hace años, el traidor, el villano violador de doncellas, era *indefectiblemente* mejicano o japonés (Magda Ródenas, *ABC de las plantas de jardín y terraza*, España, 1964, CORDE).

3.6.1 *Sobre* indefectiblemente

Indefectiblemente se documenta por primera vez en el siglo XVII con un valor oracional limitado al verbo o adjetivo al que acompaña. En el siglo XIX amplía más su ámbito de incidencia y en el siglo XX desarrolla un valor discursivo, aunque este convive con los valores oracionales. La posición de este adverbio parece estar más fijada, siempre posterior al verbo principal. El proceso de subjetivización le hace desprenderse de los valores semánticos iniciales, que tenían que ver con la habitualidad, para desarrollar un nuevo significado como

146   Ariana Suárez Hernández

'inevitable'. En cuanto a los tipos de textos en los que aparece, destaca la prosa narrativa, prosa científica y prosa de sociedad y prosa histórica.

4 Conclusiones

En este trabajo nos hemos propuesto analizar y conocer seis adverbios con terminación en -*mente* que forman parte del grupo de elementos de modalidad deóntica clasificados como directivos. Ya hemos visto en cada apartado unas pequeñas reflexiones sobre los usos de cada adverbio, los tipos de verbos con los que se combinan y los tipos de textos en los que aparecen con más frecuencia.

El proceso de cambio semántico por el que los adverbios analizados evolucionan hasta convertirse en marcadores discursivos es un proceso de gramaticalización, mediante el que se despojan de los valores semánticos originales y desarrollan unos nuevos valores en el nivel gramatical, asentados en el discurso y compartidos por los hablantes. Sin embargo, por un lado, conviene recordar que este cambio no siempre es gradual, pues puede darse de manera abrupta – vemos, de hecho, una convivencia de los distintos valores–, en lo que se conoce como *cooptation* (Heine et alii 2013). Por otro lado, comprobamos cómo este proceso tiene lugar mediante la subjetivización (Traugott 2010), un fenómeno que implica que se desarrollen nuevos significados para codificar las actitudes del hablante frente a la acción descrita.

En el nivel sintáctico llama la atención la gran movilidad que presentan, así como sus posibilidades de coordinación. Hemos comprobado en dos de ellos cómo se coordinan con otros adverbios: *irremediablemente* lo veíamos en el ejemplo 24 coordinado con otros dos adverbios que omitían su terminación en -*mente*; *ineludiblemente* aparecía en el ejemplo 40 junto con *imperiosamente*, ambos manteniendo la terminación en -*mente*. Por otro lado, en cuanto al tipo de incidencia que ejercen los elementos analizados, esta va desde una incidencia reducida, limitada al adjetivo o al verbo al que acompañan hasta otra más grande, que se amplía hasta la oración. En cuatro de los seis casos analizados, *necesariamente*, *irremediablemente*, *ineludiblemente* e *indefectiblemente*, el adverbio termina desarrollando también una función discursiva y pasa a funcionar como un marcador discursivo. Sin embargo, el desarrollo de estas nuevas funciones no implica la desaparición de los valores previos, sino que conviven de manera indefinida, en unos casos en los conocidos como contextos puente (Heine 2002), en otros casos, simplemente en una conservación, junto con las nuevas formas, de las formas originales, en lo que se conoce como estratificación o *layering* (Hopper 1991). En el caso del adverbio *obligatoriamente* no está claro que desarrolle una función discursiva, pues parece quedarse en el

Modalidad deóntica: los adverbios con terminación en -*mente*   147

límite; el adverbio *imperiosamente*, por su parte, sí permanece claramente en el nivel oracional, sin pasar al nivel del discurso.

En cuanto a sus características pragmáticas, resulta innegable la relación de estos elementos con el nivel pragmático de la lengua pues su uso está directamente relacionado con la expresión de unos condicionantes que escapan de lo puramente lingüístico y afecta al nivel pragmático. Mediante estos adverbios, el hablante trata de reflejar una realidad externa que impone el cumplimiento de la acción que describe y, en cierto modo, se desliga de la responsabilidad de tal acción, pues depende de agentes externos.

Dentro del paradigma de la modalidad, estos adverbios conforman el grupo conocido como adverbios de modalidad deóntica y clasificados como directivos, es decir, aquellos que expresan una acción impuesta por un agente externo y que no es posible evitar a voluntad propia. Este grupo, no obstante, es más amplio, y están acompañados por otros como *inexcusablemente* o *impepinablemente* e *impajaritablemente*, variantes dialectales que no están tan extendidas (RAE-ASALE 2009: § 30.11m).

En definitiva, mediante el análisis llevado a cabo en este trabajo hemos corroborado la hipótesis inicial, en la que planteábamos que los elementos iban a ser objeto de una evolución no necesariamente lineal, y hemos descrito los distintos estadios por los que pasan, así como los procesos de cambio que experimentan. No se ha cumplido, sin embargo, la premisa de que todos los adverbios desarrollarían una función discursiva, pues *obligatoriamente* presenta dudas e *imperiosamente* no desarrolla el esperado valor discusivo.

Referencias bibliográficas

Alarcos Llorach, E. (1970): "Aditamiento, adverbio y otras cuestiones conexas". En *Estudios de gramática funcional del español*. Madrid: Gredos, 219–253.

Alcina, J. y Blecua, J. M. (1975): *Gramática española*. Barcelona: Ariel.

Alonso, A. y Henríquez Ureña, P. (1964): *Gramática castellana*. Buenos Aires: Losada.

Bauer, L. (1992): "Lexicalization and level ordering". *Linguistics*, 30, 561–568.

Bello, A (1988): *Gramática de la lengua castellana destinada al uso de los americanos. Con las notas de Rufino José Cuervo. Estudio y edición de Ramón Trujillo*, vols. I y II. Madrid: Arco Libros.

Benveniste, É. (1974): "L'appareil formel de l'énonciation», Problèmes de linguistique Générale". París: Gallimard, 79-88.

Brinton, L. J. (2010): "Discourse markers". En Jucker, A. H. y Taavitsainen, I. (eds.): *Historical Pragmatics*. Berlin/New York: Walter de Gruyter, 285–314.

Brinton, L. J. y Traugott, E. C. (2005): *Lexicalization and Language Change*. Cambridge: Cambridge University Press.

Company Company, C. (2012): "Condicionamientos textuales en la evolución de los adverbios en -*mente*". *Revista de Filología española*, 92/1, 9–42.

Company Company, C. (2014) "Adverbios en -*mente*". En Company Company (coord.). *Sintaxis histórica de la lengua española*, Vol 1, tomo 3. México: Universidad Nacional Autónoma de México-Fondo de Cultura Económica, 457–612.

Cornillie, B. (2009): "Evidentially and epistemic modality. On the close relationship between two different categories". *Functions of language*, 16:1, 44–62.

Corominas, J. y Pascual, J. A. (2001): *Diccionario crítico etimológico castellano e hispánico*. Madrid: Gredos.

Del Barrio de la Rosa, F. (2022): "*Majo* como marcador conversacional en el español peninsular. Historia, geografía y el mecanismo de la cooptación". En Herrero Ruiz de Loizaga, F. J., Azofra Sierra, M. E. y González Pérez, R. (eds.): *La configuración histórica del discurso: nuevas perspectivas en los procesos de gramaticalización, lexicalización y pragmaticalización*. Madrid/ Frankfurt: Iberoamericana Vervuert.

Diewald, G. (2002): "A model for relevant types of contexts in grammaticalization". En Wischer, I. y Diewalds, G. (eds.): *New reflections on grammaticalization*. Amsterdam: John Benjamins, 103–120.

Egea, E. R. (1979): *Los adverbios terminados en -mente en el español contemporáneo*. Bogotá: Instituto Caro y Cuervo.

Elvira, J. (2009): *Evolución lingüística y cambio sintáctico*. Bern: Peter Lang.

Espinosa Elorza, R. M. (2014): "Adverbios de cantidad, foco, polaridad y modalidad". En Company Company, C. (coord.): *Sintaxis histórica de la lengua española*, Vol 1, tomo 3. México: Universidad Nacional Autónoma de México-Fondo de Cultura Económica.

Fuentes Rodríguez, C. (2018): *Diccionario de conectores y operadores del español* (2.ª ed.). Madrid: Arco Libros.

Garcés Gómez, M. P. (2014): *Diacronía de los marcadores discursivos y representación en un diccionario histórico*. Coruña: Universidade da Coruña.

Girón Alconchel, J. L. (2008): "Lexicalización y gramaticalización en la creación de marcadores del discurso… y de otras palabras". En E. Stark et al. (eds.): *Romanische Syntax im Wandel*. Tübingen: Gunter Narr, 363–385.

Gregores, Em.a (1960): "Las formaciones adverbiales en -*mente*. Estudio descriptivo sobre el adverbio español". *Filología*, VI, 77–102.

Gutiérrez Ordóñez, S. (1997): *La oración y sus funciones*. Madrid: Arco Libros.

Heine, B. (2002): "On the role of context in grammaticalization". En Wischer, I. y Diewalds, G. (eds): *New reflections on grammaticalization*. Amsterdam: John Benjamins, 83–101.

Heine, B. (2003): "Grammaticalization". En B.D. Joseph y R. Janda (eds.): *The Handbook of Historical Linguistics*. Oxford: Blackwell, 576–601.

Heine, B. (2017): "Cooptation as a discourse strategy". En *Linguistics*, 55/4, 813–855.

Heine, B., Kaltenböck, G., Kuteva, T. y Long, H. (2013): "An Outline of Discourse Grammar". En Bischoff Shannon y Carmen Jany (eds.): *Functional Approaches to Language.*, Berlin/Boston: De Gruyter Mouton, 155–206.

Hopper, P. J. (1991): "On some principles of grammaticalization". En E.C. Traugott y B. Heine, (eds.): *Approaches to grammaticalization*. Amsterdam-Philadelphia: John Benjamins, 1, 17–35.

Kaltenböck, G., Heine, B., Kuteva, T. (2011): "On thetical grammar". En *Studies in Language*, 35/4, 848–893.

Karlsson, E. K. (1981): *Syntax and affixation (The evolution of -mente in latin and romance)*. Tübingen: Max Niewmeyer Verlag.

Kovacci, O. (1999): "El adverbio". En Bosque I. y Demonte V., (eds.): *Nueva gramática descriptiva de la lengua española*. Madrid: Espasa-Calpe, 705–786.

Lipka, L. (2002): *English Lexicology: Lexical Structure, Word Semantics and Word-Formation*. Tübingen: Max Niemeyer Verlag, 3ʳᵈ. rev. ed. Of An Outline of English Lexicology.

Lyons, J. (1977): *Semantics*. Cambridge: Cambridge University Press.

Martín Zorraquino, M. A. y Portolés, J. (1999): "Los marcadores del discurso", En Bosque I. y Demonte V., (eds.): *Nueva gramática descriptiva de la lengua española*. Madrid: Espasa-Calpe, 4051–4213.

Mayoral, J. A. (1982): "Creatividad léxica y lengua literaria: las formaciones adverbiales en -*mente*". *Dicenda, Cuadernos de Filología Hispánica*, 1, 35–53.

Palmer, F. (2001): *Mood and Modality*. Cambridge: Cambridge University Press.

Porroche Ballesteros, M. (2018): "Sobre la combinatoria de los marcadores discursivos" en Brenes Peña, E., González-Sanz, M., Grande Alija, F. J. (coords.): *Enunciado y discurso: estructura y relaciones*. Sevilla: Editorial Universidad de Sevilla, 81–97.

Real Academia Española – Asociación de Academias de la Lengua Española (2009*): Nueva gramática de la lengua española*. Madrid: Espasa Libros.

Real Academia Española: *Corpus del Diccionario histórico de la lengua española (CDH)* [en línea]. <https://apps.rae.es/CNDHE>

150   Ariana Suárez Hernández

Real Academia Española: Banco de datos (CORDE) [en línea]. *Corpus diacrónico del español.* <http://www.rae.es>

Rodríguez Ramalle, T. M. (2003): *La gramática de los adverbios en -mente o cómo expresar maneras, opiniones y actitudes a través de la lengua.* Madrid: Universidad Autónoma de Madrid.

Sáez Rivera, D. M. (2014): "Procesos de lexicalización/gramaticalización en la formación e historia de usía en español". En Girón, J. L. y Sáez de Rivera, D. M. (eds.): *Procesos de gramaticalización en la historia del español.* Madrid/Frankfurt: Iberoamericana Vervuert.

Santos Río, L. (2003): *Diccionario de partículas.* Salamanca: Luso-Española de Ediciones.

Seco, M. (1972): *Gramática esencial del español. Introducción al estudio de la lengua.* Madrid: Aguilar.

Suárez Hernández, A. (2017): *Análisis diacrónico de adverbios con función discursiva: hacia una descripción lexicográfica.* San Millán de la Cogolla: Cilengua.

Suárez Hernández, A. (en prensa): "Construcciones de base nominal: marcadores discursivos formados sobre la base del sustantivo *duda*".

Traugott, E. (2010): "(Inter)subjectivity and (inter)subjectification: A reassessment". En Davidse K., Vanderlanotte y Cuykens H., (eds.): *Subjectification, Intersubjectification and Grammaticalization.* Berlin-New York: Walter de Gruyter, 29–71.

Traugott, E. y. Dasher, R. B. (2002): *Regularity in semantic change.* Cambridge: Cambridge University Press.

Villar Díaz, M. B. (2013): "La evolución de los adverbios y locuciones adverbiales de modalidad epistémica" en Garcés Gómez, M. P. (coord.): *Los adverbios con función discursiva: procesos de formación y evolución.* Madrid/Frankfurt: Iberoamericana Vervuert, 157–200.

Zagona, K. (1990): "*Mente* adverbs, compound interpretation and the projection principle". *Probus,* 2, 1–30.

María Belén Villar Díaz

De lo cualitativo a lo cuantitativo: acerca de la plasticidad semántico-pragmática del adverbio *bien*

Resumen: El adverbio bien es, sin duda alguna, una de las unidades léxicas más fascinantes de nuestra lengua, debido a su sorprendente plasticidad semántica y pragmática, que le ha permitido, a lo largo de la historia, adquirir muy diversos valores, tanto en el marco de la oración, como fuera de los límites de la misma. En el presente trabajo proponemos un estudio diacrónico de la unidad adverbial bien desde los orígenes de la lengua hasta nuestros días, con el objetivo principal de describir sucintamente su evolución y de responder a dos grandes interrogantes: por una parte, trataremos de determinar si la posición sintáctica del adverbio en la secuencia puede vincularse a su capacidad para vehicular matices semánticos o semántico-pragmáticos particulares; por otra, centrándonos en la adquisición por parte de la unidad del valor llamado elativo o ponderativo, buscaremos poner de relieve no solamente el reciente, y particularmente marcado, incremento de ocurrencias de bien con valor ponderativo, sino también las razones que pueden explicar el paso de la semántica inicialmente cualitativa vehiculada por el adverbio a una semántica percibida como esencialmente cuantitativa.

Palabras clave: adverbios, diacronía, semántica, gramaticalización, polarización.

Abstract: The adverb bien is undoubtedly one of the most fascinating lexical units of the Spanish language due to its surprising semantic and pragmatic flexibility, which has allowed it to acquire very diverse values throughout history, both inside and outside the limits of the sentence. In this paper we propose a diachronic study of this adverbial unit from the origins of the language to the present day, with the main objective of describing succinctly its evolution and of answering two major questions: on the one hand, we will try to determine whether the syntactic position of the adverb in the sequence can be linked to its capacity to convey particular semantic or semantico-pragmatic nuances; on the other hand, we will focus on the value acquired by the unit known as elative or ponderative to highlight not only the recent, and particularly marked, increase of occurrences of bien with this value, but also the reasons that may explain the passage from the initially qualitative semantics conveyed by the adverb to a semantics perceived as essentially quantitative.

Keywords: adverbs, diachrony, semantics, grammaticalization, polarization.

1 Introducción

Voz particularmente frecuente en nuestra lengua, el adverbio *bien* se encuentra lejos de responder a una semántica única y simple, vinculada a la naturaleza esencialmente cualitativa del étimo latino del que procede. Bien al contrario, su increíble capacidad de adaptación a diferentes contextos, con muy variadas funciones (referencial, enunciativa y argumentativa), hace de esta unidad una de las más fascinantes del paradigma adverbial de las lenguas románicas.

El objetivo de este estudio no es otro que el de ofrecer un breve, y necesariamente parcial, acercamiento diacrónico a algunas de las etapas vitales de la forma adverbial *bien*, a fin de conocer más de cerca su evolución semántica y pragmática y de intentar aportar, con ello, algo de luz a la comprensión de su atípico recorrido histórico y de su enorme vitalidad sincrónica en la lengua española.

2 Estado de la cuestión y principios metodológicos

Bien, comencemos; *bien* pudiera ser que en las líneas que siguen una servidora no lograra expresarse *bien*, pues de todos es *bien* sabido que el asunto que hoy tratamos es *bien* complejo.

Sirva esta secuencia introductoria, ciertamente forzada, aunque no imposible, para empezar nuestro análisis dando cuenta de la marcada polivalencia sincrónica de la unidad adverbial bajo estudio. Adyacente, en el marco de la frase, a diversos tipos de lexías, a las que se antepone o pospone, o sobrepasando, con mayor independencia sintáctica, los límites intraoracionales, *bien* está lejos de limitarse a la expresión de una cualificación positiva parafraseable por "de buena manera".

La polivalencia de uso del adverbio *bien* ha despertado desde hace décadas la curiosidad de los investigadores, que la han analizado desde una perspectiva esencialmente sincrónica, en la que suele oponerse el valor modal (la expresión de una semántica nocional cualitativa en posición generalmente posverbal –como en el sintagma *expresarse bien* de nuestro ejemplo–) al valor elativo o ponderativo (la expresión de una semántica de intensificación en posición generalmente preadjetiva o preadverbial –como en el sintagma *bien complejo* de nuestro ejemplo–), siendo, evidentemente, este último el que ha recibido mayor atención (Salvador 1987; Arjona 1990; Herrero Moreno 1991; Hernanz 1999, 2007; Arce Castillo 1999; Serradilla Castaño 2006; Fuentes Rodríguez 2006; Brown y Cortés-Torres 2013; Castroviejo y Gehrke 2017 o Fernández Flórez 2022, entre otros), debido a la existencia de un marcado contraste entre la

La plasticidad semántico-pragmática del adverbio *bien*   153

semántica vehiculada en estos casos por el adverbio y las bases etimológicas del mismo. La constatación de la existencia de un tercer valor genérico de *bien*, que podríamos calificar de extraoracional, ha llevado asimismo a la realización de investigaciones que, si bien menos numerosas, han logrado poner de relieve la polifuncionalidad, en sincronía, de la unidad estudiada (Delbecque 1994) o los procesos evolutivos que, diacrónicamente hablando, han conducido de un valor a otro en el *continuum* de la denominada "gramaticalización"[76] (Elvira 2009).

Nuestro objetivo en las líneas que siguen será tratar de aportar nuestro pequeño grano de arena al estudio del adverbio *bien*, centrándonos en el análisis diacrónico del mismo e intentando responder esencialmente a dos interrogantes centrales: nos preguntaremos, por una parte, en qué medida la posición sintáctica del adverbio puede o ha podido determinar su semántica o, al menos, favorecer o dificultar la adopción de nuevas funcionalidades; por otra, trataremos de comprender las razones que han podido conducir a que la unidad adverbial estudiada haya sufrido un deslizamiento semántico de marcada polarización, desde la expresión de la cualidad hasta la expresión de la cantidad, fenómeno que, lejos de lo que pudiera pensarse, no se limita a los usos coloquiales de las generaciones más jóvenes. En este sentido, no podemos sino compartir las palabras de Serradilla Castaño cuando afirma (2006: 217):

> "Considero que la visión diacrónica se hace absolutamente necesaria en el análisis de esta estructura para evitar afirmaciones como la que hace Marina Arjona cuando, al observar que el uso de *bien* como marca del superlativo absoluto se da fundamentalmente entre sus informantes más jóvenes, concluye que es un uso reciente, ignorando su uso con este valor en el español antiguo, e incluso en el propio latín, base de la fórmula utilizada también en otras lenguas, como el francés, el catalán o el italiano".

---

76 No abordaremos aquí el manido debate acerca de la terminología que conviene adoptar para hacer referencia a los procesos evolutivos que conducen a que ciertas unidades adverbiales adquieran la capacidad de sobrepasar los límites de la incidencia verbal para adoptar nuevas funciones en el marco de la oración o del discurso. Si bien es cierto que dichos procesos responden difícilmente a la caracterización tradicional del proceso de gramaticalización (*cf.* Lehmann 1995, Pons Rodríguez 2010), lo que ha llevado a numerosos investigadores a proponer nuevos términos que podrían definirlos mejor, como *desgramaticalización, postgramaticalización, pragmaticalización* o *lexicalización* (*cf.* Gunthner y Mutz 2004, Elvira 2009), conservaremos aquí la denominación genérica de *gramaticalización*, entendiéndola como todo proceso que permite llegar de un significado conceptual a otro en mayor o menor medida procedimental (Escandell Vidal y Leonetti 2004: 1733).

154 María Belén Villar Díaz

Ahora bien, si la necesidad de una revisión diacrónica en profundidad de la unidad adverbial *bien* parece fuera de toda duda, nuestro proyecto inicial de estudio detallado de la totalidad de las ocurrencias presentes en los corpus de referencia pronto se reveló como excesivamente ambicioso para las limitaciones de la presente contribución. Por ello, además de reducir el marco de la investigación a los dos interrogantes planteados, nos hemos decantado por adoptar un modelo metodológico similar al cada vez más utilizado en el ámbito de la terminología diacrónica, a saber, el trabajo por "découpages temporels" (Dury 2008), es decir, la selección de varios cortes temporales susceptibles de permitir trazar tendencias evolutivas generales. De este modo, en lugar de proponer estadísticas y cronologías absolutas obtenidas del análisis completo del ingente número de ocurrencias que el adverbio estudiado presenta en los corpus que nos servirán como base de trabajo[77], limitaremos nuestras conclusiones a los datos derivados del estudio de un número reducido de textos correspondientes a distintas épocas históricas. Este modelo de análisis, que cuenta con la evidente ventaja de reducir a cifras manejables la cantidad de datos tratados, presenta, no obstante, innegables inconvenientes, entre los que destaca la dificultad de lograr la coherencia científica necesaria y deseada tanto a nivel de periodización como en lo que respecta a la tipología de textos seleccionados[78]. Teniendo en

---

77 Como bien señala Delbecque (1994: 435), "de cada mil palabras en un corpus ensayístico, por lo menos una es *así* y otra es *bien*. [...] Huelga decir que en el habla oral esta proporción será todavía bien superior; hasta podría exceder el uno por ciento de las ocurrencias". Efectivamente, son más de medio millar de ocurrencias de la forma *bien* las que se documentan en el *Corpus del Diccionario Histórico de la lengua española* (en adelante CDH) y cerca de 80 000 las que devuelve la búsqueda en el *Corpus del Español del Siglo XXI* (en adelante CORPES XXI).

78 Si, como hemos puesto de relieve en anteriores ocasiones (Villar Díaz 2013:164), todo estudio de corpus se enfrenta a las dificultades inherentes a una recopilación de datos necesariamente parcial y a menudo desequilibrada (Pons Rodríguez 2010: 528 y ss.), el trabajo por franjas temporales no hace sino aumentar los riesgos de sesgo posible, en la medida en que, por una parte, toda periodización implica un elevado componente de subjetividad (si el investigador cuenta ya con ciertos datos o intuiciones que puedan justificar sus opciones) o incluso de aleatoriedad (en caso de establecimiento de franjas temporales "a ciegas") y, por otra, la selección operada conduce en ocasiones a conclusiones que, más que responder a tendencias generales de la lengua, pueden reflejar ciertos gustos idiosincrásicos de determinados autores o ciertas modas pasajeras debidas a múltiples factores exteriores a la lengua. Con todo, la posibilidad de trabajar con corpus permite llevar a cabo investigaciones apenas imaginables hace décadas, por lo que los riesgos parecen claramente inferiores a los

La plasticidad semántico-pragmática del adverbio *bien*   155

cuenta esta dificultad mayor, hemos tratado de prestar una atención particular a la etapa de selección, a fin de garantizar, en la medida de lo posible, una
recopilación de datos cuantitativa y cualitativamente satisfactoria, si bien cabe
advertir al lector que las conclusiones obtenidas deberán ser tomadas como
meros indicadores posibles de tendencias evolutivas, cuya pertinencia tendrá
que ser confirmada y/o afinada por estudios más completos.

Nuestra investigación se basará, así, en la revisión de los usos y valores de
la lexía *bien* de naturaleza adverbial en cuatro obras destacadas de la literatura
castellana[79] (*El Cid*, *La Celestina*, *El Quijote* -primera parte- y *La Regenta*), a
partir de las versiones recogidas en el CDH, revisión que completaremos con el
análisis de las ocurrencias del adverbio *bien* en dos textos contemporáneos[80], la
más reciente novela peninsular presente en dicho corpus (*Soldados de Salamina*,
de Javier Cercas) y una de las más actuales recogidas en CORPES XXI, *Las formas del querer*, de Inés Martín Rodrigo. Pensamos, con ayuda de este corpus
parcial, poder cotejar de manera razonablemente satisfactoria los empleos de la
unidad adverbial en diferentes momentos de la historia del español peninsular
lo suficientemente alejados entre sí (inicio del castellano escrito, final de la Edad
Media, inicio del siglo XVII, final del siglo XIX y principio del siglo XXI) y a
partir de textos lo suficientemente comparables, tanto cuantitativa como cualitativamente (con todas las reservas señaladas[81]).

---

beneficios, siempre que se tomen los datos como meros indicadores de tendencias
evolutivas y no como verdades absolutas e irrefutables.

79   Como se ha puesto a menudo de relieve, ciertos valores del adverbio *bien* -particular-
mente el elativo- presentan divergencias importantes de frecuencia de uso en función
de la variedad diatópica analizada, siendo su presencia bastante más marcada en las
variantes americanas que en la peninsular (Salvador 1987: 429; Serradilla Castaño
2006: 219; Brown y Cortés Moreno 2013: 14). Dado que nuestro objetivo inicial es el
de plantear un recorrido histórico lo más coherente posible desde los orígenes del
castellano escrito hasta la actualidad, nos centraremos de modo exclusivo a lo largo
de este estudio en la variedad del español europeo, única que nos permite trazar el
camino completo, sin por ello negar, evidentemente, el enorme interés que puede
albergar un análisis comparativo entre diferentes variedades diatópicas a partir de
textos escritos desde la época colonial o tomando como base de estudio documentos
orales contemporáneos.

80   La decisión de revisar dos obras actuales responde a la citada búsqueda de equilibrio
cuantitativo, pues el estudio de la única novela del siglo XXI recogida en el CDH no
arrojaba datos cuantitativamente comparables a los de las restantes obras estudiadas.

81   Nuestras dos exigencias ineludibles a la hora de seleccionar los textos fueron, por
una parte, garantizar la presencia en los mismos de locutores "activos", que pudieran
dar rienda suelta a su subjetividad –ya fueran narradores, ya personajes– y, por otra

156 María Belén Villar Díaz

3 Consideraciones iniciales: acerca de la poliédrica realidad del adverbio *bien*

En su condición de adverbio de manera, *bien* se utiliza desde los orígenes de la lengua (al igual que se hacía ya en latín) como modificador del núcleo verbal de la oración, con el objetivo de indicar que la acción denotada por este se ha llevado a cabo del modo esperado, con arreglo a una serie de criterios de apreciación compartidos colectivamente por la comunidad. En función del contenido referencial del verbo modificado y del contexto de utilización del mismo, el adverbio podrá adquirir muy diversos y variados matices semánticos, que permitirán muy diversas y variadas paráfrasis por medio de otros adverbios o locuciones adverbiales. Así, no menos de diez equivalentes léxicos funcionan en el diccionario académico como definidores de la entrada *bien* en las distintas acepciones correspondientes a este valor primigenio: *según es debido, con razón, perfectamente, acertadamente, de buena manera, con buena salud, según se requiere, felizmente, de manera adecuada, de buena gana*, a los que cabría añadir muchos otros, como hace para el francés el *Trésor de la Langue Française*[82], a fin de hilar lo más finamente posible entre los diversos brillos significativos de la voz en sus múltiples contextos de aparición:

1. Sospiró mio Cid, ca mucho avié grandes cuidados / **fabló** mio Cid **bien** e tan mesurado (Anónimo, *Poema de Mio Cid*, c1140, CDH) [~ *adecuadamente*].

---

parte, evitar la mezcla de soportes diversos (escritura para las etapas anteriores de la lengua y oralidad para la etapa contemporánea), pues si bien es cierto que el empleo del *bien* elativo es particularmente frecuente en lengua oral, la inexistencia de corpus orales para etapas anteriores al siglo XX podría falsear de manera importante los resultados del estudio comparativo.

82 En un afán de exhaustividad, el *Trésor de la Langue Française* eleva esa lista, en el marco de la acepción 1 (adverbio de manera) de la entrada *bien* de la lengua francesa, nada menos que a 45 adverbios o locuciones "cuasi sinónimas": *agréablement, assurément, bellement, certainement, excellemment, expressément, formellement, gracieusement, joliment, judicieusement, logiquement, méthodiquement, rationnellement, remarquablement, sûrement, comme il faut, dignement, honnêtement, honorablement, nécessairement, noblement, sagement, affablement, aimablement, courtoisement, gentiment, absolument, adroitement, avantageusement, complètement, convenablement, correctement, entièrement, favorablement, habilement, heureusement, impeccablement, intégralement, pleinement, réellement, totalement, tout-à-fait, utilement, véritablement, vraiment*.

La plasticidad semántico-pragmática del adverbio *bien*   157

(2) **Sabet bien** que, si ellos le viessen, non escapara de muert (Anónimo, *Poema de Mio Cid*, c1140, CDH) [~ *con certeza*].

(3) ¿Quién vio por Castiella tanta mula preciada / e tanto palafré que **bien anda**, / cavallos gruessos e corredores sin falla, / tanto buen pendón meter en buenas astas, / escudos boclados con oro e con plata, / mantos e pielles e buenos cendales d'Andria? (Anónimo, *Poema de Mio Cid*, c1140, CDH) [~ *con elegancia*].

Fuera de la predicación estrictamente verbal, *bien* modifica asimismo desde los primeros textos, en el marco intraoracional y con idéntica poliedricidad semántica modal, a voces adjetivas, muchas de ellas de origen participial[83], a las que se antepone sistemáticamente, contexto que no da cuenta sino de la perspectiva resultativa de la acción anteriormente comentada (**ensellar bien** los caballos > caballos **bien ensellados**):

(4) Danle tres palafrés muy **bien ensellados** / e buenas vestiduras de pelliçones e de mantos (Anónimo, *Poema de Mio Cid*, c1140, CDH) [~ *adecuadamente*].

Ahora bien, la predicación modal no parece suficiente para dar cuenta de la semántica de *bien* en la totalidad de sus ocurrencias en los primeros textos escritos en castellano. Por una parte, se documentan secuencias de interpretación ambigua, en las que diversas lecturas, una modal y otra de diferente naturaleza, parecen posibles.

(5) Echásteslede tierra, non hala vuestra amor; / maguer en tierra agena, él **bien faze** lo so (Anónimo, *Poema de Mio Cid*, c1140, CDH) [?*adecuadamente*; ?*efectivamente*].

(6) Andava mio Cid sobre so buen cavallo, / la cofia fronzida, ¡Dios, cómmo es **bien barbado!** (Anónimo, *Poema de Mio Cid*, c1140, CDH) [?*conforme al uso*; ?*muy*].

Por otra, numerosos son los casos en los que una interpretación diferente a la modal se impone necesariamente:

(7) Ferrán Gonçález a Pero Vermúez el escudo·l' passó, / prísol' en vazío, en carne no·l' tomó, / **bien** en dos logares el astil le **quebró**. (Anónimo, *Poema de Mio Cid*, c1140, CDH) [*adecuadamente*].

(8) En estas nuevas todos se alegrando, / de parte de orient vino un coronado, / el obispo don Jerónimo so nombre es llamado, / **bien entendido** es de letras e mucho acordado[84], / de pie e de cavallo mucho era arreziado (Anónimo, *Poema de Mio Cid*, c1140, CDH) [*correctamente*].

83

84 Nótese aquí cómo la interpretación intensiva viene favorecida por la presencia del adverbio cuantificador *mucho* en la coordinación.

158   María Belén Villar Díaz

En este último caso cabe incluir los usos de *bien* preadverbial, difícilmente adscribibles al valor modal:

> (9) El buen Canpeador, que en buen ora cinxo espada, / derredor del otero, **bien cerca** del agua, / a todos sos varones mandó fazer una cárcava, / que de día nin de noch non les diessen arrebata
> (Anónimo, *Poema de Mio Cid*, c1140, CDH)

Se intuye, pues, desde los orígenes de la lengua la existencia de cierta polivalencia semántica y funcional de la unidad *bien*, que merece un estudio pormenorizado.

Recordemos, para comenzar, que esta condición de "poliedricidad"[85] no es en absoluto exclusiva de la voz estudiada, pues son numerosos los adverbios que en lengua romance añaden progresivamente a su valor inicialmente modal otro u otros de diferente naturaleza, en mayor o menor medida gramaticalizados[86]. En la mayoría de los casos, este aumento del alcance se realiza de manera progresiva, con cronologías casi tan variadas como adverbios existen, pero siguiendo casi siempre el ya clásico esquema propuesto por Traugott (1995), a saber: valor modal > valor oracional > valor discursivo.

En sincronía, la unidad que nos ocupa parece haber finalizado el proceso, ya que puede actuar, según la terminología empleada por Delbecque (1994: 454 y ss.) como "adverbio predicativo" (predicando, en la esfera de lo dicho, algo acerca de una unidad dada -verbal, adjetiva o adverbial-, en el marco de la oración), como "adverbio apredicativo" (con función enunciativa, en la esfera del decir, aplicable a la totalidad de la oración) y, finalmente, como "adverbio transpredicativo" (con función ya argumentativa ya conectiva, en la esfera del decir, aplicable al ámbito interoracional o discursivo).

Diacrónicamente hablando, los primeros testimonios escritos del castellano no permiten documentar, según los datos de que disponemos, usos transpredicativos de *bien* (cuya aparición es más tardía[87]), pero sí ponen de relieve, por

---

85   Permítasenos adoptar el concepto acuñado por Cabré (2008), que desviamos voluntariamente de su cometido inicial (descripción semántica de las unidades terminológicas), con el objetivo de aludir a las múltiples caras que el adverbio estudiado ofrece a lo largo de la historia.

86   Puede verse al respecto, por ejemplo, el volumen editado por Garcés Gómez (2013) sobre los procesos de formación y evolución de los adverbios con función discursiva.

87   No pudiendo analizar aquí los diferentes valores del adverbio *bien* con función transpredicativa, invitamos al lector a consultar la magnífica contribución de Delbecque (1994). En lo que respecta a la aparición y evolución de dichos valores, vehiculados ya por la lexía simple *bien*, ya por conectores argumentativos lexicalizados (*antes bien, ahora bien, más bien…* -Elvira 2009-) o por conjunciones lexicalizadas (*bien…bien,*

La plasticidad semántico-pragmática del adverbio *bien*   159

el contrario, la convivencia desde épocas tempranas de los usos predicativo (arriba comentado) y enunciativo.

Detengámonos en este último. La noción del bien, que, junto a la del mal, fundamenta una de las dicotomías centrales en la comprensión humana del mundo, tiende a sobrepasar la simple modalización de acciones según criterios culturalmente compartidos, para convertirse en un indicio de la actitud del hablante frente a su propio discurso. En otras palabras, el adverbio *bien* puede convertirse en "instrumento del decir y ya no sólo de lo dicho" (Delbecque 1994: 440): así, el empleo de la unidad adverbial permite al locutor manifestar su propia opinión, hacerse subjetivamente presente en el discurso, "subjetivización" que ha sido descrita como uno de los elementos clave para el éxito del proceso de discursivización adverbial (Traugott 1989). La semántica etimológica del adverbio (*bien* como elemento favorable, situado en lo alto de la escala de valores) favorece, de este modo, su empleo con valor de refuerzo, enunciativo en un primer momento y argumentativo posteriormente, lo que acerca la unidad, en cierto modo, a la expresión de la modalidad epistémica, en la medida en que, por medio del adverbio, el locutor muestra su capacidad de dar cuenta de su elevado (por ser bueno) grado de certeza acerca de aquello que avanza. Nótese, por ejemplo, la importancia de la subjetividad epistémica del hablante en un ejemplo como el que sigue[88] (las negritas y el subrayado son nuestros):

(10) Ahí entra bien también -dijo Sancho- lo que algunos desalmados dicen: "No pidas de grado lo que puedes tomar por fuerza"; aunque mejor cuadra decir: "Más vale salto de mata que ruego de hombres buenos". Dígolo porque si el señor rey, suegro de vuestra merced, no se quisiere domeñar a entregalle a mi señora la infanta, no hay sino, como vuestra merced dice, roballa y transponella. Pero está el daño que, en tanto que se hagan las paces y se goce pacíficamente del reino, el pobre escudero se podrá estar a diente en esto de las mercedes, si ya no es que la doncella tercera que ha de ser su mujer se sale con la infanta y él pasa con ella su mala ventura, hasta que el cielo ordene otra cosa; porque **bien podrá, <u>creo yo, desde luego</u>** dársela a su señor por legítima esposa (Miguel de

---

bien que, si bien...), la realización de un estudio completo y detallado (que sobrepasaría con creces los límites de la presente contribución) nos parece necesaria.

88 Hemos seleccionado a modo de ejemplo una ocurrencia tardía, en aras de la claridad de la argumentación, pero insistimos en que son abundantes desde los primeros documentos escritos en castellano los casos en los que *bien* funciona como refuerzo epistémico de la subjetividad del hablante: "- ¡Grado al Criador e a vós, Cid, barba vellida! / Todo lo que vós feches es de buena guisa, / non serán menguadas en todos vuestros días. / – ¡Cuando vós nos casáredes *bien* seremos ricas!" (Anónimo, *Poema de Mio Cid*, c1140, CDH).

Cervantes Saavedra, *El ingenioso hidalgo don Quijote de la Mancha. Primera parte*, 1605, CDH).

Además de las secuencias con verbo copulativo (que merecerían un estudio aparte), favorecen la aparición del matiz de subjetividad epistémica dos grandes categorías de verbos: los verbos *cogitandi* y *dicendi*, por una parte, y los verbos modales, por otra. En lo que atañe a los primeros, la necesaria intervención del hablante en aquello que manifiesta pensar o que explicita decir facilita la ampliación del alcance del adverbio *bien*, que abandona de este modo la predicación estrictamente modal para referir al alto grado de convicción del locutor acerca de la veracidad de lo que afirma (*bien creo/digo que* + subordinada > 'creo/digo que lo que afirmo en la proposición subordinada ofrece un elevado grado de certeza'), veracidad de la que incluso puede hacer cómplice a su interlocutor, en una suerte de intersubjetivización enunciativa:

(11) Metívos en sus manos, fijas amas a dos; / **bien <u>me</u> lo creades** que él vos casa, ca non yo (Anónimo, *Poema de Mio Cid*, c1140, CDH).

A esta gran categoría podrían adscribirse secuencias con verbo de pensamiento implícito (*calculo/estimo/juzgo*) relativas a consideraciones de orden numérico y cuyo objetivo pragmático es reforzar una cuantificación, afirmando la veracidad de la existencia de la cantidad anunciada, juzgada necesaria o importante en el contexto de la enunciación[89]:

---

89 Este valor se recoge en el *Diccionario de la Lengua Española* (DLE) gracias al ejemplo *bien andaríamos cinco leguas*, que se presenta bajo el descriptor "seguramente, aproximadamente", descriptor que a la luz de lo indicado nos parece ligeramente inexacto. Efectivamente, si la presencia del adverbio (y del condicional) invita a intuir la intención por parte del locutor de añadir a su intervención un cariz epistémico (del que carecería la mera aserción "anduvimos cinco leguas"), la elección del adverbio *bien* parece propiciar aquí una lectura de cuasi certeza; para el hablante no se trata, pues, de una simple aproximación ('calculo que anduvimos unas cinco leguas, aunque pudieron ser cuatro o seis'), sino del establecimiento de una frontera mínima de cumplimiento en la cantidad indicada, que es la que se considera necesaria y suficiente, de manera que la aproximación podría establecerse solamente en una cantidad mayor a la presentada, pero nunca inferior ('cinco leguas o más'), de ahí que en este tipo de contexto tiendan a aparecer en la actualidad adverbios como *fácil(mente)*: *en su boda había fácilmente cien invitados* (el cálculo de la cifra indicada se describe como sencillo/evidente, de manera que la cantidad final solo puede ser igual o superior; si quisiéramos parafrasear la secuencia, no sería diciendo *en su boda había aproximadamente cien invitados*, sino más bien *en su boda había al menos cien invitados*).

La plasticidad semántico-pragmática del adverbio *bien*   161

(12) **Bien** somos nós **seiscientos**, algunos ay de más; / en el nombre del Criador, que non pase pro ál: / vayámoslos ferir en aquel día de cras (Anónimo, *Poema de Mio Cid*, c1140, CDH)

Los verbos modales *deber* y *poder*, por su parte, habían dado muestra, desde los primeros testimonios escritos en castellano, de una ampliación de su significado inicialmente radical ("lo que puede o debe ocurrir si se dan explícita o contextualmente ciertas circunstancias reales", Elvira 2006: 641) hacia nuevos valores anclados en lo epistémico ("lo que puede o debe ser el caso, sobre la base de inferencias derivadas de hechos conocidos, que se enuncian o se presumen contextualmente" –*ibidem*–) tras la actuación de un proceso de gramaticalización por transferencia metonímica[90]. La anteposición a estas unidades verbales del adverbio *bien* no hará sino reforzar el nivel de certeza epistémica ya presente, por medio de una clara intensificación de la misma: *puede ser* (valor epistémico: 'creo que es posible') > *bien puede ser* (valor epistémico reforzado: 'creo, realmente/firmemente, que es posible' / 'creo que es muy posible'), siendo este valor el claramente predominante a partir de la época clásica (véase el ejemplo 10).

La consolidación del valor de refuerzo enunciativo descrito se encuentra, probablemente, en la base tanto del paulatino incremento de empleo, desde finales de la Edad Media, del adverbio *bien*, como en la ampliación progresiva de sus posibles contextos de uso (y con ello de sus valores semánticos y pragmáticos).

En el plano intraoracional, la capacidad de refuerzo de *bien* le permitirá servir como intensificador del valor denotativo de verbos, adjetivos y adverbios (véanse los ejemplos 8 y 9) –a ello dedicaremos nuestra atención en el apartado 4–.

En el plano interoracional, tal capacidad lo conducirá a aparecer de manera privilegiada en ciertas construcciones que anuncian la progresión del adverbio hacia lo discursivo, con diversas y variadas funciones. Así, por ejemplo, a partir de finales de la Edad Media se asistirá a una eclosión de estructuras condicionales en las que *bien* introduce una apódosis de naturaleza evidencial-consecutiva (en las que podría ser parafraseable por *entonces [con razón]*):

(13) **Si** los deseos se sustentan con esperanzas, no habiendo yo dado alguna a Cristóstomo, ni a otro alguno el fin de ninguno dellos, **bien** se puede decir que antes

---

90 Para una información completa sobre las condiciones y contextos de aparición de dicho valor epistémico, puede consultarse Elvira 2006.

le mató su porfía que mi crueldad (Miguel de Cervantes Saavedra, *El ingenioso hidalgo don Quijote de la Mancha. Primera parte*, 1605, CDH).

Pero será sobre todo en contextos de naturaleza adversativa donde *bien* comience a establecerse con mayor arraigo, allanando el camino para la creación y consolidación posterior de las múltiples locuciones conjuntivas y partículas conectivas que, hoy lexicalizadas, desempeñan su función en contextos opositivos o concesivos (*bien que, si bien, ahora bien*, etc.).

(14) Estos días y estas horas **bien sé yo que** para mí fueron aciagos y menguadas y **bien sé que** comencé a dudar en ellos y aun a descreer de la fe de don Fernando [...], **pero** todo esto se acabó en un punto. (Miguel de Cervantes Saavedra, *El ingenioso hidalgo don Quijote de la Mancha. Primera parte*, 1605, CDH).

(15) En Florencia, ciudad rica y famosa de Italia, en la provincia que llaman Toscana, vivían Anselmo y Lotario, dos caballeros ricos y principales, y tan amigos que, por excelencia y antonomasia, de todos los que los conocían "los dos amigos" eran llamados. Eran solteros, mozos, de una misma edad y de unas mismas costumbres, todo lo cual era bastante causa a que los dos con recíproca amistad se correspondiesen. **Bien es verdad que**[91] el Anselmo era algo más inclinado a los pasatiempos amorosos que el Lotario, al cual llevaban tras sí los de la caza; **pero**, cuando se ofrecía, dejaba Anselmo de acudir a sus gustos, por seguir los de Lotario, y Lotario dejaba los suyos, por acudir a los de Anselmo. (Miguel de Cervantes Saavedra, *El ingenioso hidalgo don Quijote de la Mancha. Primera parte*, 1605, CDH).

Finalmente, precedido del adverbio de negación *no*, *bien* adquiere la capacidad de introducir temporalidad inmediata, a través de la mitigación del efecto de completitud de la acción verbal:

(16) **No** hubo **bien** nombrado a don Fernando la que el cuento contaba, **cuando** a Cardenio se le mudó el color del rostro (Miguel de Cervantes Saavedra, *El ingenioso hidalgo don Quijote de la Mancha. Primera parte*, 1605, CDH).

---

91 La estructura *bien es verdad* seguida de subordinada completiva será una de las más productivas a este respecto. Si bien ninguna ocurrencia se documenta en *La Celestina* (de hecho, para el periodo medieval CDH solamente recoge dos casos en el *Libro del caballero Cifar* y apenas una veintena a lo largo del siglo XV), son ya numerosos los ejemplos presentes en la obra analizada de Cervantes. Empleada en ocasiones con simple valor de refuerzo enunciativo, aparece, sin embargo, en la mayor parte de las ocurrencias estudiadas en secuencias explícita o implícitamente antiorientadas anafórica o catafóricamente, en un esfuerzo de reconocimiento o concesión de un hecho conocido o probado, que, sin embargo, se ve puesto en tela de juicio por el contexto adyacente.

La plasticidad semántico-pragmática del adverbio *bien*   163

No compartimos en este punto la visión de Delbecque (1994: 459), cuando afirma que "al negar la valoración positiva del evento, se quita el valor enunciativo de asenso acarreado normalmente por el adverbio *bien* solo, lo cual implica el valor enunciativo contrario, a saber, la sugerencia de que se trata de algo inintencionado, involuntario y hasta contrario al deseo del hablante". En nuestra opinión, la negación de *bien* sirve para revertir su capacidad de refuerzo enunciativo, convirtiéndolo en elemento de mitigación, en contextos marcados por la presencia exclusiva de verbos de naturaleza télica. El adverbio *bien* aplicado a tales verbos no predica modalmente sobre la calidad de las acciones denotadas (en el sentido arriba descrito), sino que alude a la realización completa –y, por consiguiente, satisfactoria– de las mismas (en nuestro ejemplo, *bien nombrar* no sería sinónimo de realizar 'adecuadamente' la acción de nombrar, sino de hacerlo 'de manera completa'); la negación del adverbio supone, por lo tanto, la existencia de una suerte de interrupción, que, sin llegar a impedir la finalización de la acción (dado que esta se realiza efectivamente), deteriora su completud.

4 Anteposición o posposición: he ahí la cuestión

En su ya citada contribución al tema que nos ocupa, Delbecque afirmaba (1994: 445):

> Pospuesto al verbo, el adverbio se interpreta como una unidad léxica "llena", que expresa la idea de modo. Los adverbios *bien/mal* valoran con respecto a una norma (implícita). [...] Su anteposición al verbo hace aparecer una vacilación entre el valor predicativo original y un valor apreciativo que puede calificarse de "enunciativo".

Una rápida revisión de las secuencias que hasta el momento nos han permitido ejemplificar las múltiples y variadas facetas del adverbio *bien* invitaría a confirmar la intuición de la lingüista belga. La identificación entre valor modal y posposición a la forma verbal, por un lado, y valor enunciativo y anteposición, por otro, responde bastante bien a los resultados que arroja la revisión de los datos desde una perspectiva sincrónica, en la que los escasos desequilibrios de la identificación señalada (excepción hecha de ciertos usos intensificadores a los que dedicaremos nuestra atención más adelante) vienen motivados exclusivamente por ciertas restricciones gramaticales o por razones de naturaleza estilística.

Diacrónicamente hablando, sin embargo, si parece fuera de toda duda, a la luz de los ejemplos aportados, que la adopción por parte de la lexía *bien* de un contenido apreciativo subjetivo capaz de transformarla en elemento de refuerzo

164   María Belén Villar Díaz

enunciativo se acompaña casi[92] sistemáticamente de una preferencia sintáctica por la posición preverbal, no puede afirmarse, por el contrario, que la totalidad de las ocurrencias del adverbio *bien* en posición preverbal sean portadoras de contenido subjetivo-apreciativo (ni siquiera que se trate de formas de dudosa o ambigua interpretación). Dicho de otro modo, admitiendo que la unidad *bien* con valor de adverbio de manera se sitúa claramente en español contemporáneo tras el verbo al que complementa (*entender bien, bailar bien, hablar bien…*), es necesario constatar que esta no fue la posición privilegiada para el valor modal en todas las etapas de la historia de nuestra lengua. Veámoslo con ayuda de un gráfico comparativo de los porcentajes de ocurrencias de *bien* preverbal y posverbal con valor modal[93] en los cinco periodos estudiados:

Los datos que ofrece el análisis estadístico del corpus, cuya representación gráfica dibuja una "V" casi perfecta, resultan particularmente evocadores. En efecto, si, como adelantábamos, en español contemporáneo existe un más que evidente predominio de adverbios modales pospuestos al verbo (el 98,02 % de la totalidad de las ocurrencias extraídas), la situación era diametralmente opuesta en la Edad Media (en el *Poema de Mio Cid* solamente el 4,62 % de los adverbios modales aparecían tras la forma verbal complementada). Cabe añadir a ello que el proceso evolutivo que conduce de una a otra situación se produce de modo paulatino y progresivo, con dos saltos bruscos, no obstante: el primero entre la Edad Media y la época clásica y el segundo entre finales del siglo XIX y nuestros días.

Para tratar de comprender esta, más que evolución, revolución sintáctica, deben tenerse en cuenta diversos factores. La estructuración inicial de la secuencia castellana privilegiaba la herencia latina, de modo que, en los primeros textos escritos en romance, la anteposición de *bien* era la posición no marcada, como podemos ver en el ejemplo (3) o en ocurrencias como la siguiente:

---

92 De los 86 casos de *bien* con valor de refuerzo enunciativo documentados en nuestro corpus, solamente 4 (el 4,65 % del total, todos ellos localizados en la misma obra) aparecen pospuestos a la forma verbal. Sirva la siguiente ocurrencia como ejemplo: "Podía *bien*, cuando lo contase a otro, afirmar y jurar que lo había visto todo" (Miguel de Cervantes Saavedra, *El ingenioso hidalgo don Quijote de la Mancha. Primera parte*, 1605, CDH).

93 Para la elaboración del gráfico, se han extraído los porcentajes teniendo en cuenta exclusivamente las ocurrencias de *bien* modificador verbal con valor modal (764 tokens de los 1149 que componen el corpus completo). Se incluyen en el valor considerado modal algunos ejemplos de lectura ambigua, denominados más adelante "polifónicos".

La plasticidad semántico-pragmática del adverbio *bien* 165

(17) Haz tú lo que **bien digo** y no lo que <u>mal hago</u>[94] (Fernando de Rojas, *La Celestina. Tragicomedia de Calisto y Melibea*, c1499–1502, CDH)

A partir de finales de la Edad Media se aprecia, sin embargo, una neta transformación, que conducirá a la reducción progresiva de la sintaxis preverbal del adverbio de manera. El análisis detallado de las ocurrencias documentadas en el corpus permite avanzar como hipótesis explicativa la coexistencia de dos factores que habrían podido favorecer el cambio.

El primer gran factor es de naturaleza gramatical y concierne a la existencia de ciertos contextos frásticos que parecen poder situarse en el origen del aumento de frecuencia de la posposición adverbial. Citemos, en primer lugar, la negación: la presencia de un adverbio de negación (particularmente *no*) en anteposición verbal favorecerá el desplazamiento del adverbio modal a la posición posverbal, dando lugar a dicotomías como la que sigue:

(18) **Bien te oí**, y no pienses que el oír con los otros exteriores sesos de mi vejez haya perdido (Fernando de Rojas, *La Celestina. Tragicomedia de Calisto y Melibea*, c1499–1502, CDH).

(19) **No te oí bien** eso que dijiste. Torna, dilo, no procedas (Fernando de Rojas, *La Celestina. Tragicomedia de Calisto y Melibea*, c1499–1502, CDH).

Idéntico papel parece haber desempeñado el imperativo afirmativo:

(20) **Bien oyes** este clamor de campanas, este alarido de gentes (Fernando de Rojas, *La Celestina. Tragicomedia de Calisto y Melibea*, c1499–1502, CDH).

(21) **Escucha bien** a Celestina (Fernando de Rojas, *La Celestina. Tragicomedia de Calisto y Melibea*, c1499–1502, CDH).

La hipotaxis parece, finalmente, ser otro de los contextos susceptibles de haber facilitado la posposición adverbial, con una ligera reticencia, no obstante, por parte de las subordinadas relativas:

(22) Sabes **que le quiero yo bien**[95] y le tengo por hijo (Fernando de Rojas, *La Celestina. Tragicomedia de Calisto y Melibea*, c1499–1502, CDH).

(23) Perla de oro, verás **si te quiere bien** quien te visita a tales horas (Fernando de Rojas, *La Celestina. Tragicomedia de Calisto y Melibea*, c1499–1502, CDH).

---

94 Nótese que la coordinación con la segunda proposición en la que el verbo se halla modificado por el adverbio *mal* antepuesto invita claramente a una lectura modal (y no enunciativa) de la secuencia.

95 El interés extraordinario del sintagma "bien querer" o "querer bien" merecería que se le dedicara un estudio completo, que aquí no podemos, lamentablemente, abordar.

166 María Belén Villar Díaz

(24) Por Dios, pecado ganas en no dar parte destas gracias a todos **los que bien te quie-ren** (Fernando de Rojas, *La Celestina. Tragicomedia de Calisto y Melibea*, c1499–1502, CDH).

El segundo gran factor explicativo tiene que ver, por su parte, con una más que probable toma paulatina de conciencia por parte de los hablantes de la cada vez más fuerte tendencia a reservar la posición preverbal (muy a menudo inicial absoluta de secuencia) a adverbios que expresan algo más que la simple manera "adecuada" de llevar a cabo la acción verbal. El hablante de finales de la Edad Media no podía ser ajeno, por ejemplo, a la clara dicotomía que comenzaba a perfilarse entre oraciones como las que siguen:

(25) O yo no **veo bien**, o aquélla es Celestina (Fernando de Rojas, *La Celestina. Tragicomedia de Calisto y Melibea*, c1499–1502, CDH).

(26) Mucho me maravillo, señora Melibea, de la duda que tienes de mi secreto; no temas, que todo lo sé sofrir y encubrir, que **bien veo** que tu mucha sospecha echó, como suele, mis razones a la más triste parte (Fernando de Rojas, *La Celestina. Tragicomedia de Calisto y Melibea*, c1499–1502, CDH).

Si el verbo modificado en (25) y (26) por el adverbio *bien* es el mismo (*ver*), resulta patente que la posposición adverbial se reserva para el uso recto del mismo (verbo de sentido físico, que activa la modalización de manera vehiculada por la forma adverbial), mientras que la anteposición favorece la comprensión del mismo como fruto de un proceso de abstracción que le permite ser utilizado como verbo *cogitandi* (y, por ende, como anunciador de la subjetividad del locutor).

De este modo, asistimos a una modificación sustancial, en un lapso de tiempo relativamente corto, de la sintaxis del adverbio modal, que pasa de la anteposición casi sistemática a una posposición claramente predominante. Un recorrido por las ocurrencias de nuestro texto de finales del siglo XIX muestra de manera indiscutible que son ya muy reducidos los contextos que autorizan la posición preverbal del adverbio, ubicada, con escasas excepciones, como señalábamos, en inicio absoluto de secuencia (principal o subordinada):

(1) Adverbios con claro valor de refuerzo enunciativo (no modales, por tanto)

(27) El aya había procurado seducir a don Carlos; sabía que su difunta esposa era una humilde modista y ella, doña Camila Portocarrero, que se creía descendiente de nobles, **bien podía** aspirar a la sucesión de la italiana (Leopoldo Alas Clarín, *La Regenta*, 1884–1885, CDH).

(28) Registrándole el baúl, en su ausencia, había encontrado varias alhajas que **bien valdrían** dos mil reales (Leopoldo Alas Clarín, *La Regenta*, 1884–1885, CDH).

La plasticidad semántico-pragmática del adverbio *bien*   167

(2) Adverbios "polifónicos[96]" (modales / enunciativos)

(29) Y el amor, aquel amor, lo que ella se figuraba, pecado, pequeñez; **bien había hecho** ella en vivir prevenida (Leopoldo Alas Clarín, *La Regenta*, 1884–1885, CDH).

(30) No era esto lo que quería decir. **Bien lo comprendió** su tía (Leopoldo Alas Clarín, *La Regenta*, 1884–1885, CDH).

(3) Adverbios modales, reducidos a la mínima expresión y sometidos a restricciones sintácticas más o menos coercitivas, particularmente las determinadas por la presencia de cuantificadores y/o estructuras exclamativas:

(31) De una en otra vino a parar en hombre de letras, hasta el punto de jurarse solemnemente y con la energía que **tan bien sienta** en los defensores de la patria, ser un erudito (Leopoldo Alas Clarín, *La Regenta*, 1884–1885, CDH).

(32) ¡Quién lo pensara! ¡Y **qué bien casaban** aquellos colores! (Leopoldo Alas Clarín, *La Regenta*, 1884–1885, CDH)

Esta tendencia a la baja no solo se confirmará, sino que se agudizará profundamente a lo largo del siglo XX, para conducir a la indigencia contemporánea de la sintaxis antepuesta. Los usos de *bien* antepuesto con valor de refuerzo enunciativo (o polifónico) quedarán paulatinamente reducidos a meras lexicalizaciones de estructuras particularmente frecuentes en etapas anteriores de la lengua (entre las que destacan *bien saber* -que comienza, sin embargo, a convivir con *saber bien*, excepto para sintagmas totalmente fosilizados como *bien sabe Dios*- y *bien es cierto/verdad*),

(33) Y por eso le extrañó tanto -y le dolió, **bien lo sé yo**- que empezara a ausentarse de sus paseos (Inés Martín Rodrigo, *Las formas del querer*, 2022, CORPES XXI)

mientras que los usos con valor estrictamente modal parecen limitarse esencialmente a los citados contextos cuantitativos:

(34) Llamaron al joven párroco con el que **tan bien se llevaba** ella, para que le diera la extremaunción (Inés Martín Rodrigo, *Las formas del querer*, 2022, CORPES XXI)

Todo lo indicado nos lleva a confirmar que la dicotomía anteposición/posposición puede resultar de cierta utilidad para explicar la posición sintáctica del adverbio *bien* modal modificador de forma verbal en español clásico y moderno,

---

96   Entendemos por *polifonía*, con Delbecque (que se inspira en la noción acuñada por Ducrot en 1980), el hecho de que "una misma ocurrencia pueda dar cabida a más de una función" (1994: 460), es decir, de que varias lecturas sean posibles, una en la que cabría privilegiar la lectura modal y otra en la que podrían apreciarse rasgos afectivo-apreciativos que pondrían de relieve una presencia más activa del locutor.

168   María Belén Villar Díaz

así como las huellas que de la misma ha conservado el español contemporáneo. Sin embargo, a diferencia de lo que ocurre para la mayor parte de los adverbios (sobre todo en *-mente*) que desde épocas tempranas han adquirido funciones enunciativas o discursivas, la sintaxis pre o posverbal de *bien* no parece en absoluto determinante, al menos hasta bien entrado el Siglo de Oro, por lo que no puede ser utilizada como criterio exclusivo ni imprescindible en la determinación de la ampliación del alcance del adverbio.

Tal afirmación es tanto más certera cuanto que, en lo que respecta al valor ponderativo de intensificación elativa que puede vehicular igualmente el adverbio *bien* (valor al que dedicaremos nuestro último apartado), el corpus no hace sino confirmar la tendencia progresiva a la posposición del adverbio a la forma verbal (del *bien sofriré yo* de *La Celestina* al actual *he sufrido bien*), por lo que la distribución sintáctica verbo/adverbio en la secuencia no parece definitivamente determinante para identificar la semántica (modal o ponderativa) activada por la unidad adverbial *bien* en cada caso, siendo únicamente el contexto y la orientación de polaridad de las unidades complementadas por el adverbio los que podrán guiar la inferencia interpretativa.

Añadamos, para finalizar este apartado, un último y breve apunte, relativo a la sintaxis de los adverbios modificadores de adjetivos (o de otros adverbios, en el caso del *bien* ponderativo). Si el corpus confirma, como veremos, la existencia de un aumento progresivo de empleo del *bien* ponderativo en español, ninguna modificación sintáctica acompaña tal movimiento de expansión. Desde el latín hasta el español contemporáneo, *bien* modifica a adjetivos y adverbios en posición exclusivamente antepuesta, tanto si vehicula contenido modal[97] como si es fuente de semántica elativa.

5 Sobre cualidades y cantidades: el *bien* de valor elativo

Hemos visto hasta aquí que el polifacético adverbio *bien* no solo es capaz de complementar, originalmente antepuesto y rápidamente pospuesto, a verbos (y desde siempre antepuesto, a adjetivos), indicando que la acción o la condición por aquellos denotada está provista de un alto nivel de calidad según una escala socialmente compartida, sino que también es susceptible de cargarse de contenido apreciativo-subjetivo para, sobrepasando los límites de la predicación

---

97 Ello explica la elevadísima frecuencia de lexicalización del adverbio *bien* (y más aún de su antónimo *mal*) como constituyentes cuasi prefijales en español con valor modal de manera (*bien venido / bienvenido; bien oliente / bienoliente; bien hablado / bienhablado...*).

La plasticidad semántico-pragmática del adverbio *bien*　　169

modal, aportar información de naturaleza epistémica acerca del alto grado de certeza de lo dicho, pudiendo esta función de refuerzo trasladarse incluso al ámbito interoracional o discursivo y orientar la argumentación, con matices muy diversos de concesión, oposición o inmediatez, derivados de su condición de reforzador del decir.

Ahora bien, nuestra unidad adverbial posee la capacidad, asimismo, de combinarse con verbos, adjetivos o adverbios, dentro del marco oracional, pero fuera de los límites de la predicación modal, para aportar semántica elativa. Dicho de otro modo, *bien* puede funcionar como intensificador de grado superlativo.

Como señalábamos al principio, el valor elativo de *bien* no es ni reciente, ni exclusivamente oral y no está limitado al habla de las generaciones más jóvenes y mucho menos al contorno de la lengua española. Bien al contrario, la naturaleza ponderativa del adverbio es compartida desde sus orígenes por todas las lenguas romances, puesto que encuentra sus raíces en la lengua latina. Ya en latín, en efecto, y particularmente (por razones expresivas obvias) en el discurso de los más afamados oradores, era frecuente el empleo de *bien* con este valor:

(35) Habetis sermonem **bene longum**[98] (Cicerón, *De oratore, Liber secundus*, PERSEUS)

No sorprende, por tanto, encontrarlo desde las primeras documentaciones escritas en castellano, tanto como intensificador de adjetivos y adverbios (recuérdense los ejemplos 8 y 9), como de formas verbales (grandes olvidadas de los estudios sobre el valor elativo de *bien*[99]):

(36) ¡Oíd, Minaya Álbar Fáñez, por aquel que está en alto: / Cuando Dios prestarnos quiere, / nós **bien ge lo gradezcamos**! (Anónimo, *Poema de Mio Cid*, c1140, CDH).

Lo que sí que resulta innegable, en cambio, es que, existiendo desde los orígenes de la lengua, no será sino con el paso de los siglos cuando el adverbio *bien* elativo se muestre en todo su esplendor, particularmente en el ámbito de la modificación adjetiva y adverbial. Efectivamente, como muestra el siguiente gráfico[100],

---

98　No deja de ser interesante que el diccionario latín-francés de Félix Gaffiot traduzca esta secuencia del modo que sigue: "voilà un développement *d'une bonne* longueur" (la cursiva es nuestra), traducción que muestra que la voz adjetiva *buen/buena* posee capacidades de polisemia semántica (calidad, refuerzo, ponderación) muy similares a las aquí descritas para el adverbio *bien*.

99　Y que aquí tampoco podremos tratar en detalle, no documentándose ningún ejemplo en la última franja temporal estudiada que nos permita establecer comparaciones diacrónicas pertinentes.

100　Insistimos, aquí más que nunca, en que los porcentajes numéricos que se ofrecen no deben ser comprendidos más que como tendencias generales de evolución lingüística

170 María Belén Villar Díaz

el aumento progresivo de la frecuencia de aparición del valor ponderativo del adverbio es inversamente proporcional a la reducción (que no desaparición) paulatina de su empleo como predicador modal preadjetivo:

A la vista de los datos manejados (que serían sin duda aún más llamativos si partiésemos de corpus orales contemporáneos), es evidente que entre las dos últimas franjas temporales estudiadas se ha producido un sorprendente salto cuantitativo en el empleo del adverbio con valor superlativo, debido, entre otras causas, a la sustitución parcial por medio de esta estructura de otros recursos de intensificación y a la ampliación de las lexías con referente "intensificable" mediante la anteposición de *bien*. Sin poder ofrecer, por falta de espacio para ello, un estudio completo de la cuestión, nos contentaremos con señalar que, a los usos, si no exclusivamente, sí frecuentemente antiorientados[101] documentados antes de nuestro siglo,

(37) Y si algunos subieron a ser emperadores por el valor de su brazo, a fe que les costó buen porqué de su sangre y de su sudor, y que si a los que tal grado les faltaran encantadores y sabios que los ayudaran, que ellos quedaran **bien defraudados** de sus deseos y **bien engañados** de sus esperanzas (Miguel de Cervantes Saavedra, *El ingenioso hidalgo don Quijote de la Mancha. Primera parte*, 1605, CDH).

(38) Ya a esta sazón aclaraba el día, y así por esto como por el ruido que don Quijote había hecho, estaban todos despiertos y se levantaban, especialmente doña Clara y Dorotea, que la una con sobresalto de tener tan cerca a su amante y la otra con el deseo de verle habían podido dormir **bien mal** aquella noche (Miguel de Cervantes Saavedra, *El ingenioso hidalgo don Quijote de la Mancha. Primera parte*, 1605, CDH).

se van a ir agregando paulatinamente nuevas posibilidades de combinación adverbio-adjetivo o adverbio-adverbio, muchas de ellas coorientadas, entre las que destacan las que permiten poner de relieve la intensidad de las distancias espaciales y temporales (*bien cerca, bien lejos, bien pronto, bien temprano, bien*

---

y no como datos absolutamente irrefutables, tanto más en este caso cuanto que, por una parte, el corpus en que nos basamos no solamente es parcial, sino también escrito (y, como ha quedado señalado en diversos lugares, el desarrollo del *bien* elativo es mucho más destacado en lengua oral que en lengua escrita) y, por otra, la interpretación del valor del adverbio no siempre es sencilla, existiendo múltiples casos de interpretación múltiple o polifonía posible.

101 Uno de los elementos que favorece la identificación del valor elativo del adverbio en las ocurrencias antiguas, a falta de indicaciones de tipo entonativo, es la antiorientación de polaridad del adjetivo complementado. En este sentido, parecería complejo atribuir un valor modal (de indicación de la manera considerada adecuada) a adjetivos o adverbios de naturaleza semántica negativa.

La plasticidad semántico-pragmática del adverbio *bien* 171

entrada la mañana/la noche/la madrugada), los tamaños e intensidades (*bien grande, bien pequeño, bien fuerte*), las primeras etapas de la vida (*bien pequeño, bien joven, bien mozo*), la noción de claridad -sobre todo en el discurso argumentativo- (*bien claro*), ciertas cualidades graduables (*bien alto, bien atento, bien visible, bien caliente, bien rico*, etc...) y ciertos estados no graduables o difícilmente graduables (*bien muerto, bien roto, bien destrozado*, etc...). La intensificación de estos adjetivos o adverbios se ve en ocasiones doblemente reforzada por la presencia de sufijos apreciativos diminutivos (*bien cerquita, bien pequeñito, bien calentito*). Explicar las causas de que *bien* modifique más fácilmente a ciertas lexías que a otras es tarea compleja, si no imposible, y no creemos estar desencaminados al pensar que buena parte del éxito de ciertas combinaciones tiene bastante más que ver con cuestiones de fijación progresiva de determinados sintagmas en el habla de la comunidad que con rasgos inherentes a la naturaleza misma de las voces en cuestión.

Para explicar el auge del valor elativo de *bien*, muchos son los estudiosos que, como se ha señalado antes, se han venido interrogado en las últimas décadas acerca de los vínculos existentes entre la expresión de la cualidad y la expresión de la cantidad:

> L'analyse des relations entre quantification et qualification présente un intérêt tout particulier, et l'adverbe de manière constitue à cet égard un lieu tout spécialement privilégié pour ladite analyse (Gauchola 2010: 71)

La respuesta común al interrogante en la práctica totalidad de los análisis pasa por la consideración de la importancia que en el trasvase de una noción a otra tiene la subjetividad del locutor:

> La qualification, de nature subjective, constitue le facteur qui déclenche l'émergence de nuances relevant de la quantification (Gauchola 2010: 76)

Así, se considera que *bien* "destila [...] una implicación subjetiva del emisor de la enunciación" (Hernanz 1999:2), "marca la actitud psicológica [del mismo]" (ibidem: 4). "La ponderación del adjetivo se realiza no sólo cuantificando, sino también a través de valoraciones modales, argumentativas o de enfatización informativa" (Fuentes Rodríguez 2006: 35), dado que el intensificador es un "realce pragmático, estratégico, que refuerza el decir o lo dicho" (Briz 1998: 142). De acuerdo con ello, *bien* y *muy* no serían totalmente equivalentes, en la medida en que, mientras que el segundo intensifica de manera "neutra", el primero lo hace tras haberse cargado de subjetividad y haberse convertido, pasando de la expresión de un grado alto de calidad a la expresión de un alto grado de certeza y, de ahí, a la expresión de un alto grado de cantidad, en una herramienta de la

172   María Belén Villar Díaz

que dispone el locutor para reforzar su propia visión de lo dicho. En la misma medida que *bien*, cuyo contenido referencial lleva implícita la citada noción de calidad, fuente de desarrollo cognitivo subjetivo, otros adverbios de contenidos más cercanos a las semánticas de cantidad (*todo, harto*) o intensidad (*fuerte*), así como un número muy considerable de unidades adverbiales en -mente, portadoras de semánticas extremadamente variadas, pero todas ellas cognitivamente aptas para la adopción de rasgos de subjetivización traspasables posteriormente la expresión de la cuantificación, con mayor o menor conservación de los semas de los adjetivos que les sirven de base léxica[102], son objeto de procesos de gramaticalización que los convierten, a diferencia de *muy*, en términos de polaridad positiva[103] aptos para expresar ponderación en secuencias exclusivamente afirmativas[104].

Volviendo a nuestro adverbio, a las detalladas explicaciones que sobre el funcionamiento cognitivo del adverbio *bien* aportan investigadoras como Castroviejo y Gehrke para explicar el paso de la calidad a la cantidad ("a partir de los

---

102 Desgraciadamente, no podemos tratar en profundidad estos temas en la presente contribución. Para una información detallada sobre la adopción por parte de ciertos adverbios en -*mente* de la capacidad de vehicular intensificación, con mayor o menor conservación de la semántica inicial de los adjetivos que se encuentran en sus bases léxicas, puede verse, por ejemplo, Villar Díaz (2016) o García Pérez (2022). Acerca de las semejanzas y diferencias de la intensificación vehiculada por adverbios como *todo* (*está todo contento*) -adverbio cuyo uso con valor elativo se ha incrementado exponencialmente en los últimos años, sobre todo en la lengua oral de los más jóvenes, bajo forma apocopada (*está to guapo, está to Gucci*)-, *fuerte* (muy frecuente en la Edad Media -*fuerte encarniçados*- y todavía vivo lenguas como el francés -*fort intéressant*-) o *harto* (hoy restringido a usos cultos en español peninsular, pero de gran vitalidad en variedades como la chilena -*harto feliz*-), sería más que conveniente realizar una profunda revisión diacrónica y diatópica, que permitiera trazar un panorama completo de la situación.

103 Utilizamos el término en el sentido descrito por Bosque (1980) y aportado desde entonces como uno de los rasgos definidores esenciales del funcionamiento de los adverbios ponderativos.

104 Muchos y acalorados han sido los debates acerca de este punto. Si hay que reconocer que en diacronía pueden documentarse algunos ejemplos de empleo de *bien* ponderativo en contexto negativo ("Pasamonte, que no era *nada bien sufrido*, estando ya enterado que don Quijote no era muy cuerdo, pues tal disparate había acometido como el de querer darles libertad, viéndose tratar de aquella manera, hizo del ojo a los compañeros" – Miguel de Cervantes Saavedra, *El ingenioso hidalgo don Quijote de la Mancha. Primera parte*, 1605, CDH), lo cierto es que se trata de empleos anecdóticos, de los que carece el español contemporáneo.

La plasticidad semántico-pragmática del adverbio *bien*   173

individuos que poseen la propiedad en grado estándar, escogemos los que consideramos buenos. Si le sumamos ahí la inferencia de monotonicidad, se deriva la interpretación de *bondad* como grado alto", 2017: 201) nos parece útil añadir la consideración de que, a nuestro juicio, la capacidad de ponderación de *bien* no es más que otra de las consecuencias de su adopción de la calidad de reforzador. Del mismo modo que la anteposición de *bien* a una secuencia es susceptible de potenciar la certeza epistémica del locutor acerca de lo dicho en la misma, a partir de la transposición a términos epistémicos de la interpretación del grado alto de la noción cualitativa, su anteposición a una forma adjetiva o adverbial puede suponer el reconocimiento, por parte del hablante, de su certeza de que la cualidad denotada por el adjetivo o la circunstancia vehiculada por el adverbio son, efectivamente, reales (se sitúan en lo alto de la escala de realidad), de modo que una oración como *Juan es bien guapo* podría ser parafraseable por construcciones como *Juan es realmente guapo* ('estoy convencido de la realidad de dicha cualidad') o *Juan sí que es guapo* ('confirmo/reafirmo la realidad de dicha cualidad').

La ventaja de tal acercamiento radica en que si parece sencillo, desde el punto de vista cognitivo, comprender el deslizamiento posterior de la noción de certeza así entendida hacia la noción de cantidad (alto grado de calidad > alto grado de certeza > alto grado de cantidad) cuando los adjetivos y adverbios modificados por *bien* son de naturaleza relativa, es decir, lexías portadoras de valoración gradual en el marco de escalas abiertas (Kennedy y McNally 2005) -de ahí que el diccionario académico ofrezca como descriptor equivalente de *bien* en su entrada 7 el adverbio *muy-*, la interpretación de sintagmas en los que *bien* modifica a un adjetivo perfectivo, como *bien muerto,* imposibles de parafrasear por **muy + adjetivo,* dada su naturaleza resultativa no graduable, no plantea problema alguno y pasa por la necesaria consideración del elevado grado de certeza emitido acerca de la existencia real del resultado de una acción efectivamente terminada (y en este caso definitiva): *realmente/definitivamente muerto*[105].

---

105 En este sentido, no podemos compartir la idea, barajada por Serradilla Castaño (2006: 223) y por las propias Castroviejo y Gehrke (2017: 195) de que *bien*, en el sintagma *bien muerto*, implica una semántica totalizadora parafraseable por *completamente*. De hecho, del mismo modo que sería extraño afirmar que alguien está *muy* muerto, no siendo la muerte graduable, no parece posible tampoco afirmar que ese alguien está *completamente* muerto, pues no es posible morir "por partes" hasta completar el todo. Nos parece, por ello, que en este tipo de contextos, en los que *bien* complementa a adjetivos perfectivos, escasos en español pero abundantes

5 A modo de conclusión

El estudio realizado nos ha llevado a detener nuestra atención en la sorprendente polivalencia semántica y funcional del adverbio *bien*, portador a lo largo de su historia de muy diversos y variados valores, varios de ellos coexistentes ya desde las primeras documentaciones escritas en castellano. Los análisis realizados nos han permitido responder a los dos interrogantes que nos habíamos planteado. Con respecto al primero de ellos, hemos podido comprobar que *bien*, antepuesto sistemáticamente a adjetivos y adverbios, ofrece una movilidad sintáctica mucho mayor en su faceta de modificador verbal, si bien su anteposición o posposición respecto a la forma verbal no parecen determinantes, a diferencia de lo que ocurre con otras muchas unidades adverbiales, para comprender y describir las modificaciones de alcance sufridas. En efecto, la anteposición de herencia latina constituirá durante largos siglos la posición no marcada, independiente del valor vehiculado por el adverbio, tendencia que solamente se invertirá a partir de la época clásica, para conducir finalmente a un sistema en el que la posición preverbal, guardiana de los últimos vestigios de *bien* con valor de refuerzo enunciativo, es la excepción. Por otra parte, habiendo prestado una atención particular al valor elativo del adverbio, hemos podido concluir que el desarrollo del mismo como término de polaridad positiva, desarrollo exponencial en el último siglo, tiene bastante que ver con la estrecha vinculación cognitiva existente entre las nociones de cualidad y de cantidad, que permite a una voz portadora inicialmente de una semántica de manera adquirir la capacidad de reforzar lo dicho, refuerzo que se transforma de manera natural en cuantificación.

Referencias bibliográficas

Arce Castillo, Á. (1999): "Intensificadores en español coloquial". *Anuario de Estudios Filológicos*, XXII, 37–48.

Arjona, M. (1990): "El adverbio *muy* y otros intensificadores en el habla popular de México". *Anuario de Letras*, 28, 75–96.

Bosque, I. (1980): *Sobre la negación*. Madrid: Cátedra.

Briz, A. (1998): *El español coloquial en la conversación. Esbozo de pragmagramática*. Barcelona: Ariel.

---

en otras lenguas románicas como el francés (*bien mort, bien fini, bien parti* …), es la certeza de la finalización de la acción y del consiguiente advenimiento del resultado esperable la que debe ser puesta de relieve.

La plasticidad semántico-pragmática del adverbio *bien* 175

Brown, E. y Cortés-Torres, M. (2013): "Puerto Rican Intensifiers: *bien/muy* variables". En Carvalho A. M. y Beaudrie S.: *Selected Proceedings of the 6th Work-Shop on Spanish Sociolinguistics*. MA: Somerville, 11–19.

Cabré, M. T. (2008): "El principio de poliedricidad: la articulación de lo discursivo, lo cognitivo y lo lingüístico en Terminología (I)". *Ibérica* 1(16), 9–36.

Castroviejo, E. y Gehrke, B. (2013): "Los intensificadores [bien] y [buen]: efectos de gradación y polaridad". En Gallego, Á. J. et alii: *Relaciones sintácticas Homenaje a José M. Brucart y M. Lluïsa Hernanz*. Barcelona: Editorial de la Universidad Autónoma de Barcelona,191–208.

Castroviejo, E. y Gehrke, B. (2017): Non-truth-conditional intensification. The case of `good'. Talk at 49.Jahrestagung der Deutsche Gesellschaft fur Sprachwissenschaft. Workshop on Secondary Information and Linguistic Encoding. Universität Saarlandes, Saarbrücken, March 8.

Delbecque, N. (1994): "Las funciones de *así, bien y mal. De la diferencia entre 'como bien sabe todo el mundo', 'se vive (bastante) bien en Europa', 'asías, asbien y mal. De la diferencia entre 'como bienasbien y asbienmalí lo pienso' y 'es así'"*. *Revista Española de Lingüística*, 24-2, 435–466.

Ducrot, O. (1980): *Les mots du discours*. Paris: Minuit.

Dury, P. (2008): "The Rise of Carbon Neutral and Compensation Carbone: A Diachronic Investigation into the Migration of Vocabulary from the language of Ecology to Newspaper Language and Vice Versa". *Terminology*, 14(2), 230–248.

Elvira, J. (2006): "Sobre el desarrollo del valor epistémico del verbo *poder*". En Girón Alconchel, J. L. y De Bustos Tovar, J. J. (coord.): *Actas del VI Congreso Internacional de Historia de la Lengua española*, vol. I. Madrid: Arco Libros, 641–654.

Elvira, J. (2009): "Conectores contraargumentativos en castellano medieval". *Cahiers d'Études Hispaniques Médiévales*, 32, 101–115.

Escandell Vidal, V. y Leonetti, M. (2004): "Semántica conceptual/ Semántica procedimental", en Villayandre Llamazares, Milka (ed.): *Actas del V Congreso de Lingüística General*, vol. II. Madrid: Arco Libros, 1727–1738.

Fernández Flórez, C. (2022): "El uso del intensificador *bien* entre bilingües en el español del sur de Arizona y su proceso de gramaticalización". *Revista Española de Lingüística aplicada*, 35 – n° 1, 120–148.

Fuentes Rodríguez, C. (2006): "Operadores de intensificación del adjetivo: los cuantificadores escalares". *Anuario de Estudios Filológicos*, XXIX, 35–53.

Garcés Gómez, M. P. (2013) (ed.): *Los adverbios con función discursiva. Procesos de formación y evolución*. Madrid/Frankfurt: Iberoamericana/Vervuet.

García Pérez, R. (2022): "Fuertemente atados: adverbios intensificadores en -*mente* y colocaciones en castellano medieval". *ELUA*, (37), 273–292.

Gunthner, S. y Mutz, K. (2004): "Grammaticalization vs. Pragmaticalization? The Development of Pragmatic Markers in German and Italian". En Bisang, W., Himmelmann, N. P. y Wiemer, B. (eds.): *What Makes Grammaticalization? A Look from its Fringes*. Berlin/New York: Mouton de Gruyter, 77–107.

Hernanz Carbó, M. L. (1999): *Polaridad y modalidad en español: en torno a la gramática de bien*. Barcelona: Universidad Autónoma. <http://fi lcat.uab.cat/clt/publicacions/reports/pdf/GGT-99-6.pdf> [03/2015].

Hernanz Carbó, M. L. (2007): "From polarity to modality: Some (a) symmetries between *bien* and *si* in Spanish". En Eguren L. y Fernández Soriano O. (eds.): *Conference, Modality and Focus. Studies on the Syntax-Semantics Interface*. Amsterdam: John Benjamins, 133–170.

Herrero Moreno, G. (1991): "Procedimientos de intensificación-ponderación en el español coloquial". *Español Actual* LVI, 39–51.

Kennedy, C. y McNally, L. (2005): "Scale structure, degree modification, and the semantics of gradable predicates". Language 81(2). 345–381.

Lehmann, C. (1995 [1982]): *Thoughts on Grammaticalization*. Munchen/Newcastle: Lincom Europa.

Pons Rodríguez, L. (2010): "Los marcadores del discurso en la historia del español". En Loureda Lamas, Ó y Acín Villa, E. (coords.): *Los estudios sobre marcadores del discurso en espanol, hoy*. Madrid: Arco Libros, 523–615.

Salvador, F. (1987): "La gradación adjetiva en el habla popular de Ciudad de México". *Actas del I Congreso Internacional del español de América*. San Juan de Puerto Rico: Academia Puertorriqueña de la Lengua Española, 419–430.

Serradilla Castaño, A. (2006): ""BIEN" + adjetivo como perífrasis de superlativo en español. Particularidades semánticas y sintácticas". *Verba*, 33, 215–233.

Traugott, E. C. (1989): "On the Rise of Epistemic Meaning in English: an Example of Subjectification in Semantic Change". *Language* 65. 31-55.

Traugott, E. C. (1995): "The role of the development of discourse markers in a theory of grammaticalization". Paper presented at the 12th International Conference on Historical Linguistics, University of Manchester, August 1995.

Villar Díaz, M. B. (2013): "La evolución de los adverbios y locuciones adverbiales de modalidad epistémica". En Garcés, M. P. (ed.): *Los adverbios con función discursiva. Procesos de formación y evolución*. Madrid/Frankfurt: Iberoamericana/Vervuert, 157–199.

Villar Díaz, M. B. (2016): "Etimología y cambio semántico: reflexiones en torno a la polarización adverbial". En Quirós, M. et alii (éds.): *Etimología e historia en el léxico del español*. Madrid/Frankfurt: Iberoamericana/Vervuert, 743–760.

CORPUS Y DICCIONARIOS

(Consultas realizadas en marzo de 2023)

Cdh. *Corpus del Diccionario Histórico de la Lengua Española* [en línea]. Real Academia Española. <https://apps.rae.es/CNDHE/view/inicioExterno.view>.

Corpes xxi. Corpus del Español del Siglo XXI [en línea]. Real Academia Española. <https://www.rae.es/corpes/>

Dle. *Diccionario de la lengua española* [en línea], Real Academia Española. <https://www.rae.es/>

Gaffiot Félix, *Dictionnaire latin-français : Le grand Gaffiot* [en línea]. <https://gaffiot.org/>

Tlfi. *Trésor de la langue Française informatisé* [en línea], ATILF – CNRS & Université de Lorraine, <http://www.atilf.fr/tlfi>

**Studien zur romanischen Sprachwissenschaft
und interkulturellen Kommunikation**

Herausgegeben von Gerd Wotjak, José Juan Batista Rodríguez und Dolores
García-Padrón
Die vollständige Liste der in der Reihe erschienenen Bände finden Sie auf unserer Website
https://www.peterlang.com/view/serial/SRSIK

Band 110   Joaquín García Palacios / Goedele De Sterck / Daniel Linder / Nava Maroto / Miguel Sánchez Ibáñez / Jesús Torres del Rey (eds): La neología en las lenguas románicas. Recursos, estrategias y nuevas orientaciones. 2016.

Band 111   André Horak: Le langage fleuri. Histoire et analyse linguistique de l'euphémisme. 2017.

Band 112   María José Domínguez Vázquez / Ulrich Engel / Gemma Paredes Suárez: Neue Wege zur Verbvalenz I. Theoretische und methodologische Grundlagen. 2017.

Band 113   María José Domínguez Vázquez / Ulrich Engel / Gemma Paredes Suárez: Neue Wege zur Verbvalenz II. Deutsch-spanisches Valenzlexikon. 2017.

Band 114   Ana Díaz Galán / Marcial Morera (eds.): Estudios en Memoria de Franz Bopp y Ferdinand de Saussure. 2017.

Band 115   Mª José Domínguez Vázquez / Mª Teresa Sanmarco Bande (ed.): Lexicografía y didáctica. Diccionarios y otros recursos lexicográficos en el aula. 2017.

Band 116   Joan Torruella Casañas: Lingüística de corpus: génesis y bases metodológicas de los corpus (históricos) para la investigación en lingüística. 2017.

Band 117   Pedro Pablo Devís Márquez: Comparativas de desigualdad con la preposición de en español. Comparación y pseudocomparación. 2017.

Band 118   María Cecilia Ainciburu (ed.): La adquisición del sistema verbal del español. Datos empíricos del proceso de aprendizaje del español como lengua extranjera. 2017.

Band 119   Cristina Villalba Ibáñez: Actividades de imagen, atenuación e impersonalidad. Un estudio a partir de juicios orales españoles. 2017.

Band 120	Josefa Dorta (ed.): La entonación declarativa e interrogativa en cinco zonas fronterizas del español. Canarias, Cuba, Venezuela, Colombia y San Antonio de Texas. 2017.
Band 121	Celayeta, Nekane / Olza, Inés / Pérez-Salazar, Carmela (eds.): Semántica, léxico y fraseología. 2018.
Band 122	Alberto Domínguez Martínez: Morfología. Procesos Psicológicos y Evaluación. 2018.
Band 123	Lobato Patricio, Julia / Granados Navarro, Adrián: La traducción jurada de certificados de registro civil. Manual para el Traductor-Intérprete Jurado. 2018.
Band 124	Hernández Socas, Elia / Batista Rodríguez, José Juan / Sinner, Carsten (eds.): Clases y categorías lingüísticas en contraste. Español y otras lenguas. 2018.
Band 125	Miguel Ángel García Peinado / Ignacio Ahumada Lara (eds.): Traducción literaria y discursos traductológicos especializados. 2018.
Band 126	Emma García Sanz: El aspecto verbal en el aula de español como lengua extranjera. Hacia una didáctica de las perífrasis verbales. 2018.
Band 127	Miriam Seghiri. La linguística de corpus aplicada al desarrollo de la competencia tecnológica en los estudios de traducción e interpretación y la enseñanza de segundas lenguas. 2020.
Band 128	Pino Valero Cuadra / Analía Cuadrado Rey / Paola Carrión González (eds.): Nuevas tendencias en traducción: Fraseología, Interpretación, TAV y sus didácticas. 2018.
Band 129	María Jesús Barros García: Cortesía valorizadora. Uso en la conversación informal española. 2018.
Band 130	Alexandra Marti / Montserrat Planelles Iváñez / Elena Sandakova (éds.): Langues, cultures et gastronomie : communication interculturelle et contrastes / Lenguas, culturas y gastronomía: comunicación intercultural y contrastes. 2018.
Band 131	Santiago Del Rey Quesada / Florencio del Barrio de la Rosa / Jaime González Gómez (eds.): Lenguas en contacto, ayer y hoy: Traducción y variación desde una perspectiva filológica. 2018.
Band 132	José Juan Batista Rodríguez / Carsten Sinner / Gerd Wotjak (Hrsg.): La Escuela traductológica de Leipzig. Continuación y recepción. 2019.
Band 133	Carlos Alberto Crida Álvarez / Arianna Alessandro (eds.): Innovación en fraseodidáctica. tendencias, enfoques y perspectivas. 2019.

Band 134	Eleni Leontaridi: Plurifuncionalidad modotemporal en español y griego moderno. 2019.
Band 135	Ana Díaz-Galán / Marcial Morera (eds.): Nuevos estudios de lingüística moderna. 2019.
Band 136	Jorge Soto Almela: La traducción de la cultura en el sector turístico. Una cuestión de aceptabilidad. 2019.
Band 137	Xoán Montero Domínguez (ed.): Intérpretes de cine. Análisis del papel mediador en la ficción audiovisual. 2019.
Band 138	María Teresa Ortego Antón: La terminología del sector agroalimentario (español-inglés) en los estudios contrastivos y de traducción especializada basados en corpus: los embutidos. 2019.
Band 139	Sara Quintero Ramírez: Lenguaje creativo en el discurso periodístico deportivo. Estudio contrastivo en español, francés e inglés. 2019.
Band 140	Laura Parrilla Gómez: La interpretación en el contexto sanitario: aspectos metodológicos y análisis de interacción del intérprete con el usuario. 2019.
Band 141	Yeray González Plasencia: Comunicación intercultural en la enseñanza de lenguas extranjeras. 2019.
Band 142	José Yuste Frías / Xoán Manuel Garrido Vilariño (Hrsg.): Traducción y Paratraducción. Líneas de investigación. 2020.
Band 143	María del Mar Sánchez Ramos: Documentación digital y léxico en la traducción e interpretación en los servicios públicos (TISP): fundamentos teóricos y prácticos. 2020.
Band 144	Florentina Mena Martínez / Carola Strohschen: Teaching and Learning Phraseology in the XXI Century. Phraseologie Lehren und Lernen im 21. Jahrhundert. Challenges for Phraseodidactics and Phraseotranslation. Herausforderungen für Phraseodidaktik und Phraseoübersetzung. 2020.
Band 145	Yuko Morimoto / Rafael García Pérez: De la oración al discurso: estudios en español y estudios contrastivos. 2020.
Band 146	Miguel Ibáñez Rodríguez: ENOTRADULENGUA. Vino, lengua y traducción. 2020.
Band 147	Miguel Ángel García Peinado / José Manuel González Calvo: Estudios de literatura y traducción. 2020.
Band 148	Fernando López García: La involuntariedad en español. 2020.
Band 149	Julián Sancha Vázquez: La injerencia del sexo en el lenguaje. Dos siglos de historia del género gramatical en español. 2020.

Band 150	Joseph García Rodríguez: La fraseología del español y el catalán. Semántica cognitiva, simbolismo y contrastividad. 2020.
Band 151	Melania Cabezas-García: Los términos compuestos desde la Terminología y la Traducción. 2020.
Band 152	Inmaculada Clotilde Santos Díaz: El léxico bilingüe del futuro profesorado. Análisis y pautas para estudios de disponibilidad léxica. 2020.
Band 153	Alfonso Corbacho: Nuevas reflexiones sobre la fraseología del insulto. 2020.
Band 154	Míriam Buendía Castro: Verb Collocations in Dictionaries and Corpus: an Integrated Approach for Translation Purposes. 2020.
Band 155	Guiomar Topf Monge: Traducir el género. Aproximación feminista a las traducciones españolas de obras de Annemarie Schwarzenbach. 2020.
Band 156	Miriam Seghiri / Lorena Arce-Romeral: La traducción de contratos de compraventa inmobiliaria: un estudio basado en corpus aplicado a España e Irlanda. 2021.
Band 157	Emmanuel Bourgoin Vergondy / Ramón Méndez González (eds.): Traducción y paratraducción: lineas de investigación II. 2021.
Band 158	Clara Inés López Rodríguez / Beatriz Sánchez Cárdenas: Theory and Digital Resources for the English-Spanish Medical Translation Industry. 2021.
Band 159	Alicia Mariscal: Categorización de los errores ortográficos en zonas de contacto lingüístico entre inglés y español. 2021.
Band 160	Esther Linares Bernabéu: Gender and Identity in Humorous Discourse Genero e identidad en el discurso humorístico. 2021.
Band 161	Matteo De Beni / Dunia Hourani-Martín (eds.): Corpus y estudio diacrónico del discurso especializado en español. 2021.
Band 162	María Clara von Essen: Identidad y contacto de variedades. La acomodación lingüística de los inmigrantes rioplatenses en Málaga. 2021.
Band 163	Juana Luisa Herrera Santana / Ana Díaz-Galán: Aportaciones al estudio de las lenguas. Perspectivas teóricas y aplicadas. 2021.
Band 164	Juan M. Carrasco González: Dialectología fronteriza de Extremadura. Descripción e historia de las variedades lingüísticas en la frontera extremeña. 2021.

Band 165	Álvaro Molina García: Fundamentos acústico-perceptivos de la escisión prestigiosa de /θ/. Estudio sociofonético en Málaga. 2021.
Band 166	Pau Bertomeu Pi: Peticiones en alemán y español. Un estudio contrastivo a partir de "Gran Hermano". 2022.
Band 167	Teresa Ortego Antón: La investigación en tecnologías de la traducción. Parámetros de la digitalización presente y la posible incidencia en el perfil de los futuros profesionales de la comunicación interlingüística. 2022.
Band 168	Jaime Sánchez Carnicer: Traducción y discapacidad. Un estudio comparado de la terminología inglés-español en la prensa escrita. 2022.
Band 169	Juan Manueal Ribes Lorenzo: Las palabras diacríticas en fraseología histórica. 2022.
Band 170	Patricia Buján Otero / Lara Domínguez Araújo (eds.): Traducción & Paratraducción III. 2022.
Band 171	Juan Cuartero Otal / Montserrat Martínez Vázquez / Regina Gutiérrez Pérez / Juan Pablo Larreta Zulategui (eds.): La interfaz Léxico-Gramática. Contrastes entre el español y las lenguas germánicas. 2022.
Band 172	Miguel Ibáñez Rodríguez: Enotradulengua. Géneros y tipos textuales en el sector del vino. 2022.
Band 173	Sara Quintero Ramírez: Estudio pragmático-textual de marcadores discursivos en crónicas audiovisuales de eventos deportivos. 2022.
Band 174	Yeray González Plasencia / Itziar Molina Sangüesa (eds.): Enfoques actuales en investigación filológica. 2022.
Band 175	Irma Mora Aguiar: De Numidia a Canarias: el viaje de la escritura líbico-bereber. 2022.
Band 176	Ferreiro-Vázquez, Óscar (ed.): Avances en las realidades traductológicas: tecnología, ocio y sociedad a través del texto y del paratexto. 2022.
Band 177	Félix Rodríguez González (ed.): Anglicismos en el español contemporáneo. Una visión panorámica. 2022.
Band 178	María del Mar Sánchez Ramos / Celia Rico Pérez (ed.): La traducción automática en contextos especializados. Una visión panorámica. 2022.

Band 179   Alicia Mariscal: Bilingüismo y contacto lingüístico en la comunidad de Gibraltar a partir del análisis contrastivo y de errores. 2022.

Band 180   María Araceli Losey León / Gloria Corpas Pastor: La terminología del dominio de la seguridad de la navegación marítima en inglés y en español. 2022.

Band 181   María del Mar Sánchez Ramos (ed.): Investigaciones recientes en traducción y accesibilidad digital. 2022.

Band 182   Encarnación Tabares Plasencia: Terminología y fraseología jurídicas en el "Libro de buen amor". 2022.

Band 183   Catalina Iliescu-Gheorghiu: Metodología de análisis traductológico. El modelo Lambert-Van Gorp y su aplicación a una revista de propaganda cultural durante la Guerra Fría. 2022.

Band 184   Amor López Jimeno: Estereotipos y pragmática intercultural en la pantalla. El humor como estrategia de aprendizaje y mediación. 2023.

Band 185   Ricardo Connett: El populismo como discurso en Venezuela y en España (1999-2018). Estudio de textos de Hugo Chávez y Pablo Iglesias. 2023.

Band 186   Elke Cases Berbel: Turismo, flujos migratorios y lengua. 2023.

Band 187   Dunia Hourani-Martín: Fraseología en el discurso jurídico-ambiental. Las construcciones verbonominales desde una perspectiva contrastiva (español-alemán). 2023.

Band 188   María del Carmen Balbuena Torezano: Identidad, territorio y lengua en torno al vino: aproximaciones desde la terminología y la traducción. 2023.

Band 189   Ferran Robles Sabater: Contextos de interpretación social en España. 2023.

Band 190   Sara Quintero Ramírez / Reynaldo Radillo Enríquez: Rasgos prosódicos en la marcación discursiva. 2023.

Band 191   Nieto García Paola: Contextos de interpretación social en España. 2023.

Band 192   Leticia Santamaría Ciordia: Nuevas tecnologías para la interpretación remota. Progresos y retos para la formación y la profesión. 2023.

Band 193   María José Serrano Montesinos / Miguel Ángel Aijón Oliva: Form and Meaning. Studies of Grammatical Variation and Communicative Choice in Spanish. 2023.

Band 194   Fernando López García: Lingüística de la ausencia. 2023.

Band 195   Carles Navarro Carrascosa: Lingüística queer hispánica. Las formas nominales de tratamiento de la comunidad de habla LGTBI. 2023.

Band 196   Félix Rodríguez González: Enciclopedia del anglicismo (Vol. II). Estudios sobre el anglicismo en el español actual perspectivas lingüísticas. 2023.

Band 197   Celia Rico Pérez: Tecnologías de la traducción en el ámbito de las migraciones. 2023.

Band 198   Rossana Sidoti: Domenico Daniele Lapedota: Nuevas aportaciones a las investigaciones en fraseología, paremiología y traducción. 2023.

Band 199   Francisco Jiménez Calderón : Los verbos ditransitivos y su enseñanza: transferencia, locación y movimiento. 2023

Band 200   Rafael García Pérez / Ariana Suárez Hernández (eds.): El adverbio: aproximaciones sincrónicas, diacrónicas y variacionales. 2023

www.peterlang.com

Printed in the USA
CPSIA information can be obtained
at www.ICGtesting.com
LVHW050550310724
786978LV00004B/186